ϕ3.5m“洛宁号”超小曲线隧道 TBM

“洛宁号”超小曲线隧道 TBM，转弯半径 30m

ϕ6.03m “贵能二号”矿用超小曲线隧道 TBM

“贵能二号”矿用超小曲线隧道 TBM，转弯半径 60m

世界首台大直径超小曲线隧道 TBM“抚宁号”

ϕ 9.53m“抚宁号”超小曲线隧道 TBM，转弯半径 90m

穿越 中国隧道及地下工程修建关键技术研究书系

超小曲线隧道 TBM 施工关键技术

施云龙 徐艳群 赵新合 等 

人民交通出版社股份有限公司

北京

内 容 提 要

本书基于我国首个超小曲线隧道 TBM 施工项目创新成果和实践经验,系统总结了超小曲线隧道 TBM 施工关键技术,构建了超小曲线隧道 TBM 施工技术体系。主要内容包括:超小曲线隧道 TBM 选型设计、超小曲线隧道 TBM 施工、运输及辅助作业、超小曲线段 TBM 姿态控制、不良地质应对、TBM 施工组织及设备管理、应用案例以及总结与思考。

本书资料翔实,参考性强,可供从事 TBM 隧道建设的专业技术人员参考使用。

图书在版编目(CIP)数据

超小曲线隧道 TBM 施工关键技术 / 施云龙等编著.
北京 : 人民交通出版社股份有限公司,2025. 3.
ISBN 978-7-114-20179-0

Ⅰ. U455. 43

中国国家版本馆 CIP 数据核字第 2025TK8568 号

Chaoxiao Quxian Suidao TBM Shigong Guanjian Jishu

书　　名:超小曲线隧道 TBM 施工关键技术
著 作 者:施云龙　徐艳群　赵新合　等
责任编辑:谢海龙
责任校对:孙国靖　龙　雪
责任印制:张　凯
出版发行:人民交通出版社股份有限公司
地　　址:(100011)北京市朝阳区安定门外外馆斜街 3 号
网　　址:http://www.ccpcl.com.cn
销售电话:(010)85285857
总 经 销:人民交通出版社股份有限公司发行部
经　　销:各地新华书店
印　　刷:北京建宏印刷有限公司
开　　本:787 × 1092　1/16
印　　张:11. 25
字　　数:271 千
版　　次:2025 年 3 月　第 1 版
印　　次:2025 年 3 月　第 1 次印刷
书　　号:ISBN 978-7-114-20179-0
定　　价:92. 00 元

编审委员会

主编单位：中铁工程装备集团有限公司

水利部水利水电规划设计总院

中铁工程装备集团技术服务有限公司

山东文登抽水蓄能有限公司

参编单位：河南洛宁抽水蓄能有限公司

中国电建集团北京勘测设计研究院有限公司

浙江宁海抽水蓄能有限公司

浙江缙云抽水蓄能有限公司

中铁十四局集团第二工程有限公司

中国水利水电第七工程局有限公司

中国水利水电第十二工程局有限公司

中国水利水电第十四工程局有限公司

前言

Ultra-small Curve Tunnel TBM Key Construction Technology

随着岩石隧道掘进机(TBM)施工技术的快速发展,已在轨道交通、水利、铁路等工程隧道建设中广泛应用。受设备研发限制,多年来 TBM 施工技术在直线隧道或较大曲线隧道工程中应用较多。随着施工技术的不断进步,TBM 在城市轨道交通、市政综合管廊、引水隧洞等小曲线隧道施工中的需求日益增多。

本书基于超小曲线隧道 TBM 的研发成果及工程应用,总结形成了超小曲线隧道 TBM 施工的关键技术。在隧道全断面掘进机(盾构与 TBM)施工中,长期以来对于 TBM 施工的曲线半径界定没有形成统一区分标准,TBM 施工的转弯半径普遍在 300 ~ 800m 范围内;而在地铁盾构施工相关规范中,将小于 $40D$(D 为隧道直径)作为区分水平小曲线隧道的标准,且其主要的应用场景均是轨道交通、地下管廊等软土环境。由此本书在借鉴盾构小曲线隧道标准的基础上,提出了比小曲线隧道标准更高一级的超小曲线隧道分级标准,即小于或等于 $10D$ 的隧道曲线标准。伴随超小曲线隧道 TBM 设备的成功研发,实现了 TBM 转弯能力从大曲线到小曲线再到超小曲线的跨越,也为超小曲线隧道 TBM 的推广应用开辟了一片新天地。

编写一本对超小曲线隧道 TBM 设备及施工技术进行系统性介绍的专著,借此总结推广现阶段在超小曲线隧道 TBM 施工应用方面的成功经验,既是 TBM 研发企业的责任使命,也是长期从事 TBM 施工的工程人情怀。为此,在本书编写过程中,编写团队科学分工,紧密协作,历时一年半时间完成此书,以飨广大读者。希望本书可以成为超小曲线隧道 TBM 设计及施工技术研究的工具书和参考用书,供广大 TBM 设计、施工、监理、工程管理及教学科研等各类工作者参考借鉴,同时,也为推动隧道施工行业发展尽一份绵薄之力,以设备和施工技术进步推动隧道施工更好、更快、更安全。

超小曲线隧道 TBM 施工技术应用的主要困难来自设备设计和施工工艺两方面。在设备设计方面,需解决 TBM 结构设计实现小于或等于 $10D$ 的关键问题,TBM 核心的刀盘设计、皮带设计的稳定问题,以及 TBM 配套物流系统是否可靠稳定等问题;在施工工艺方面,需解决超小曲线隧道 TBM 的拆装、施工掘进、姿态控制以及不良地质应对等问题。上述问题,可通过施工技术管理实现 TBM 应用的最高效率。

本书共分为 9 章:第 1 章主要对超小曲线隧道的界定标准和超小曲线隧道 TBM 施工的重难点进行了介绍;第 2 章主要从 TBM 选型角度对超小曲线隧道 TBM 转弯结构设计、刀盘设计、支护系统、皮带系统等关键问题进行了系统性分析和阐述;第 3 ~4 章分别对超小曲线隧道施工中的 TBM 拆装、始发步进、曲线掘进、曲线过站及辅助作业等常规技术流程进行了介绍;第 5 ~6 章分别对超小曲线段 TBM 姿态控制及不良地质应对等关键问题做了详细研究和总结;第 7 章对超小曲线隧道 TBM 施工组织及设备管理进行了介绍;第 8 章对国内首个超小曲线隧道 TBM 施工项目案例进行介绍;第 9 章从工程设计、工程管理及工程应用三个方面对超小曲线隧道 TBM 技术未来的应用推广进行了分析。本书内容逻辑紧凑,环环相扣,形成一个有机整体,能够为读者系统性解答超小曲线隧道 TBM 施工的疑问,也可为超小曲线隧道 TBM 施工技术的深入研究打下基础。

本书编写过程中得到了众多 TBM 施工领域、抽水蓄能工程管理及水电工程设计领域专家的支持帮助,在此向他们致以诚挚的感谢!由于时间仓促,编者能力有限,疏漏错误在所难免,敬请专家及读者批评指正。

作　者

2021 年 6 月

目录

Ultra-small Curve Tunnel TBM Key Construction Technology

第1章 绪论

随着硬岩隧道掘进机(TBM)施工技术在我国的高速发展,目前已在城市轨道交通、水利、铁路等隧道建设中广泛应用。伴随着施工技术的发展,地下空间开发中区别于常规隧道的其他特殊设计隧道需求也在增加,如出现转弯半径越来越小的曲线隧道。同时伴随我国经济结构变化,隧道施工行业也面临着机械化方式替换传统人工钻爆施工方式的迫切性,而小曲线隧道机械化施工也面临着设备选择的“迷茫”。

1.1 小曲线隧道现状

根据隧道的线路设计相关规范,隧道曲线分为平曲线和竖曲线两种,平曲线一般包括圆曲线和缓和曲线,竖曲线有凸形和凹形两种。各类线路平、竖曲线的设定需要从工程使用功能和工程施工可行性两个方面考虑,平曲线中缓和曲线及竖曲线中凸凹曲线设计通常在交通道路设计领域广泛应用,其他水工及综合管廊等工程较少涉及缓和曲线。各类隧道工程中,水平圆曲线应用较为广泛,而关于其最小曲线的界定标准也各有不同,如在《铁路隧道设计规范》(TB 10003—2016)中设计速度350km/h客运专线最小曲线半径为5500m,高低速(200/70km/h)客货混跑铁路线路最小曲线半径为2500m以上;水利部发布的《水工隧洞设计规范》(SL 279—2016)中规定,引水隧洞宜布置成直线,当必须设置转弯段时,隧洞转弯半径在低速无压下不小于5倍洞径或低速有压下不小于3倍洞径,且转角不宜大于60°,高速无压隧道不应设置曲线段,高速有压隧道可设置曲线段但需通过试验确定转弯半径;交通运输部发布的《公路隧道设计规范 第一册 土建工程》(JTG 3307.1—2018)中对公路隧道的最小曲线规定,隧道平面需采用设超高的圆曲线时,其超高值不宜大于4%,当设计速度为20km/h时,圆曲线半径不宜小于250m;在城市轨道交通工程中,住房和城乡建设部发布的《盾构法隧道施工与验收规范》(GB 50446—2008)中规定,地铁隧道平面曲线半径小于300m、其他隧道小于40D(D为隧道直径)的为小曲线隧道,在修订后的《盾构法隧道施工及验收规范》(GB 50446—2017)中取消了曲线半径小于300m的条件,采用小于40D的标准。各类隧道工程最小圆曲线标准见表1-1。

各类隧道工程最小圆曲线标准 表 1-1

工程类型	条件	最小圆曲线标准	影响因素
铁路隧道	设计时速 350km 高速铁路	5500m	行车速度；行驶安全
	设计时速 200/70km 高低速客货双混铁路	2500m	
水工隧道	低速：无压/有压	无压≥5D；有压≥3D	水压；水流速度
	高速：无压/有压	无压：无曲线；有压：试验确定曲线半径	
公路隧道	设计时速为 20km	250m	驾驶安全性；驾驶舒适性
城市轨道交通隧道	地铁盾构施工小曲线	<40D	工程可实施性；行车安全速度；线路系统设计

综上，公路、铁路曲线设计与行车速度相关，水工隧道曲线设计与水压、水流速度相关，地铁曲线设计与轨道车辆性能的安全速度及工程可实施性等相关。

小曲线隧道施工技术主要以钻爆法为主，近年来，随着盾构及 TBM 施工技术的快速发展，逐渐在小曲线隧道中推广应用。目前小曲线盾构法施工技术应用研究以日本的技术发展较为领先，其在小曲线盾构施工沉降控制、掘进设备选择、施工技术等方面经验较为丰富。不同工程类型在小曲线隧道施工中，施工工法的选择也各不相同，铁路隧道一般设计曲线较大，对掘进设备的曲线限制要求较低，其施工方式以钻爆法和 TBM 为主，如西康铁路终南山隧道、吐库铁路中天山隧道、兰渝铁路隧道等工程均采用 TBM 施工。水工隧道中受限于 TBM 设备转弯能力，小曲线水工隧道仍采用钻爆法施工。公路隧道长期以来受限于成本、施工组织因素以及设备转弯能力，其小曲线隧道也多采用钻爆法。地铁隧道目前主要采用盾构法施工，其小曲线隧道也以盾构法施工为主，相较于地铁隧道通常 250m 左右的小曲线转弯半径，在市政管廊及电力隧道等工程中已经实现了 30～80m 的超小曲线转弯半径。

综上所述，TBM 受限于 300～800m 的设备转弯能力，在小曲线隧道施工中应用较少，直至 2016 年中铁工程装备集团有限公司（以下简称“中铁装备”）研发了应用于黎巴嫩贝鲁特引水工程的ϕ3.5m凯式 TBM（图 1-1），将 TBM 的转弯能力提升至 250m 转弯半径，此类设备的成功研发是对 TBM 性能的一次突破，但仍达不到盾构在小曲线隧道施工的标准。

参考小于 40D 的为小曲线隧道的界定标准，从设计对隧道的功能性影响角度考虑，建议隧道设计转弯半径不大于 10D 时可定义为超小曲线或急曲线隧道。目前国内外隧道施工中通过机械法开挖实现小于或等于 10D 的超小曲线隧道极少，且基本集中在软土盾构施工中，日本主要在特殊的盾构及顶管施工中实现了超小曲线隧道施工，我国在个别市政顶管及电力隧道盾构工程中也实现了超小曲线隧道施工。在硬岩掘进环境采用 TBM 进行超小曲线隧道施工，需要从原有300～800m 大曲线转弯半径至 40D 小曲线转弯半径再至 10D 超小曲线转弯半径的三级跨越。2019 年 10 月成功应用于国家电网有限公司（以下简称“国家电网”）山东文登抽水蓄能电站排水廊道施工的“文登号”TBM，实现了从几百米大曲线到 30m 超小曲线转弯半径的直接跨越，“文登号”TBM 超小曲线隧道施工也创造了截至目前最小转弯半径 TBM

施工的世界纪录。

图1-1 中铁装备237号凯式TBM

"文登号"TBM直径3.5m(图1-2),整机长度37m,设计最小水平转弯半径30m,纵向爬坡能力5%,采用"V"形分布位于支撑盾和前盾之间,可进行60°左右水平转弯操作,并在实际工程应用中实现了27m的超小曲线转弯效果。

图1-2 "文登号"TBM

1.2 超小曲线隧道TBM施工重难点

全断面隧道掘进机在超小曲线隧道中的施工可分为软土环境下的盾构、顶管施工和硬岩环境下的TBM施工。国内外对盾构在小曲线隧道施工中的难点研究已经较为成熟,而对TBM在硬岩环境下的小曲线隧道施工一直尚未有应用案例。

1.2.1 盾构小曲线(超小曲线)隧道施工难点

盾构在小曲线隧道($<40D$)的施工难点如下:

①由于盾构设备为刚性直线连接,无法与曲线完全拟合,曲线半径越小则盾构拟合难度

越大。

②小曲线段掘进过后会形成连续的折线,因此为使得折线与小曲线高度吻合,需在掘进过程中连续进行纠偏。

③曲线半径越小,纠偏量越大,纠偏灵敏度越低,掘进轴线难以控制。

④在小曲线隧道施工过程中管片受力集中,会对管片产生破坏,需要通过增加每环管片的楔形量、减小环宽等措施增加管片在小曲线段与设计轴线的拟合度。

盾构若在超小曲线隧道(≤10D)中施工,其面临施工难点也是以上问题,众多地铁盾构小曲线隧道的成功施工为以上难点问题提供了较好的解决措施。因此若采用盾构进行超小曲线隧道施工,其施工重点应放在对以上难点问题的更深一步解决上。

1.2.2 TBM 小曲线(超小曲线)隧道施工难点

一直以来,国内外均无采用 TBM 进行小曲线隧道施工的先例,因此对小曲线或超小曲线隧道采用 TBM 施工的研究需要从头开始,从结果导向分析,要考虑超小曲线隧道将面临的 TBM 设备及施工两个方面的问题。

(1)设备难点

①TBM 结构设计如何实现≤10D 超小曲线转弯功能。

②TBM 刀盘及刀具设计如何适应超小曲线掘进,实现最优刀具消耗。

③TBM 皮带输送系统在超小曲线上运行的可靠性及安全性。

④TBM 配套物流运输系统在超小曲线上运行的可靠性及安全性。

(2)施工难点

①超小曲线隧道 TBM 的组装、过站、拆机、渣土运输等施工技术能否采用常规 TBM 的施工方法,存在技术难点。

②TBM 在超小曲线段上掘进质量控制的重点是姿态控制问题。

③TBM 在超小曲线隧道中不良地质应对的关键是安全性问题。

④超小曲线隧道 TBM 施工管理效率的经济性问题。

1.3 超小曲线隧道 TBM 施工的技术路线

超小曲线隧道 TBM 施工的技术路线需从 TBM 设备及施工工艺两方面解决。

(1)TBM 设备方面

①超小曲线隧道 TBM 设备的选型,包括选型依据、流程、标准。

②分析解决超小曲线隧道 TBM 关键系统设计,包括转弯结构、推进系统、刀盘刀具、支护系统、皮带输送系统等。

③TBM 配套运输系统的配置,包括运输系统设备组成、布置方式、运输效率分析等。

(2)施工工艺方面

①超小曲线隧道 TBM 组装技术,包括组装场地、技术要求、组装流程及工艺。

②超小曲线隧道 TBM 拆机技术,包括拆机场地、技术流程及工艺要求。

③超小曲线隧道 TBM 始发技术，包括始发准备、步进作业、曲线段始发。

④TBM 在超小曲线段上的掘进和步进过站，包括作业流程、参数选择以及掘进姿态控制要点等。

⑤超小曲线隧道 TBM 施工的施工组织管理、安全管理、TBM 设备管理及不良地质应对措施。

目前，超小曲线隧道 TBM 施工技术仍处于起步阶段，基于具体的工程应用，还需要进行深入的总结思考。

第2章 超小曲线隧道TBM选型设计

TBM 是完成隧道掘进、支护、出渣等施工工序并能进行连续性作业,集机、电、液、光、气等系统于一体的大型隧道施工装备,具有掘进速度快、安全、环保等优点,近年来已逐步替代传统钻爆法施工,在长大、高埋深、高地应力及软弱破碎等复杂隧道工程中广泛应用。

自 1952 年美国罗宾斯公司生产的第一台 TBM,经过几十年的发展,TBM 技术已日趋成熟。自 20 世纪 80 年代中期,大批国外施工承包携带 TBM 设备及先进施工技术进入我国隧道施工领域,至 2013 年起,中国铁建重工集团股份有限公司(以下简称“铁建重工”)、中铁装备等企业自主研发制造的国产 TBM 投入使用,使 TBM 在我国铁路、水电、城市轨道交通、矿山等隧道工程中得到广泛应用。

2.1 TBM 分类及选型

2.1.1 TBM 分类

在我国,TBM 特指硬岩隧道掘进机,根据《全断面隧道掘进机术语和商业规格》(GB/T 34354—2017)规定,全断面隧道掘进机包括盾构机、TBM 和顶管机。

盾构机按其使用功能的不同可分为土压平衡盾构、泥水平衡盾构及盾构与 TBM 功能结合的多模式盾构。TBM 按照使用功能不同可分为敞开式和护盾式两种,护盾式 TBM 按护盾结构不同可分为单护盾及双护盾两种,敞开式 TBM 按照撑靴方式、主梁结构不同可分为凯式和主梁式,全断面隧道掘进机分类如图 2-1 所示。

从广义区分,TBM 主要分为敞开式、单护盾、双护盾三类适用于不同地质条件的机型,目前随着技术进步,已经衍生出更多针对复杂地质的多模式 TBM(盾构),即土压/泥水与 TBM 组合的新形式。

(1)敞开式 TBM

敞开式 TBM 多用于围岩结构稳定、强度较大的隧道工程中且有较高的掘进速度,在应对隧道断层或收敛地质时由于其护盾设计较短且可收缩,比护盾式 TBM 具有卡盾风险小的绝对优点;由于采用锚喷、衬砌等支护方式,所以其工程造价也小于安装管片的护盾式 TBM。其缺点是在遇岩爆地层掘进时，主机区域的作业人员及设备会暴露在围岩下而安全性稍差；另一方面在断层破碎带、软弱地层时，强度支护、清渣工作量大，会导致掘进效率降低。

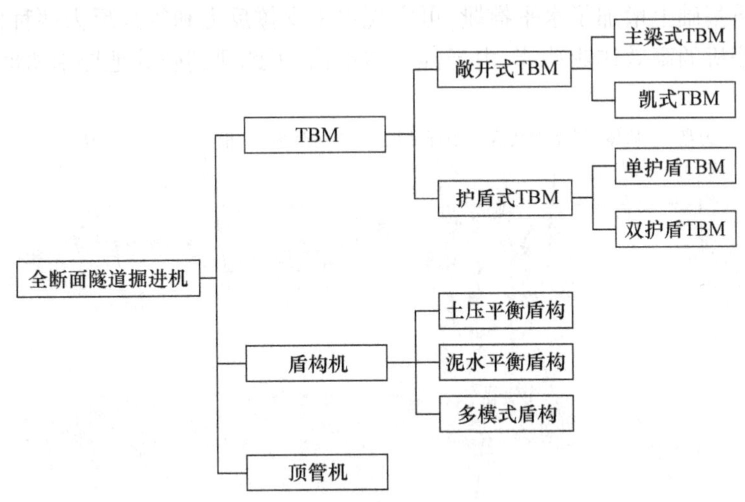

图2-1 全断面隧道掘进机分类

敞开式TBM分为主梁式和凯式(图2-2、图2-3)，两种TBM的主要区别有：主梁式TBM采用水平撑靴，在围岩完整性好、强度高的岩层中掘进能力较为突出，缺点是在隧道围岩应力大易发生岩爆风险时或围岩破碎易发生坍塌时其撑靴方式应对手段较为单一，对TBM掘进效率影响较大；凯式TBM在稳定围岩下掘进功能与主梁式TBM相当，在围岩破碎时其撑靴方式应对手段更加灵活，在大坡度隧道施工时撑靴总面积大、稳定性好，其一个显著特点是在4m规格以下小直径的TBM比主梁式TBM的主机区域活动空间更大，能满足提供施工人员更多安全作业空间和支护空间的要求。

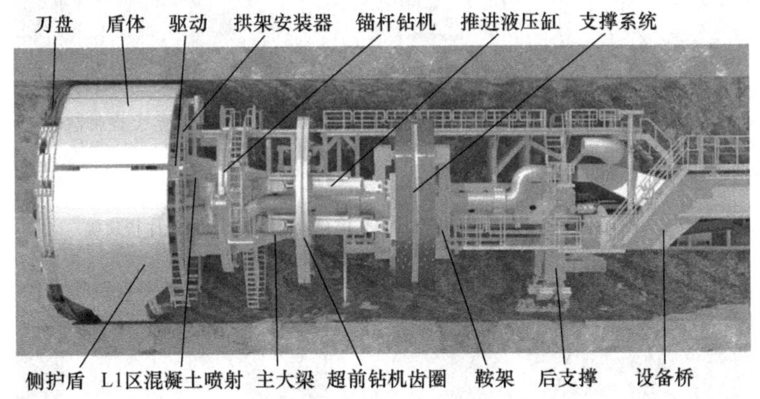

图2-2 主梁式TBM结构

(2)护盾式TBM

护盾式TBM以管片衬砌作为初期或永久支护，既适用于软岩地层也适用于硬岩地层，相较于敞开式TBM所有施工作业人员全部在盾壳的保护下工作也更安全。护盾式TBM分为单护盾和双护盾两种(图 2-4、图 2-5),两种 TBM 的主要区别有:单护盾适用于围岩较为软弱地层中,管片拼装时必须停止掘进,对掘进效率有一定影响;双护盾可适应软岩与硬岩两种地质,其结构在单护盾基础上增加了水平撑靴,可实现水平支撑反力和管片反力两种模式,从而实现管片拼装时不停机的高效作业功能,由于其盾体更长,因此遇到破碎地层卡机时比单护盾更难处理。

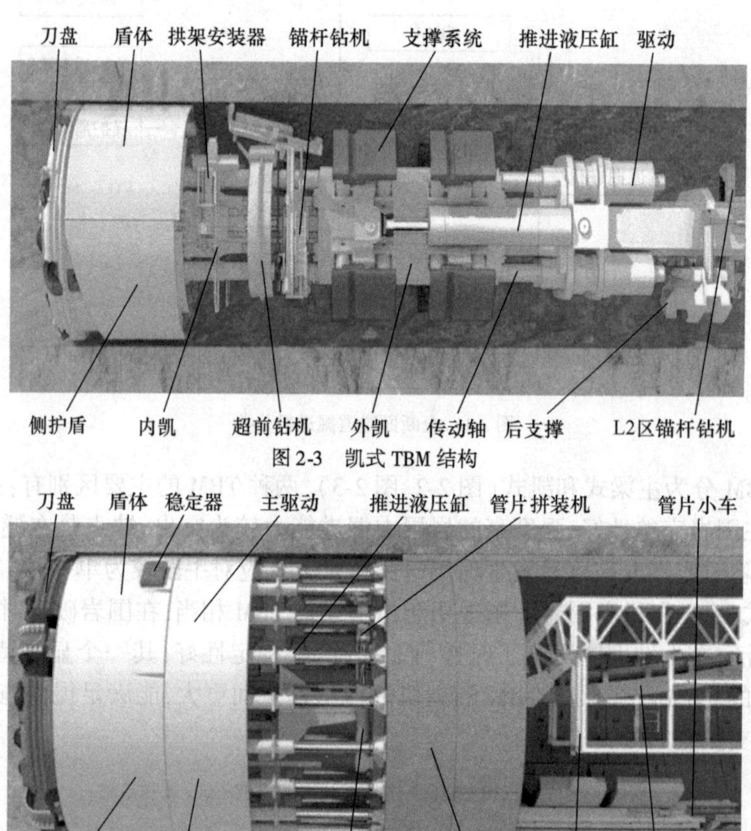

图 2-3 凯式 TBM 结构

图 2-4 单护盾 TBM 结构

图 2-5 双护盾 TBM 结构

从适应范围、转弯半径、安全风险等方面对敞开式TBM与护盾式TBM进行综合对比,见表2-1。

敞开式TBM与护盾式TBM对比　　表2-1

对比项目	敞开式TBM	双护盾TBM	单护盾TBM
适应范围	适应地层一般要求围岩较好,有一定自稳性,岩石单轴抗压强度为50~200MPa的中硬岩、坚硬岩,一般开挖以Ⅱ、Ⅲ、Ⅳ级围岩为主的隧道	适应地层较广,适用于自稳性较好的软岩、中硬岩、坚硬岩,适合岩石抗压强度适中(岩石单轴抗压强度为20~200MPa)、地下水不太丰富的地层施工。可适应较完整至破碎的岩体,用于Ⅱ、Ⅲ、Ⅳ、Ⅴ级围岩	适用于围岩强度较低的隧道,主要用于围岩地基承载力无法满足TBM正常掘进时撑靴接地比压要求的地层为主的隧道,其他同双护盾; 在极硬岩时,对管片强度要求较高;在围岩自稳性较好时,相对于敞开式和双护盾进度较慢
功能特点及选型过程中的重点控制要素	Ⅱ级(非极硬岩,可适应短距离极硬岩,受开挖效率控制); Ⅲ级(一般是发挥其效能的最佳条件); Ⅳ级(非破碎带,能自稳、变形小,支护工作量适当)	Ⅱ级(非极硬岩,受开挖效率控制); Ⅲ级(一般受管片安装效率控制); Ⅳ级[非破碎带,能自稳、变形小情况下效率要优于敞开式(受支护工作效率控制)]; Ⅴ级(掌子面能自稳,掘进后洞壁无坍塌,洞壁自稳时间不小于5h,因撑靴需要,设有伸缩盾,护盾一般较长,变形小)	Ⅱ级(非极硬岩,受开挖效率控制); Ⅲ级(一般受管片安装效率控制); Ⅳ级(非破碎带,能自稳、变形小情况下效率要优于敞开式,受支护工作效率控制); Ⅴ级(掌子面能自稳,掘进后洞壁自稳时间不小于4h,变形小)
施工速度	地质较好时只需进行锚网喷,支护工作量小,速度快;地质差时需要超前加固,支护工作量大,速度慢	在地质条件较好时,通过支撑靴支撑洞壁来提供掘进反力,掘进和安装管片同时进行,有较快的速度;在软弱地层,采用单护盾模式掘进,掘进和安装管片不能同时进行	掘进与管片安装不能同时进行,施工速率受限制
曲线半径	一般曲线半径800m,困难段曲线半径300m,主要受连续皮带输送机转弯半径控制	一般曲线半径800m,困难段曲线半径350m,主要受连续皮带输送机转弯半径控制,小转弯半径需采取针对性措施	一般曲线半径800m,困难段曲线半径500m,主要受连续皮带输送机转弯半径控制
使用风险	遇中等及以上岩爆时,安全风险大。围岩自稳性较差时,清渣支护时间长,进度慢	遇到膨胀岩、大变形严重,超出设备处理能力时,有卡机风险	遇到膨胀岩、大变形严重,超出设备处理能力时,有卡机风险,且处理卡机困难(需要拆除管片、设置导洞等)
安全性	采用初期支护,必要时采用超前支护措施。设备与人员暴露在围岩下(尤其岩爆段),须加强防护	处于护盾保护下,人员安全性较好。在地应力较大的破碎地层时,有卡机风险	
掘进速度	受地质条件影响大	受地质条件影响小	

续上表

对比项目		敞开式 TBM	双护盾 TBM	单护盾 TBM
衬砌支护方式	水利	初期支护 + 全圆二次衬砌	管片	管片
	铁路	初期支护 + 预制仰拱块 + 二次衬砌	初期支护 + 二次衬砌(底部必须施作仰拱块);管片 + 二次衬砌	管片 + 二次衬砌
衬砌费用		总体上,Ⅱ、Ⅲ级围岩段,费用较"管片 + 二次衬砌"方式低; Ⅳ级围岩段,费用相当; Ⅴ级围岩段,费用较"管片 + 二次衬砌"式高	与围岩有关,相对较低	与围岩有关,相对较高
超前支护		较灵活	受限	受限
施工地质描绘		掘进过程中可直接观测洞壁岩性变化,便于地质图描绘。地质勘察资料不详时,选用敞开式 TBM 施工风险较小	不能系统地进行施工地质描绘,也难以进行收敛变形量测。地质勘察资料不详时,施工风险较大	

从围岩适应条件出发,对敞开式 TBM 与护盾式 TBM 适应范围的初步对比见表 2-2。

敞开式 TBM 与护盾式 TBM 围岩适应范围初步对比 表 2-2

岩石强度(MPa)		<10	10~40	40~100	100~160	>250	
围岩类别		Ⅴ	Ⅳ	Ⅲ	Ⅱ	Ⅰ	
岩质类型		极软岩	软岩	较软岩	硬岩	较硬岩	极硬岩
TBM	单护盾						
	敞开式						
	双护盾						

2.1.2 TBM 选型原则及依据

(1)选型原则

TBM 设备属于大型工程机械设备,其选型时应遵循下列原则:

①安全性、可靠性、先进性与经济性相统一。

TBM 选型应首先遵循安全性、可靠性原则,并兼顾技术先进和经济性。所选 TBM 技术水平应先进可靠并适当超前,符合工程特性,满足隧道结构要求,做到安全性、先进性、经济性相统一。

②满足施工要求条件。

根据隧道地质条件、沿线地形地貌以及洞口条件等环境条件,所选设备能满足施工隧道洞径、长度、坡度、支护等要求。

③满足安全、质量、工期、造价及环保要求。

TBM 及配套设备选型时总体应做到合理化、标准化,应依据工程项目的规模、难易程度、安全、质量、工期、造价以及文明施工等要求，在充分调研的基础上进行选型。

④设备设计最优原则。

TBM 主机与后配套台车相配套，满足生产能力与主机掘进速度相匹配，能耗小、效率高的原则；设备总体设计长度应尽量缩短的原则，同时设备内部结构紧凑达到作业及逃生等安全空间要求；TBM 总体设计应具有施工安全、结构简单、布置合理和易于维护保养的特点。

⑤满足隧道施工对生态环境保护、社会效益及成本的要求。

(2)选型依据

TBM 设备选型时需要根据工程项目的具体条件和诸多因素进行详细对比分析，其遵循的依据如下：

①工程地质方面：隧道岩石类型与强度、节理分布与发育程度、断层、暗河、溶洞、地下水分布、已有地表建筑、河流等沿线地形地貌环境条件。

②工程规模方面：隧道断面设计形状、长度、坡度、转弯半径、隧道埋深等设计参数。

③工程基础设施：根据隧道施工条件，所选设备能满足施工场地、道路运输条件、供水、供电条件。

④工程工期要求：工程施工对 TBM 的工期要求包括前期准备、掘进、衬砌、拆卸转场等全过程，前期准备工作主要包含招标采购、设计制造、进场运输、组装调试、试掘进等工期节点要求。

⑤对不良地质处理的灵活性及经济性。

⑥满足文明施工、信息化管理方面的要求。

⑦TBM 制造企业的技术能力及技术服务水平。

⑧工程施工掘进长度与设备摊销的经济性比较。

⑨施工企业的专业技术、管理水平及专业人员储备。

(3)TBM 选型流程

根据 TBM 选型原则及依据，对工程施工方式评估及地质适应性评估等工作完成后，在确认采用 TBM 施工后，需进一步对 TBM 结构和参数进行设计。其选型流程如图 2-6 所示。

2.1.3 超小曲线隧道 TBM 选型

日本土木学会编制的《隧道标准规范(盾构篇)及解说》提出解决小曲线半径施工的有效措施如下。

(1)盾构设备：

①盾构的长度要尽量短。

②配备中折装置。

③装备部分外挖式超挖刀。

④刀盘扭矩应具有充分的富余量。

(2)管片：减小管片的宽度。

(3)超挖量：为了应对施工中发生的意外，最好使盾构具有较大的超挖能力。

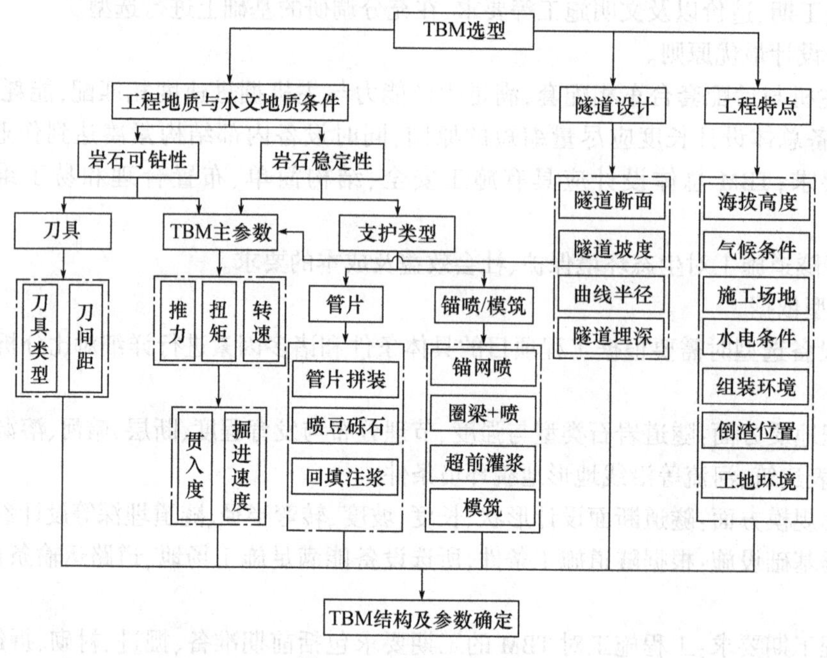

图 2-6　TBM 选型流程图

我国通过大量地铁小曲线工程应用实践，除对日本的解决措施进行验证外，对盾构小曲线隧道施工经验也有进一步总结。

小曲线隧道盾构最小转弯半径的大小取决于盾构机的长度、是否启用铰接、铰接的开启量、刀盘刀具的超挖量等因素。当盾构灵敏系数(机长/外径)大于 1.5 倍或隧道曲率半径小于 250m 时，应采用铰接装置，主动铰接比被动铰接能够更好地实现曲线调向，其最大可实现 9°左右的转弯操作。

在此之前，小曲线隧道 TBM 施工并无先例可以参考。因此对超小曲线隧道 TBM 选型首要考虑实现超小曲线转弯功能，同时考虑岩石可钻性、隧道设计等几方面因素，超小曲线隧道 TBM 选型应满足以下条件：

①TBM 的整体结构长度应尽量缩短。

②TBM 具有良好的曲线控制功能。

③TBM 刀盘刀具设计应满足高石英含量硬岩掘进。

④TBM 具有能应对破碎地质的支护功能。

⑤TBM 具有能适应坡度施工的功能。

2.2　超小曲线隧道 TBM 设计关键技术

在按照 TBM 选型原则和依据的基础上，还需对超小曲线隧道 TBM 的转弯结构、刀盘刀具、主轴承、支护系统、皮带输送系统进行优化设计。

2.2.1 转弯结构设计

超小曲线隧道 TBM 需具备不大于 10D 的转弯功能，首先要对 TBM 的设备结构进行针对性设计。

1) TBM 紧凑结构

根据超小曲线隧道 TBM 设备选型分析，TBM 设备长度应尽量短，因此其结构设计应以紧凑为主。需要将 TBM 主机、后配套、隧道支护、皮带运输、通风除尘等施工必备功能进行集成，同时还需对一些辅助功能进行优化精简。通过表 2-3 以 ϕ3.5m 超小曲线隧道 TBM 与同直径常规 TBM 参数对比可知，超小曲线隧道 TBM 设备长度比同直径常规 TBM 缩减了约 80% 以上。

超小曲线隧道 TBM 与常规 TBM 参数对比 表 2-3

对比项目	整机总长（m）	总机重量（t）	装机功率（kW）	转弯半径（m）	主机长度（m）	开挖直径（mm）	转速（r/min）	最大推力（t）	爬坡能力（%）	主驱动功率（kW）
超小曲线隧道 TBM	37	250	1452	30	约 7	3530	0 ~ 8.2 ~ 15.8	8972	±5	3 × 300
常规 TBM	240	550	2095	300	约 20	3530	0 ~ 14.5	8972	±3.3 ~ 5	4 × 300

超小曲线隧道 TBM 从刀盘向后依次由刀盘、前盾、推进系统、支撑盾、皮带输送系统、后配套系统等组成，整机全长约 37m。整机结构如图 2-7 所示。

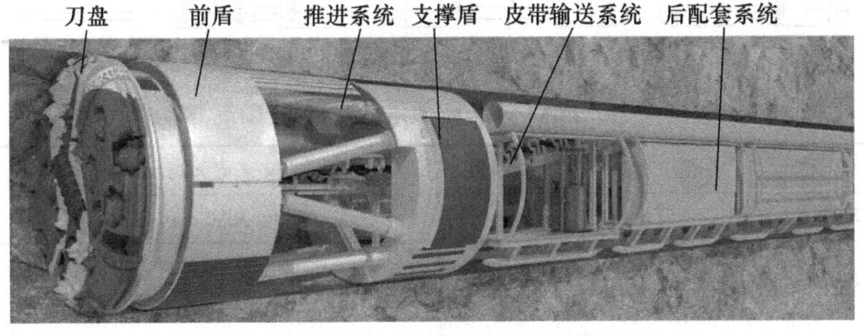

图 2-7 TBM 整机结构示意图

TBM 主机全长 7m，包括刀盘、主轴承、驱动电机、推进液压缸、撑靴、皮带输送机等主要部件，主机负责 TBM 开挖、开挖方向的调整执行、设备的支撑推进、刀盘渣料的运输传导等功能，是 TBM 核心区域，其结构如图 2-8 所示。

TBM 后配套全长 30m，包括油脂泵、配电柜、变频柜、内水循环泵、吊机、风筒等主要部件，后配套负责 TBM 高压变配电、弱电控制、混凝土输送、空气压缩、供排水、一次风筒延伸等功能，是 TBM 的服务机构，其结构如图 2-9 所示。

基于设备结构紧凑原则，主机及后配套设备结构尺寸需要在满足设备功能前提下达到最小尺寸，因此，需对设备布置做到最大优化。TBM 核心部件尺寸及重量见表 2-4。

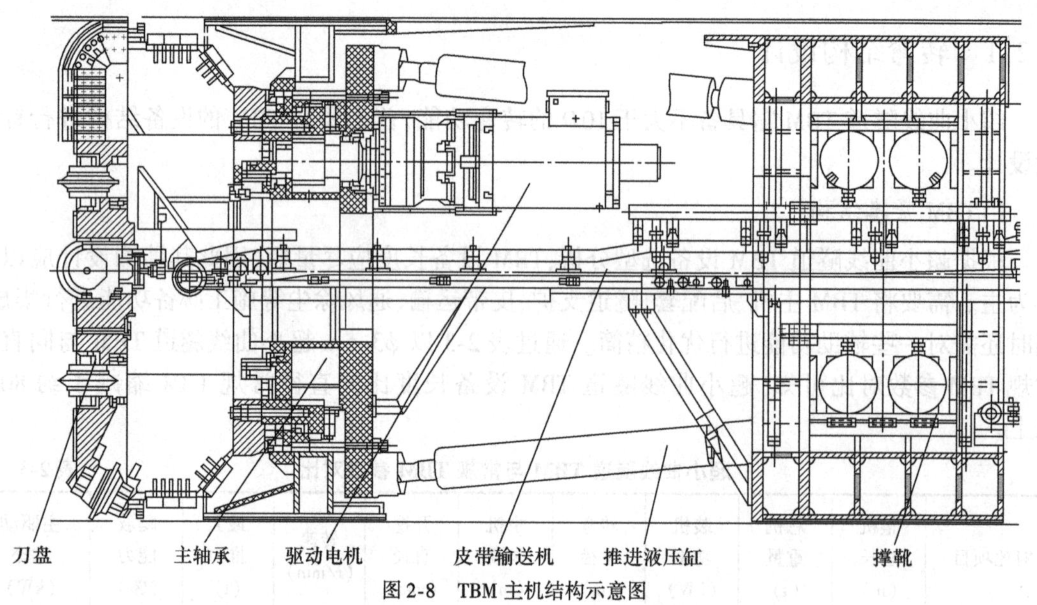

图 2-8　TBM 主机结构示意图

油脂泵　配电柜　变频柜　油脂泵　内水循环泵　吊机　风筒

图 2-9　TBM 后配套结构示意图

TBM 核心部件尺寸及重量　表 2-4

序号	名　称	组　成	数量	尺寸(长×宽×高,mm)	重量(t)
1	刀盘	刀盘	1	3080×3080×1412	30
2	主驱动	驱动箱	1	3180×3180×1654	30
		减速机	3		
3	支撑盾	支撑盾	1	3415×3415×2000	35
		撑靴	2		
4	主机部件	前盾	2	7000×1750×2283	30
		推进液压缸	6		
		主电机	3		
5	1 号拖车	结构件	1	5000×2863×2700	10
		附属设备			
6	2 号拖车	结构件	1	5000×2863×2700	15
		附属设备			

续上表

序号	名　称	组　成	数量	尺寸(长×宽×高,mm)	重量(t)
7	3号拖车	结构件	1	5000×2863×2700	18
		附属设备			
8	4号拖车	结构件	1	5000×2863×2700	14
		附属设备			
9	设备桥	结构件	1	7000×2863×2700	20
		附属设备			

2)超小转弯推进设计

超小曲线隧道TBM结构设计中最重要的是通过其推进系统实现超小转弯掘进功能,即实现在空间中6个自由度的整体联动,相较于常规TBM推进系统,需要设计一种可实现超小转弯的新型推进系统。

以ϕ3.5m的TBM为例分析,主梁式TBM推进系统和凯式TBM推进系统的结构布置如图2-10、图2-11所示,从图中可以看出两者的刚性结构件(主梁/内外凯)长度均在15m左右。图2-12为相同直径TBM在R30m隧道中的转弯示意图,从图中可以看出当隧道转弯半径过小时,可能导致主梁或内外凯与洞壁距离过近甚至交叉干涉,同时由于主梁或外凯末端相对隧道轴线偏心距离过大,使后配套拖车与主梁出现较大夹角,管路布置困难易造成挤压风险,皮带输送机摆动幅度大造成渣土运输困难,此时TBM主机的刚性结构段长度成为制约最小转弯半径的主要因素。

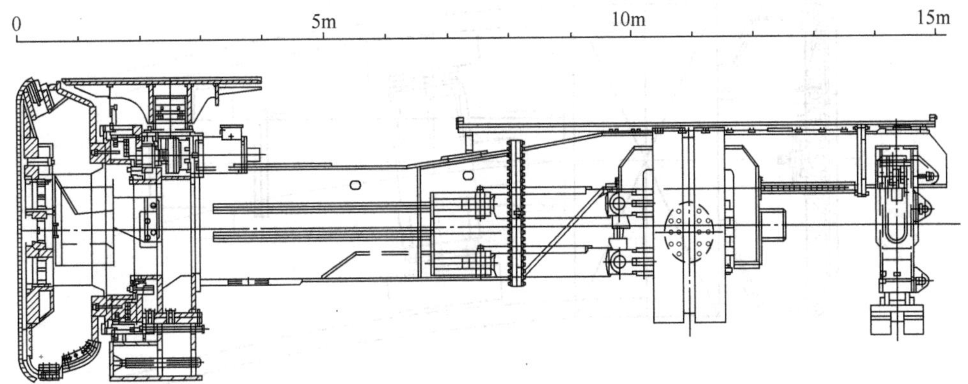

图2-10　主梁式TBM推进系统示意图

并联机构具有刚度大、运动精度高、惯性小、载荷分布均匀、机构对称具有各向同性等特点,并且设计制造和控制成本相对较低,适于TBM大推力、大扭矩推进系统的使用工况,是理想的推进系统构型。对比经典的Stewart并联机构,设计出多自由度并联机构,建立新型推进系统模型,如图2-13所示,包括刀盘、盾体、球铰、液压缸、支撑盾、撑靴等结构。从图2-13b)中可以看出新型推进系统的刚性结构只有护盾,有效避免了轴线偏移量过大的问题,可实现隧道超小曲线转弯。

在TBM新型推进系统中,刀盘上布置的刀具直接接触岩石,实现刀盘旋转破岩。盾体内部装有主轴承、电机、减速机等,起到支撑洞壁的作用。刀盘通过螺栓连接在盾体内的主轴承上，共同组成破岩系统。支撑盾用来布置液压缸铰接和撑靴，同时与后配套拖车连接。撑靴具备伸缩功能，在掘进时伸出，并撑紧洞壁，使支撑盾固定。支撑盾与护盾之间由六根带行程传感器的液压缸通过两端的球铰连接，通过改变六根液压缸的行程或推进速度改变盾体及刀盘的姿态并提供破岩推力。新型推进系统在掘进时撑靴撑紧洞壁使支撑盾固定，根据隧道设计轴线计算出护盾姿态，通过对机构求解得出一个掘进周期内各液压缸的伸长量，通过控制器控制液压缸动作实现破岩掘进。在达到最大步进距离后，液压缸不再提供推力，护盾受到岩石的挤压作用静止，此时收回撑靴。然后使各液压缸复位，护盾一端因受与洞壁的摩擦力成为固定端，支撑盾及后配套在液压缸回收力的作用下向前步进，根据 TBM 的激光导向系统对支撑盾和刀盘位姿进行检测和修正，完成一个周期掘进。

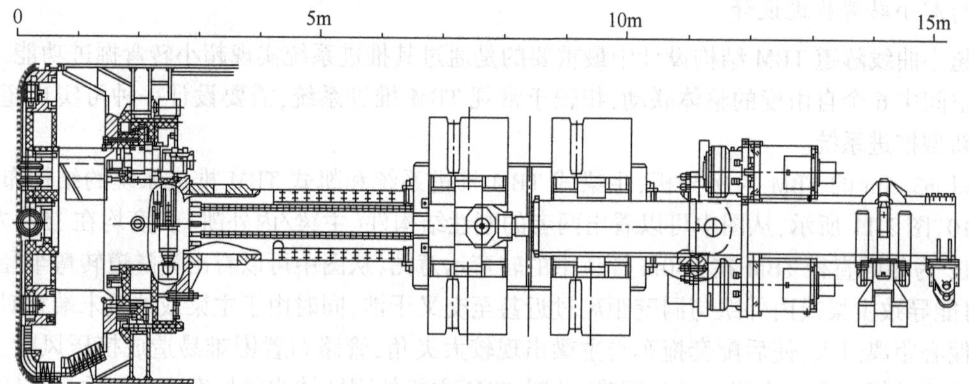

图 2-11　凯式 TBM 推进系统示意图

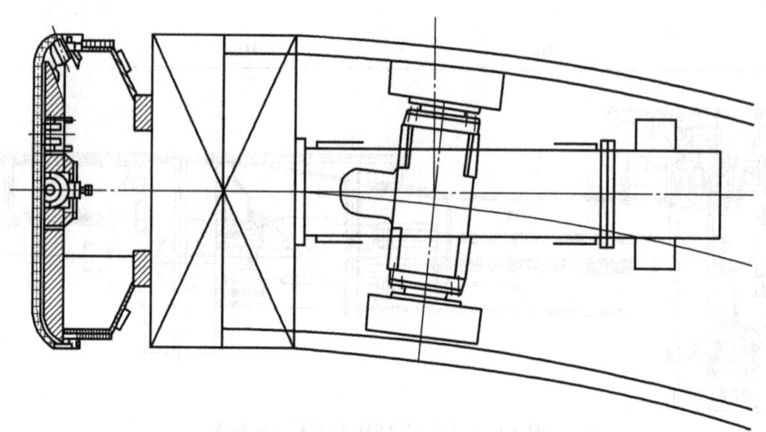

图 2-12　TBM 转弯示意图（R30m 隧道）

在 TBM 掘进过程中遇到转弯时，盾体和刀盘相对支撑盾的位置和姿态同时发生改变，如图 2-14 所示。假设隧道转弯半径为 R，在一次步进中主机移动距离为 ΔL（$\Delta L << R$），偏移角度为 $\Delta\delta$，则有：

$$R = \frac{\Delta L}{2\sin(\Delta\delta/2)} \tag{2-1}$$

从式（2-1）可以看出，转弯半径只与盾体位姿直接相关，不同于图 2-10、图 2-11 中凯式 TBM 和主梁式 TBM 的转弯半径计算方法，新型推进系统转弯半径不受撑靴及后支撑相对主机位置影响，因此可以将撑靴前移，布置于支撑盾处，减小撑靴和刀盘的距离。

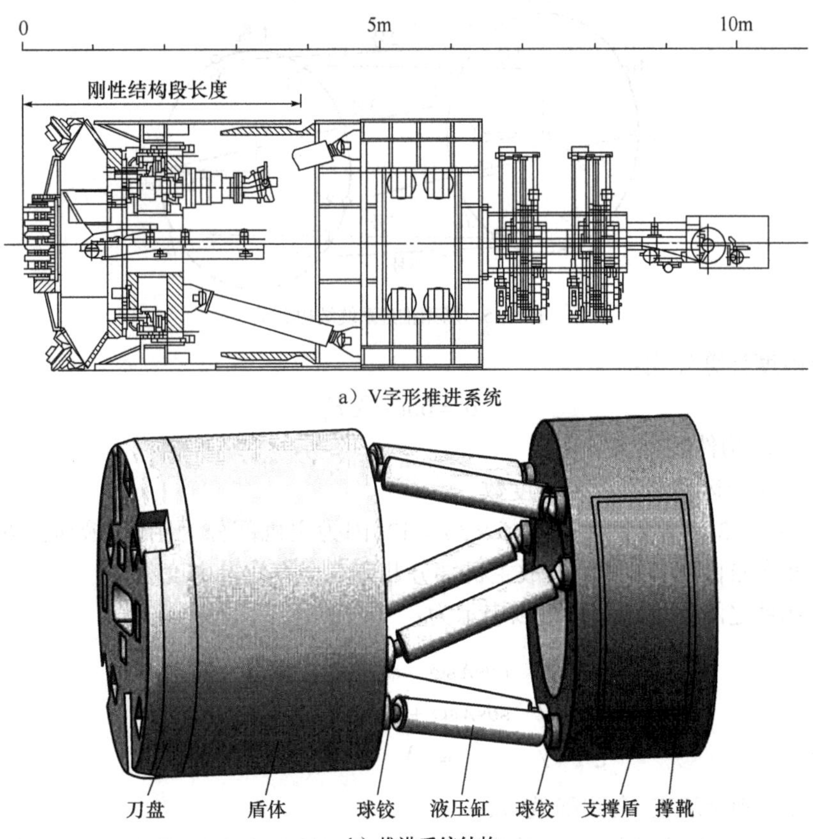

a）V字形推进系统

b）推进系统结构

图 2-13　TBM 新型推进系统

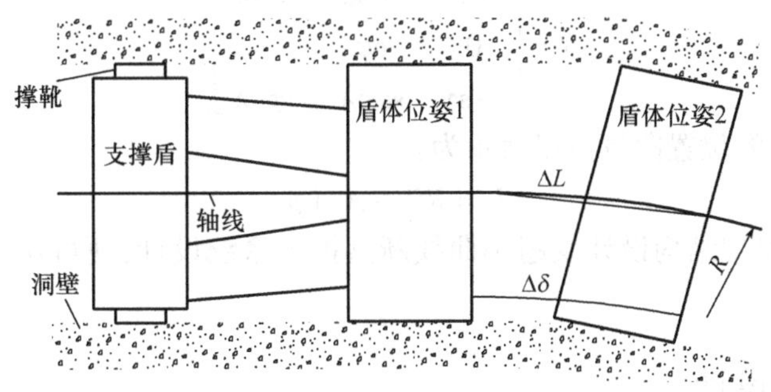

图 2-14　推进系统转弯示意图

对新型推进系统进行运动学分析：在掘进过程中撑靴撑紧洞壁，依靠摩擦力保持后配套系统稳定，并为刀盘提供反扭矩及反推力。液压缸一端铰接布置于撑靴结构上，沿铰接所在节圆平面和隧道设计轴线或其切线方向建立固定坐标系 $o-xyz$，铰接点表示为 $A_i(i=1,\cdots,6)$。在主机处建立动坐标系 $p-uvw$，其上与 A_i 相应的铰接点表示为 $B_i(i=1,\cdots,6)$，主机位姿表示为 $P(x,y,z,\theta,\alpha,\beta)$，如图 2-15 所示。$(x,y,z)$ 表示主机的位置坐标，(θ,α,β) 表示动坐标系分别绕定坐标系中 z、y、x 轴的转角，即主机的横滚角、偏移角和俯仰角。

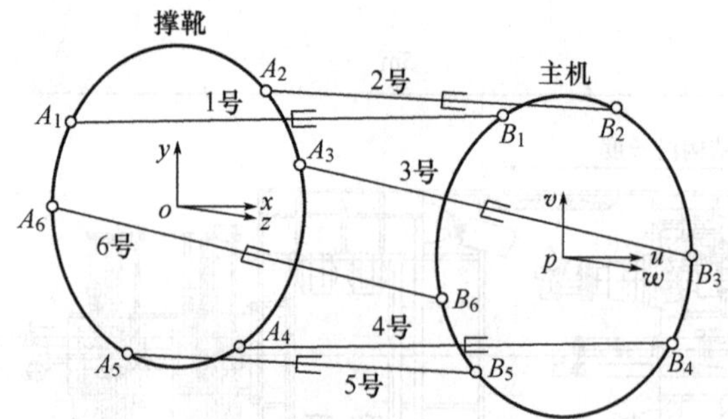

图 2-15 新型推进系统结构简图

根据自由度计算公式:

$$\sigma = 6m - \sum K_i \tag{2-2}$$

式中:m——活动构件数;

K_i——第 i 个运动副限制自由度数。

可得 $\sigma = 6 \times 13 - (6 \times 3 + 6 \times 5 + 6 \times 3) = 12$,因为主机部分为刚体,液压缸两端球铰具有一个方向的冗余自由度,总数为 6,故主机部分共有 6 个有效自由度。

动静坐标系之间的旋转矩阵可以表示为:

$$R = \begin{bmatrix} \mathrm{c}\gamma\mathrm{c}\theta & \mathrm{c}\theta\mathrm{s}\lambda\mathrm{s}\varphi - \mathrm{s}\theta\mathrm{c}\varphi & \mathrm{c}\varphi\mathrm{s}\lambda\mathrm{c}\theta + \mathrm{s}\varphi\mathrm{s}\theta \\ \mathrm{c}\gamma\mathrm{s}\theta & \mathrm{s}\theta\mathrm{s}\lambda\mathrm{s}\varphi + \mathrm{c}\theta\mathrm{c}\varphi & \mathrm{c}\varphi\mathrm{s}\lambda\mathrm{s}\theta + \mathrm{s}\varphi\mathrm{c}\theta \\ -\mathrm{s}\gamma & \mathrm{s}\varphi\mathrm{c}\lambda & \mathrm{c}\varphi\mathrm{c}\lambda \end{bmatrix} \tag{2-3}$$

式中:s、c——分别表示正、余弦函数 sin、cos。

在 TBM 实际工作过程中,转弯动作一般只有上下坡和左右转弯,而不允许主机发生横滚,因此可以简化认为 θ 角为 0,此时 R 为:

$$R = \begin{bmatrix} \mathrm{c}\gamma & \mathrm{s}\lambda\mathrm{s}\varphi & \mathrm{c}\varphi\mathrm{s}\lambda \\ 0 & \mathrm{c}\varphi & -\mathrm{s}\varphi \\ -\mathrm{s}\gamma & \mathrm{s}\varphi\mathrm{c}\lambda & \mathrm{c}\varphi\mathrm{c}\lambda \end{bmatrix} \tag{2-4}$$

则各驱动液压缸的位置向量可以表示为:

$$L_i = RB_i - A_i + p \tag{2-5}$$

通过 TBM 的紧凑型结构设计及超小曲线新型推进系统设计,便可从 TBM 结构方面实现超小曲线转弯功能。

2.2.2 刀盘刀具设计

应对高石英含量、高硬度围岩及隧道围岩分级Ⅱ级及以上围岩(单轴抗压强度≥80MPa)的掘进是 TBM 的重难点问题,且如何实现在曲线段上刀盘刀具的最高效率也是超小曲线隧道 TBM 刀盘刀具设计的重点。同样以 ϕ3.5m 超小曲线隧道 TBM 为例,对刀盘设计分析如下。

1)*刀具破岩原理*

TBM 进行隧道开挖主要是利用其刀盘上面的盘形滚刀进行破岩,如图 2-16 所示。

TBM 破岩原理如图 2-17 所示,可分为挤压岩石起裂阶段和破碎阶段两部分。

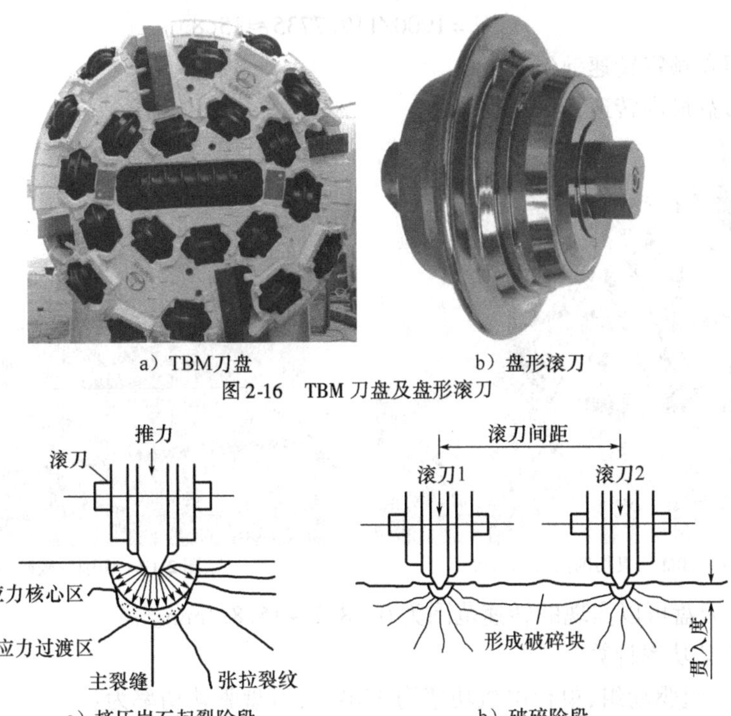

a）TBM刀盘　　b）盘形滚刀

图 2-16　TBM 刀盘及盘形滚刀

a）挤压岩石起裂阶段　　b）破碎阶段

图 2-17　TBM 破岩原理

(1)挤压岩石起裂阶段

首先由推进液压缸将旋转的刀盘推进至隧道掌子面，当刀盘旋转时刀盘上的滚刀在随刀盘旋转同时也绕刀轴进行着自转，在刀盘传递至滚刀上的推力超过岩石本身的抗压强度时，岩石就会因为被挤压而起裂。

(2)破碎阶段

当整个刀盘上滚刀都贯入岩石时，隧道掌子面就会被盘形滚刀挤压碎裂而形成多道同心圆沟槽，随着刀具挤压力增加，沟槽深度也不断增加，当超过岩石的剪切强度和拉伸强度时，同心圆中相邻的两刀具间沟槽中的岩石就会产生挤压破碎并脱落。

经过上述两个阶段便完成了整个破岩过程，因此 TBM 与盾构的破岩区别主要是挤压破岩而非切割破岩。

当 TBM 旋转刀盘上的滚刀进行滚压破岩后，再利用刀盘的铲斗齿将渣土提取至刀盘渣仓，渣石落入主机输送带后再通过渣车或皮带输送机系统运送至洞外，在 TBM 进行隧道开挖的过程中要同时对已经开挖的隧道部分进行挂网、锚杆、立拱、喷浆等支护工作，保证开挖出隧道洞室的稳定性。TBM 破岩轨迹及破碎渣石如图 2-18、图 2-19 所示。

2)刀盘转速及扭矩

(1)转速计算

根据 TBM 所选变频电机额定转速为 990r/min，最高转速为 1900r/min。按功能设计总减速比为 119.7735：1，可得刀盘可以实现的转速计算如下：

$$v_{de} = 990/119.7735 \approx 8.2$$

$$v_{dmax}=1900/119.7735\approx15.8$$

式中：v_{de}——刀盘额定转速，r/min；

v_{dmax}——刀盘最高转速，r/min。

图 2-18　TBM 刀具切削同心圆轨迹

图 2-19　切削后破碎岩石

综上可得，刀盘可以实现的转速范围为 0 ~ 8.2 ~ 15.8r/min。

(2) 刀盘驱动功率计算

TBM 设计 4 组驱动组，单台电机功率为 300kW，刀盘驱动功率为：

$$W=4\times300=1200(\mathrm{kW})$$

即 TBM 刀盘驱动功率为 1200kW。

(3) 刀盘驱动扭矩及转速曲线（图 2-20）

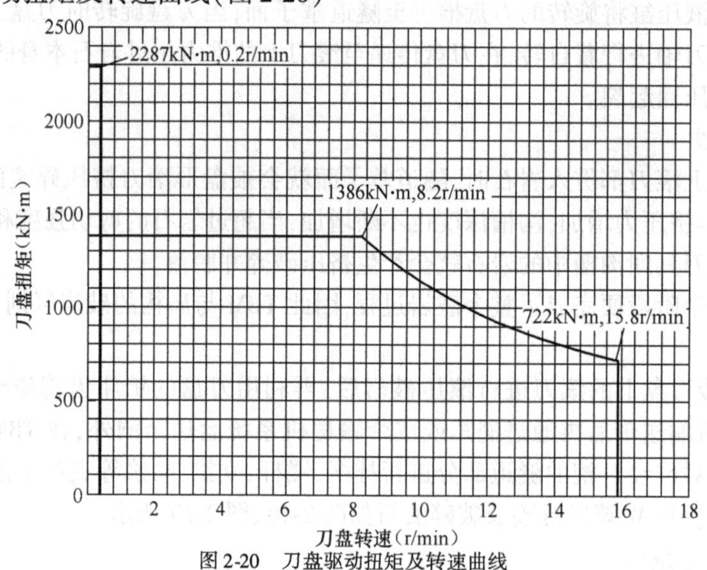

图 2-20　刀盘驱动扭矩及转速曲线

3) 刀盘强度计算

刀盘工况复杂，承受载荷大，为验算刀盘结构设计的可靠性，需对刀盘在各种复杂工况下进行有限元仿真演算。刀盘有限元仿真的三维模型如图 2-21 所示。

为了计算方便，在建立有限元模型时对刀盘的模型进行了简化，设置单元格大小为

20mm，选择自由网格划分模式，共划分四面体单元 4062218 个。刀盘所用材料为 Q345D 钢板，有限元模型采用的材料参数如下：弹性模量 2.0×10^{11} Pa；泊松比 0.3；密度 7850kg/m^3；线膨胀系数 1.2×10^{-5}。

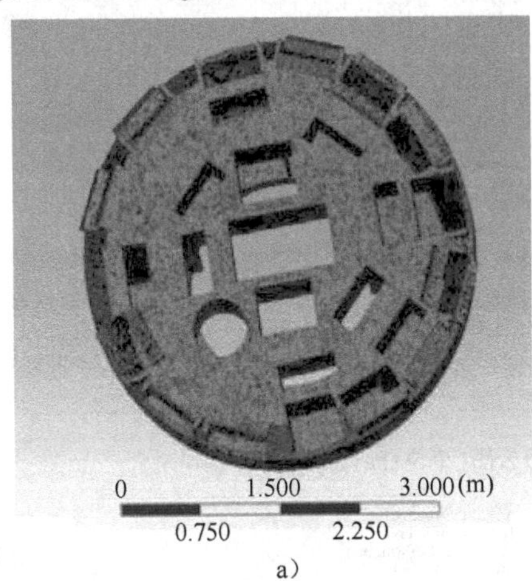

a)

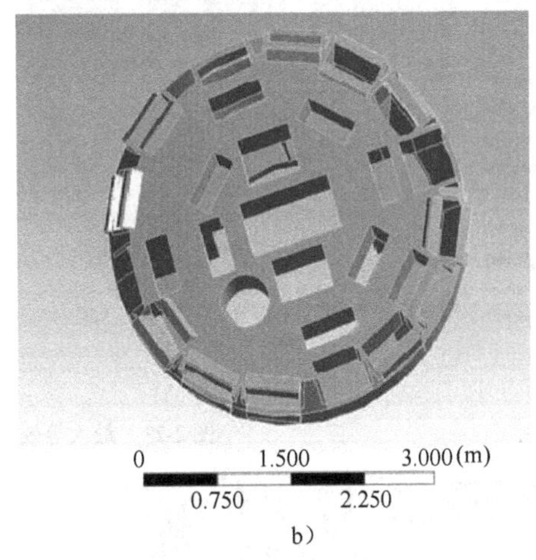

b)

图 2-21　刀盘有限元三维模型

计算时施加的扭矩为 2287kN · m（脱困扭矩），推力为 27 × 250 = 6750（kN），设置自重，同时约束刀盘法兰连接面的全部自由度作为位移边界条件，如图 2-22 所示。

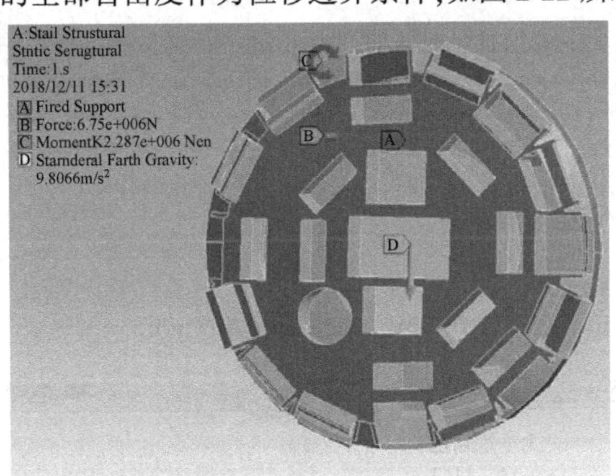

图 2-22　位移边界条件

根据计算结果显示，位移边界条件下刀盘结构的最大等效应力为 161.04MPa，最大应力发生在溜渣板与刀盘法兰尖角处，因此加工刀盘时可在此处进行圆角处理。刀盘绝大部分区域的等效应力小于 50MPa；刀盘结构的最大位移为 0.389mm，刀盘最大等效应力云图如图 2-23 所示，刀盘最大变形发生在刀盘中心刀附近，总变形云图如图 2-24 所示。刀盘设计所用材料为 Q345D 钢板，该材料的许用应力为 275MPa，刀盘结构设计满足强度要求。

4）刀间距布置

刀盘刀间距的选择要充分考虑岩石的物理力学性质、刀盘直径、刀具尺寸以及 TBM 的设计参数等，合理的设计可以大大提高开挖效率，降低开挖能耗，减小刀具磨损。刀具与岩石的破碎状态如图 2-25 所示。

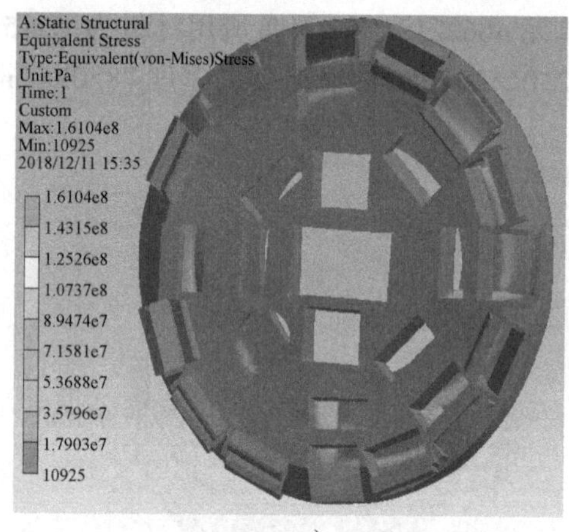

a)

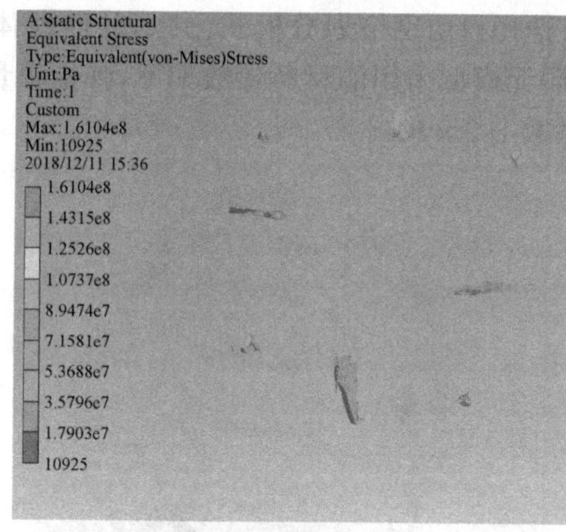

b)

图 2-23　最大等效应力云图(单位:Pa)

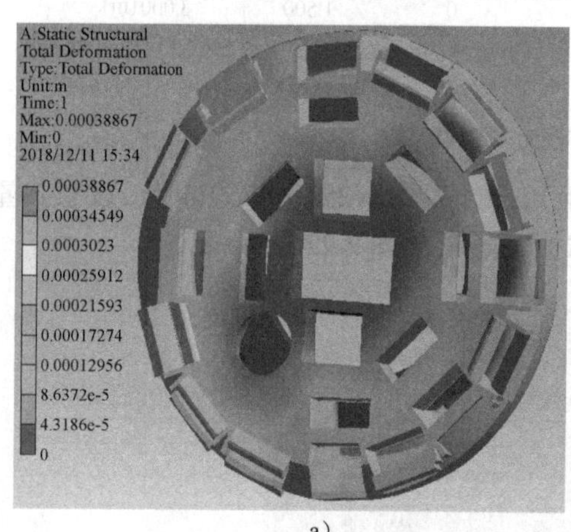

a)

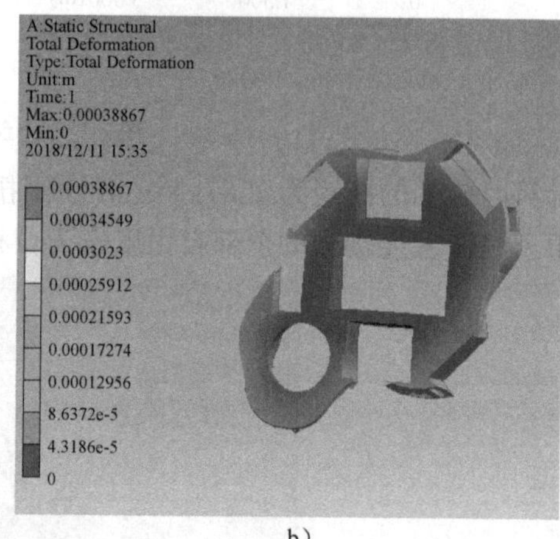

b)

图 2-24　总变形云图(单位:m)

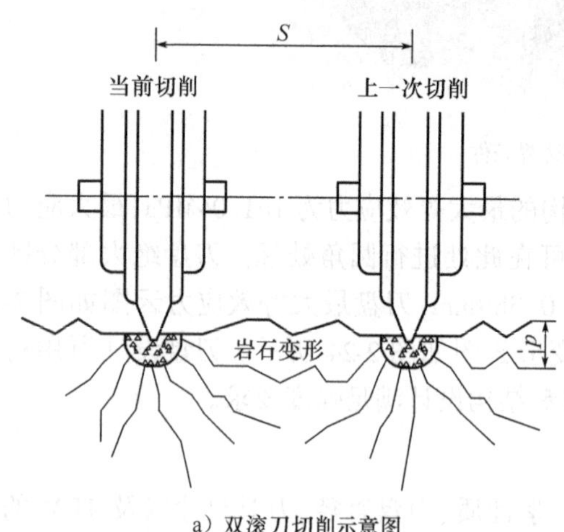

a) 双滚刀切削示意图

b) 滚刀切削试验台刀间距

图 2-25　刀具与岩石的破碎状态

(1)最小破碎比能原则

TBM 掘进时,掌子面围岩以大块片状岩渣的形式剥落是设计理想状态,此时 TBM 掘进消耗功率也最低。如果刀间距过大,滚刀滚压岩石后产生的裂纹无法交汇,只有在滚刀重复切削后(并非一次切削)才能脱落,这样的破岩方式即使有大片岩渣也必定会伴随着大量岩粉存在;如果刀间距过小,小于岩石裂纹扩展长度,就会有大量小块岩渣脱落;因此刀间距设计的理想状态宜是:相邻滚刀在一次顺序切割之后就能有适当的岩渣剥落,岩石小颗粒或岩粉的数量越少越好。即最小破碎比能原则:滚刀切削产生单位体积破碎的岩渣时,所需消耗的能量最小。

以美国科罗拉多矿业学院 CSM 模型为理论基础,给出最小破碎比能计算过程如下,单滚刀垂直破岩推力 F_n 和滚动力 F_r 分别如下:

$$F_n = C\frac{\varphi RT}{1+\psi}\sqrt[3]{\sigma_c^2\sigma_t\frac{S}{\varphi\sqrt{RT}}}\cos\frac{\varphi}{2} \tag{2-6}$$

$$F_r = C\frac{\varphi RT}{1+\psi}\sqrt[3]{\sigma_c^2\sigma_t\frac{S}{\varphi\sqrt{RT}}}\sin\frac{\varphi}{2} \tag{2-7}$$

式中:R——盘形滚刀半径,mm;

S——相邻滚刀刀间距,mm;

σ_c——岩石单轴抗压强度,kPa;

σ_t——岩石抗拉强度,kPa;

T——滚刀刃端宽度,mm;

ψ——刀尖压力分布系数,无量纲,取 -0.2 ~ 0.2;

C——无量纲系数,取值为 2.12;

φ——滚刀刀刃与岩石接触角,$\varphi=\arccos\left(\frac{R-h}{R}\right)$。

破碎比能为切削单位体积岩石所消耗的能量,以它评价刀间距的优劣:

$$E_s = \frac{E}{V} = \frac{F_t h + 2\pi T_q}{\pi R_t^2 h} \tag{2-8}$$

其中:

$$F_t = nF_n \tag{2-9}$$

$$T_q = F_r\sum_{i=1}^{n} r_i \approx 0.6nF_rR_t \tag{2-10}$$

将式(2-6)、式(2-7)代入到式(2-8)中得到破碎比能公式如下:

$$E_s = \frac{nC\frac{\varphi RT}{1+\psi}\sqrt[3]{\sigma_c^2\sigma_t\frac{S}{\varphi\sqrt{RT}}}\left(\cos\frac{\varphi}{2}h + 1.2\pi\sin\frac{\varphi}{2}R_t\right)}{\pi R_t^2 h} \tag{2-11}$$

式中:h——盘形滚刀贯入度,mm/r。

从上述公式中可以看出:岩石裂纹扩展能力与滚刀贯入度密切相关,最优刀间距是否合理必须与刀盘贯入度综合考虑。这也是目前绝大多数学者研究刀间距与贯入度比值(S/h 或 S/P)的原因。基于以上思路,刀间距计算需要根据地质报告中岩石参数、设备参数和滚刀尺寸来推算最佳贯入度范围,之后再根据贯入度大小来确定刀间距范围。

(2)单滚刀破岩推力与贯入度计算

关于滚刀破岩机理的研究,国内外学者大多都把压入强度(与抗压强度有差别)作为媒介,将单滚刀破岩推力 F_n 和贯入度 p 建立联系,总体而言是压入强度=压力/接触面积的等式关系。

这一公式有明确的物理意义,也有大量试验数据能够证明其成立,公开发表的多组侵入深度试验数据都有此类结果:推力大小与侵入深度存在近似线性关系,如图 2-26 所示。因此利用此线性关系可推导侵入深度与压力之间的关系,如图 2-27 所示。

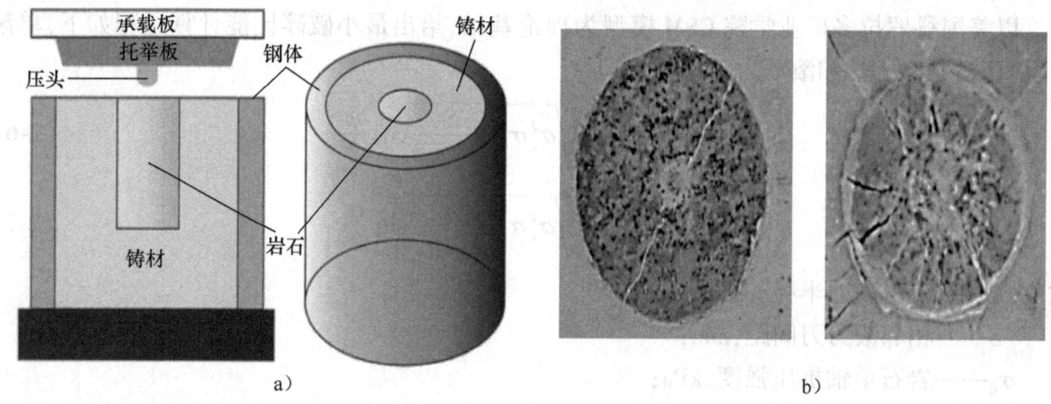

图 2-26　压头侵入岩石试验

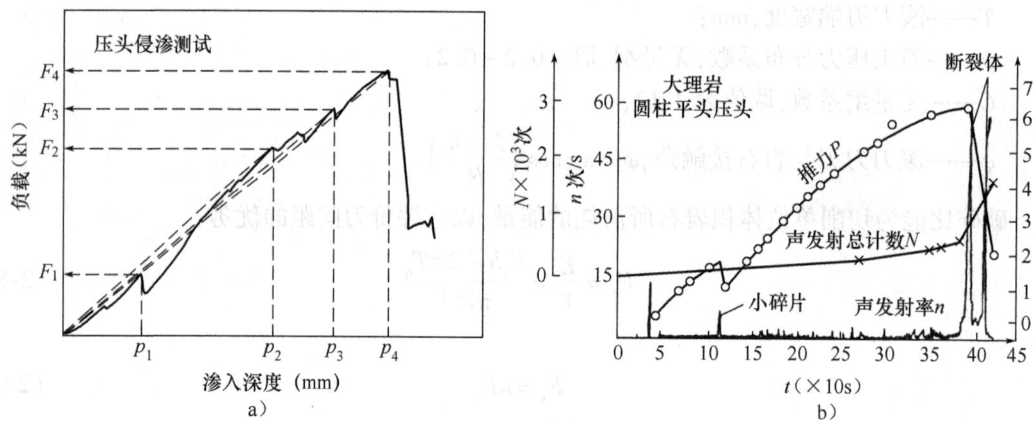

图 2-27　压头侵入岩石试验压力与侵入深度关系曲线

在近似线性的曲线中,可以发现岩石有阶跃破碎的特性,即外力达到某一临界值时,岩石侵入深度突然增大,在此过程中产生岩块的破碎。TBM 滚刀的破岩力在发生阶跃破碎时,也就是岩石碎块迸出破碎坑卸载前达到最大值。

分析 1:岩石阶跃破碎前,推力与侵入深度存在线性关系;F_n 和 p 都达到最大值,由于刀具下方存在岩石密实核,卸载时密实核崩碎成岩石粉末,贯入度 p 的数值略微偏小 1~2mm,在可接受应用范围内。

常截面滚刀与岩石的接触面积随着侵入深度的增大而增大,这与简单的压头侵入不同,滚刀侵入岩石深度增加后,一方面,二者接触弧线长度增加;另一方面,由于滚刀刃角的存在,接触面积也在增加，如图 2-28 所示。

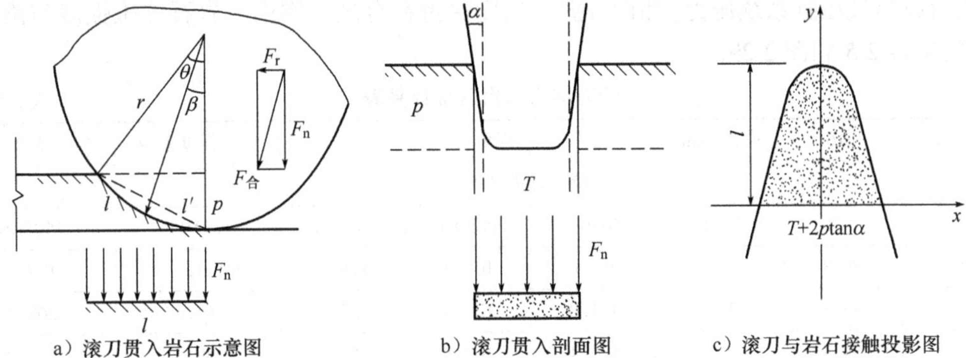

a）滚刀贯入岩石示意图　　b）滚刀贯入剖面图　　c）滚刀与岩石接触投影图

图 2-28　滚刀贯入与岩石接触示意图

17in(1in = 25.4mm)滚刀半径为 216mm，而相对应的贯入度 p 一般是 4 ~ 15mm/r，因此滚刀与岩石接触弧度角很小，一般小于 10°，如图 2-24a)所示。此时，滚刀的滚动力数值很小，滚刀合力几乎等于垂直推力。

分析 2：滚刀合力值等于滚刀垂直推力值，滚刀合力垂直均匀地分布在长度为 l 的弧面上；弧线 l 长度近似等于 1°圆弧角所对应的长度；滚刀与岩石接触面投影为抛物线形状。

计算接触面积：

$$l = l' = \sqrt{r^2 - (r-p)^2 - p^2} = \sqrt{2rp} \tag{2-12}$$

抛物线最大接触宽度如图 2-28b)所示，计算公式为：

$$T_{\max} = T + 2p\tan\alpha \tag{2-13}$$

抛物线方程如图 2-28c)所示，方程公式为：

$$y = -\frac{l}{(T+2p\tan\alpha)^2}x^2 + l \tag{2-14}$$

接触面积：

$$S = 2\int_0^{T/2+p\tan\alpha}\left[-\frac{l}{(T+2p\tan\alpha)^2}x^2 + l\right]\mathrm{d}x \tag{2-15}$$

由上述接触面积的计算公式可知，滚刀与岩石接触面积大小与滚刀半径 r、滚刀刃宽 T 和滚刀刃角 α 等相关。

根据东北大学岩石破裂与失稳研究所研究表明，滚刀压入岩石强度与岩石自身抗压强度存在比例关系如下：

$$k_d = \frac{\sigma_n}{\sigma_c} \tag{2-16}$$

式中：σ_n——岩石压入强度；

σ_c——岩石抗压强度；

k_d——取值一般为 2 ~ 2.5。

因此，滚刀推力与贯入度之间关系：

$$F_n = \frac{2}{3}\sigma_n\sqrt{2rp}(T+2p\tan\alpha) = k_d\sigma_c\frac{2}{3}\sqrt{2rp}(T+2p\tan\alpha) \tag{2-17}$$

TBM 施工中,操作手会根据设备状态和围岩状态确定转速和贯入度大小,使滚刀推力(设备总推力或是液压缸系统压力)和设备振动幅度保持在合理范围内。岩石抗压强度与滚刀推力计算,见表 2-5 和图 2-29。

滚刀推力和贯入度计算表

表 2-5

刀圈半径(mm)	216	刃宽(mm)	20	刃角/2(°)	10	压入强度系数	2.2
滚刀推力计算值(kN)							
贯入度(mm/r)	60MPa	70MPa	80MPa	90MPa	100MPa	120MPa	150MPa
3.0	70.8	82.6	94.5	106.3	118.1	141.7	177.1
4.0	83.3	97.2	111.0	124.9	138.8	166.6	208.2
5.0	94.8	110.6	126.4	142.1	157.9	189.5	236.9
6.0	105.6	123.2	140.8	158.4	176.0	211.2	264.0
7.0	116.0	135.4	154.7	174.1	193.4	232.1	290.1
8.0	126.1	147.2	168.2	189.2	210.2	252.3	315.4
9.0	136.0	158.7	181.3	204.0	226.7	272.0	340.0
10.0	145.7	170.0	194.3	218.6	242.8	291.4	364.3
11.0	155.3	181.2	207.0	232.9	258.8	310.5	388.2
12.0	164.7	192.2	219.6	247.1	274.6	329.5	411.8

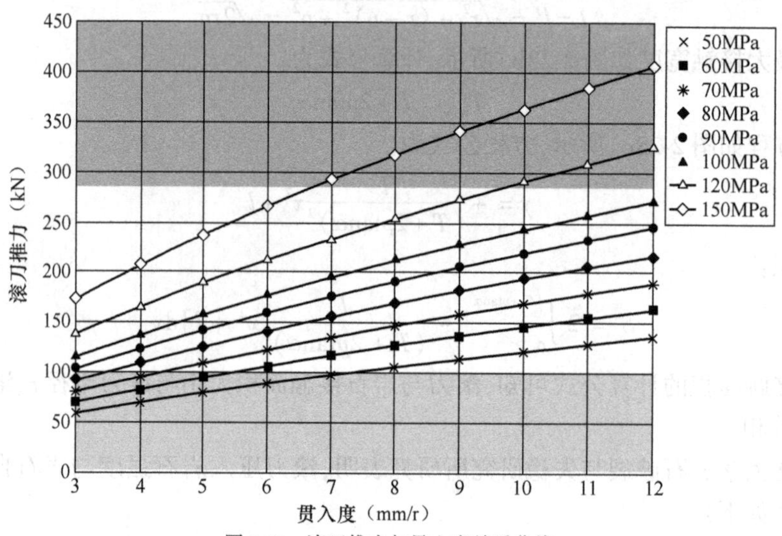

图 2-29 滚刀推力与贯入度关系曲线

上表计算结果中当滚刀推力大于 250kN 时,便超出滚刀自身额定范围,造成刀具异常损坏。TBM 操作手可根据总推力和设备振动状态选择合适的贯入度和转速,因此在 TBM 施工过程中操作手的经验对于 TBM 施工效率会产生较大影响。

(3)刀间距计算

根据刀盘破岩原理,刀刃下方岩石破碎形成的破碎坑呈漏斗状,不同的岩石具有不同破碎角,该顶角角度变化范围一般是 120°~150°,反映了在岩石破坏过程中的裂纹扩张能力。一般情况下,脆性岩石破碎角较大,如图 2-30 所示,相关试验数据见表 2-6。

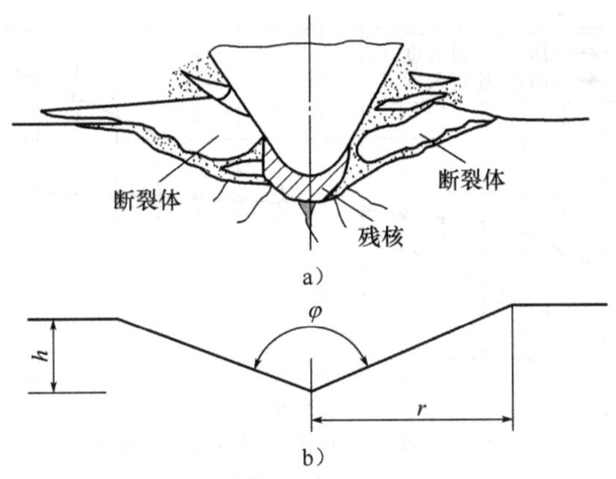

图 2-30 压入过程中岩石破碎角

h-刀刃垂直挤压深度；r-侧向破岩范围

不同岩石的破碎角 表 2-6

岩石	黏土页岩	石灰岩	砂岩	大理岩	玄武岩	辉绿岩	花岗岩	石英岩
破碎角 φ(°)	128	116	130	130	146	126	140	150

当两把滚刀产生的岩石破碎裂纹可以相互贯通时，刀间距处于最优状态，如图 2-31 所示。刀间距公式为：

$$S = 2p\tan\frac{\varphi}{2} + T + 2p\tan\alpha \tag{2-18}$$

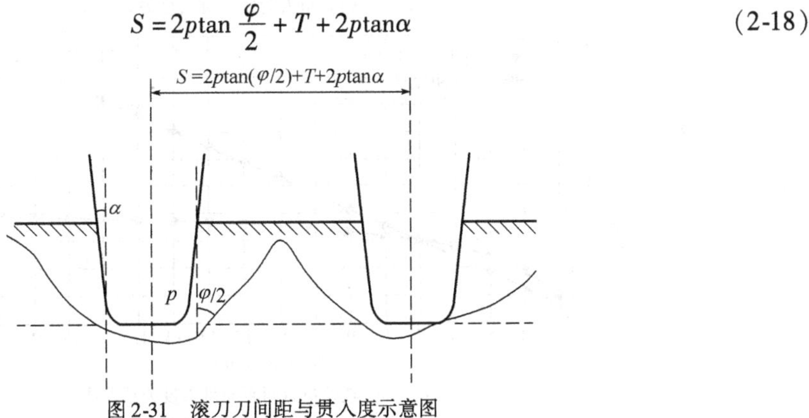

图 2-31 滚刀刀间距与贯入度示意图

以滚刀切割三组破碎角 130°、140°和 150°为例，计算不同贯入度下的刀间距，得出刀间距与贯入度关系曲线如图 2-32 所示。

通过以上计算内容，可根据推力与贯入度计算曲线和刀间距与贯入度计算曲线，以 TBM 设备处于优良状态下的贯入度查找对应围岩参数下的刀间距，作为刀盘设计的参考值。

2.2.3 主轴承设计

主轴承的设计计算要依据轴承在不同工况下的边界条件，主轴承的边界条件需充分考虑超小曲线隧道施工中的各种复杂工况条件，分别在最大推力工况、最大倾覆力矩工况、推力和倾覆力矩综合工况下设立边界条件，同直径常规 TBM 的主轴承边界条件见表 2-7。

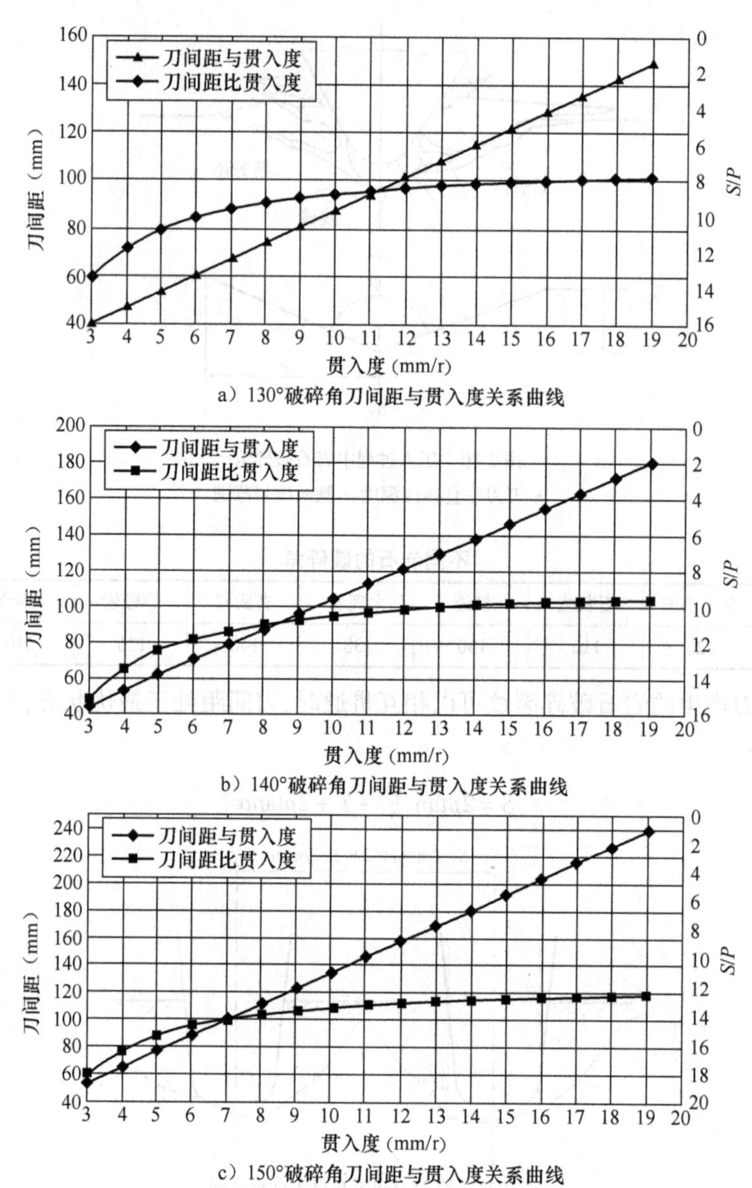

a）130°破碎角刀间距与贯入度关系曲线

b）140°破碎角刀间距与贯入度关系曲线

c）150°破碎角刀间距与贯入度关系曲线

图 2-32　刀间距与贯入度关系曲线

同直径常规 TBM 主轴承边界条件

表 2-7

工况	轴向力 F_a(kN)	径向力 F_r(kN)	倾覆力矩 M_k(kN·m)	刀盘转速(r/min)	工作时间占比(%)
1	6500	320	416	12	90
2	6500	320	6152	12	9
3	6500	320	9594	12	1

从上表可以看出，同直径常规 TBM 主轴承在三种工况下的轴向力均是最大推力，刀盘转速均是最大转速，可见这种边界条件计算得出的主轴承非常安全。经轴承厂家计算，主轴承理论设计寿命为 18000h，因此同直径的常规 TBM 主轴承也可满足超小曲线隧道 TBM 施工要求。

2.2.4 支护系统设计

超小曲线隧道 TBM 施工中遇到破碎围岩时需对施工环境进行支护后施工，因此需对 TBM 配置支护系统，以直径 7 ~ 9mTBM 为例，其支护系统设计原则如下。

(1)锚杆钻机系统

按围岩组成来计算，在较硬的花岗岩条件下钻机的钻孔速度为 3.5m/s，则 3.5m 深 ϕ48mm 的孔 1min 即可完成。综合考虑定眼位、施钻等操作，如完成一个 3.5m 深 ϕ48mm 的钻孔理想状态需要 2min，因此需要注意在充分考虑快速、安全支护的前提时间条件下进行锚杆钻机系统配置。

(2)应急喷射混凝土支护系统

根据以往施工情况分析，Ⅲ至Ⅳ级围岩时往往成为喷浆支护的瓶颈问题，因此对 L1 区应急喷射混凝土支护系统设计时，模拟这种情况下混凝土泵的喷射速度计算如下：

$$Q_V = \frac{\pi T(D - T) v\alpha}{\beta(1 - \gamma)} \tag{2-19}$$

式中：D——隧道直径，mm；

T——喷射厚度，mm，按照 100mm 考虑；

v——TBM 最大掘进速度，m/h，最理想的高速掘进状态下为 6.0m/h；

γ——反弹率，按 0.15 计算；

α——喷射范围，250°；

β——隧道圆周角度，360°。

(3)钢拱架安装器及拱架安装

钢拱架安装器布置在主梁前部顶护盾下面，以便在顶护盾的保护下及时支立钢拱架。钢拱架由型钢制作的多段钢拱片拼装而成，安装器需要完成旋转拼装、顶部和侧向撑紧、底部开口张紧封闭等动作，其设计包括以下结构。

①钢拱架供给机构：将钢拱架转接到安装器内。

②安装环：通过液压马达驱动进行旋转，完成多块拱架的拼接。

③拱架移动机构：将钢拱架从拼装机构中取出，并将拱架撑开，定位于需要固定的位置。

④钢拱架撑紧机构：最终将钢拱架撑紧定在隧道岩壁上。

⑤操作平台：为工作人员完成拱架的安装提供工作平台。

常规施工钢拱架支护标准按照 H150 考虑，通常将整环拱架均分为 5 块或多块，块与块之间采用螺栓连接。结合实际操作过程，拼装与撑紧工序时间如下。

a. 第一块钢拱架固定时间约 0.5min。

b. 拼装环旋转线速度最大可达到 0.6m/s，此时，拼装环旋装 360°所需时间约 42s；旋转第一块钢拱架至合适位置，放上第二块钢拱架，螺栓连接，继续旋转，直至五块钢拱架连接拼环完成，约 9min。

c. 用撑紧机构取出拼装环移动到安装位置定位，约 2.5min。

d. 底部撑紧，采用夹板连接或焊接等完成底部撑紧，约 7.5min。

综上所述，在熟练使用拱架安装器的前提下，最快可实现约 19.5min 完成一个拼拱架的安装作业。因此对于超小曲线隧道 TBM 施工时,需要对拱架安装情况下的作业耗时与隧道的稳定状态时间进行比较,判断支护的安全性。

本节分析的超小曲线隧道 TBM 支护系统标准可实现一定范围内的不良地质支护,但超小曲线隧道 TBM 施工中不良地质处理与支护还要与隧道断面尺寸、最小转弯半径、隧道支护要求等因素综合考虑,此类问题将在超小曲线隧道 TBM 施工不良地质应对章节中详细介绍。

2.2.5 皮带系统设计

超小曲线隧道 TBM 的皮带输送机能够实现转弯功能,且平稳运行,对超小曲线隧道 TBM 的设计极其重要。

1)转弯方式分析

常规带式输送机大多按直线布置,如遇到障碍物需输送带输送方向变化时,则由数台输送机串联设置成转运装置实现输送带转弯,如图 2-33 所示。但这种装置在经济成本和系统的稳定性方面有很大不足,并且装置所占用空间较大,因此在遇到此类情况时首先考虑输送带的自然转弯。

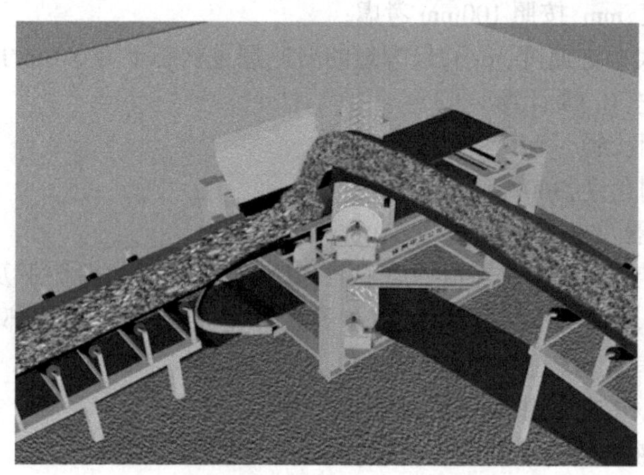

图 2-33 皮带输送机转弯装置

通过研究发现实现输送带的自然弯曲运行,一般可在转弯段采取以下几种方法。

方法一:如图 2-34 所示,通过改变转弯处的托辊状态,使转弯处的托辊产生一个偏转角 φ,实现输送带转弯。

采用此种方式时,托辊与输送带间会产生摩擦力 T':

$$T' = \tau(q + q_0)R\mu\Delta\alpha \tag{2-20}$$

T'在离心方向的分力 T:

$$T = \tau(q + q_0)\mu\Delta\alpha\cos\varphi \tag{2-21}$$

T 是托辊与输送带间摩擦力沿离心方向的分力,其作用是平衡输送带张力引起的向心力,是保证输送带在转弯段平稳运行的重要因素。由式(2-20)、式(2-21)可以看出,偏转角 φ 值越小,分力 T 越大,但 φ 值不能为 0,根据以往经验一般可取 φ 值为 0.5 左右。

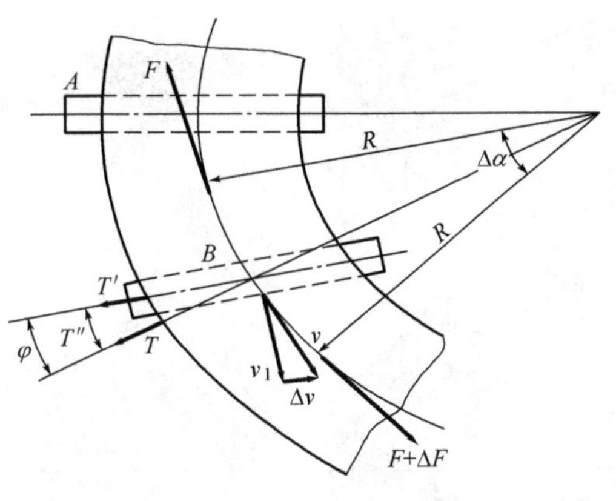

图 2-34　偏转托辊

方法二:增大输送带槽角,槽角越大,输送带的转弯半径则相应减小。如将回程托辊的水平布置改为采用 V 形托辊,也可以减小回程输送带的转弯半径。

方法三:如图 2-35 所示,抬高内曲线,γ_0 越大,转弯半径越小,但过大会使物料向外滚动,引起撒料,一般 γ_0 取 3°~5°。

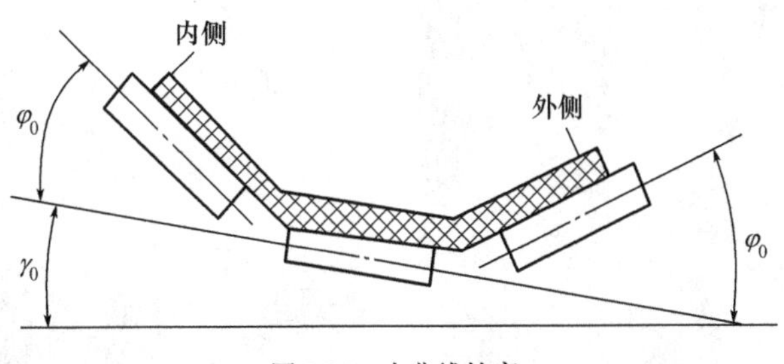

图 2-35　内曲线抬高

除以上三种方法外,还可考虑在转弯段托辊两侧加立辊,防止输送带跑偏。通过研究发现以上几种方法主要适用于布置距离较长的输送带,但若应用于超小曲线隧道 TBM 上的输送带,则有些内容不能完全适用。

综上分析,无论采用哪种方法均应符合:满足力学平衡条件,转弯处输送带的最大应力不超过允许值,输送带运行时不脱离托辊三个基本要求。

2)优化设计

以 ϕ3.5mTBM 为例,按照以上方法结合后设计的 TBM 主机皮带输送机结构在小曲线(30~50m)段掘进中适应性较弱,在曲线段掘进时仍需借助槽形托辊角度和侧向压轮进行微量调偏防偏,并伴随出现漏渣和输送带损伤等问题,如图 2-36、图 2-37 所示。出现上述情况,分析为以下几个原因。

①主机皮带输送机机架与前后盾体的固定连接为支撑托举方式、非球铰悬挂方式,皮带输送机架在小曲线掘进时曲线调整能力弱,因此导致小曲线掘进时输送带跑偏漏渣较多。皮带输送机托举支架固定在前后盾体结构之上(图 2-38),支架在掘进中随前后盾体的相对扭转而发生偏转,导致皮带输送机架失去平衡支点而倾斜,使输送带跑偏。

a）

b）

图 2-36　曲线段输送带漏渣与跑偏

a）

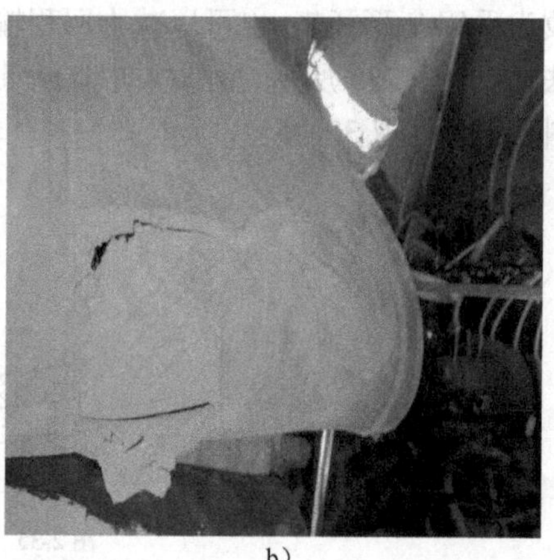

b）

图 2-37　曲线段输送带扭转与破损问题

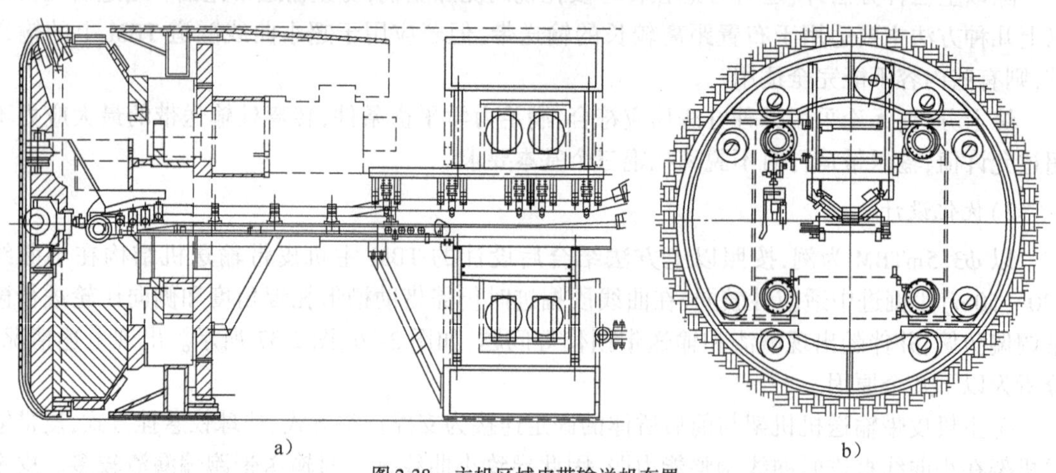

a）　　b）

图 2-38　主机区域皮带输送机布置

②如图 2-39 所示，在某试验项目中 TBM 皮带系统托辊最初采用三联槽型托辊，下托辊采用单根平托辊。如图 2-40 所示，当输送带运行至曲线处时，输送带张力的合力 F_{TC}沿曲线的法

线方向指向内侧，此合力使输送带产生向内跑偏的趋势。由于在曲线段设置内曲线抬高角，物料和输送带的重力产生的下滑力 F_G，输送带和托辊之间的离心摩擦力 F_R，转弯时的离心惯性力 F_Q 均指向输送带外侧，使输送带产生向外的运动，它们与 F_{TC} 平衡。在输送带上还有与运行方向相反的阻力和托辊对输送带的支持力。因此 TBM 输送带转弯运动时在法线方向应满足：

$$F_{TC}+F_G+F_R+F_Q=0 \tag{2-22}$$

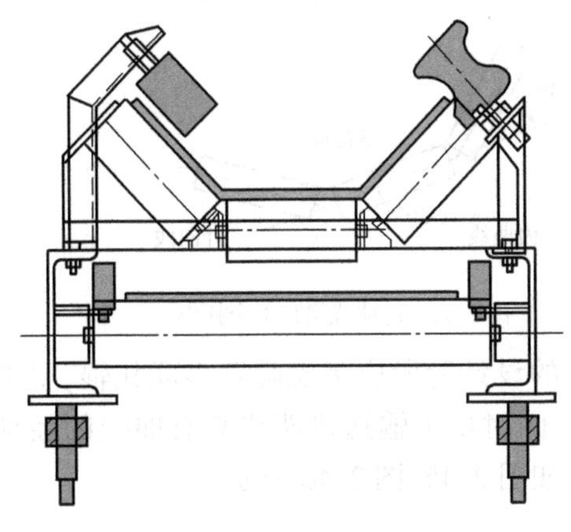
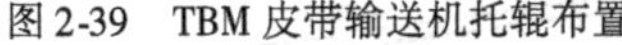

图 2-39　TBM 皮带输送机托辊布置

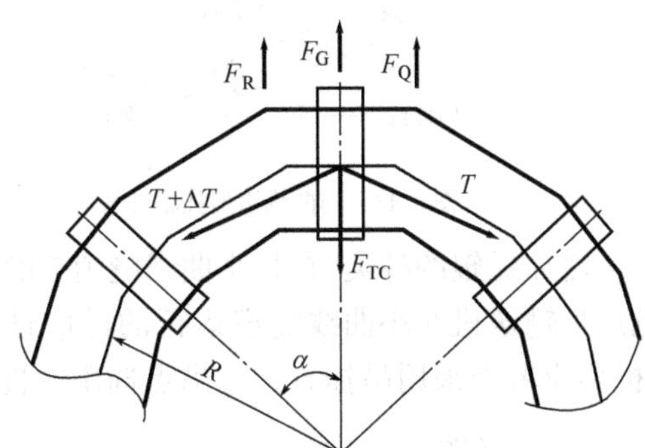

图 2-40　曲线段受力分析

当曲率半径过小时，使外侧托辊上的输送带飘起而离开托辊，使输送带向内侧跑偏，输送带在上托辊上将产生滑动。

针对以上问题，考虑增加以下措施进行改进优化。

①将下部平托辊改为槽型托辊并增加压辊和挡棍，如图 2-41 所示。

②按照 TBM 转弯方向特点，对普通托辊组在内曲线侧抬高，倾斜安装，获得指向转弯圆弧外侧的离心力，以平衡由于输送带的张力而产生的向心力，如图 2-42 所示。

图 2-41　增加挡棍/压辊设计

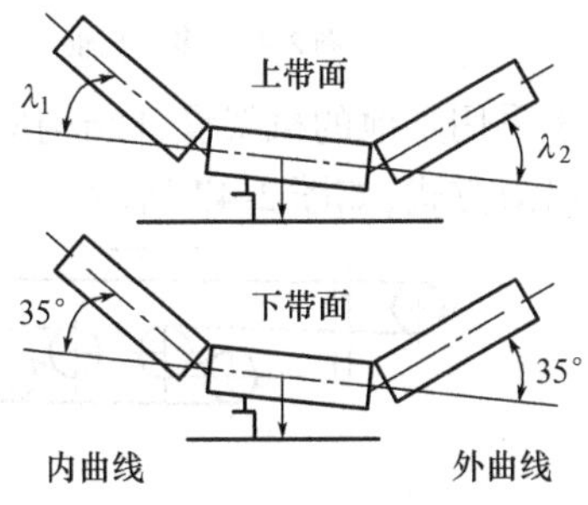

图 2-42　抬高内侧曲线

③将槽型托辊的曲线内侧托辊加长或曲线内侧增加 1 个托辊，即设置 1 个较陡的托辊，保证输送带处于正确的位置，如图 2-43、图 2-44 所示。

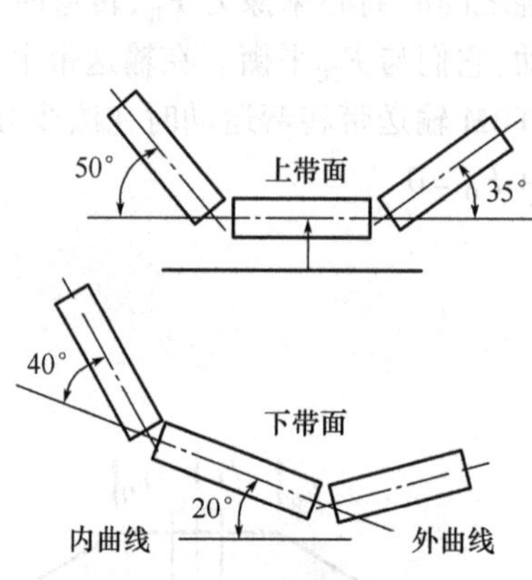

图 2-43　内曲线槽型托辊加长

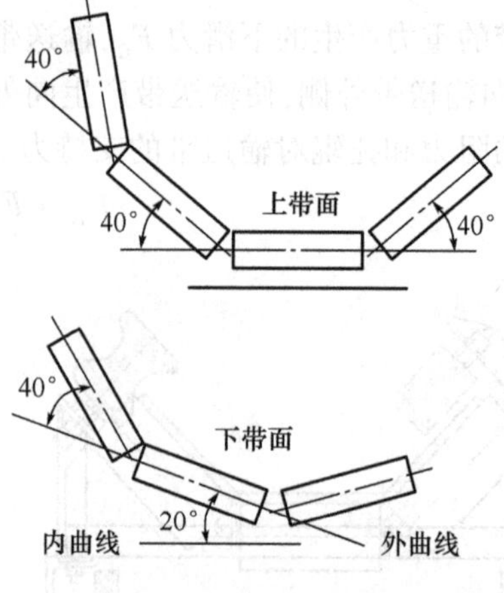

图 2-44　内曲线增加 1 个托辊

④增加托辊的种类,在超小曲线隧道 TBM 设备的设计阶段应考虑配置多联托辊,要考虑主机皮带输送机在小曲线隧道运行的适应性要求。同时皮带输送机架要具有曲线的随动功能,机架应考虑采用吊挂方式且吊点选用柔性连接,如图 2-45、图 2-46 所示。

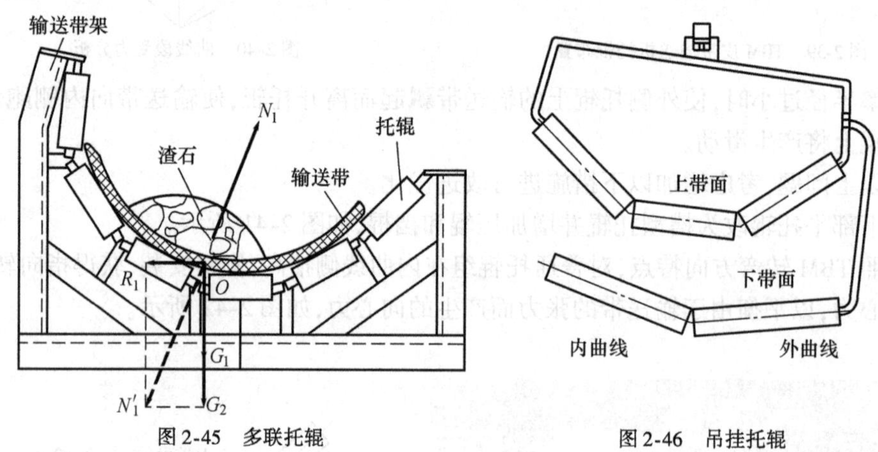

图 2-45　多联托辊　　　　图 2-46　吊挂托辊

⑤考虑采用其他的机架设计结构应对转弯功能的实现,如:槽型或 U 形套管方式、短程输送带叠加出渣方式,如图 2-47 所示。

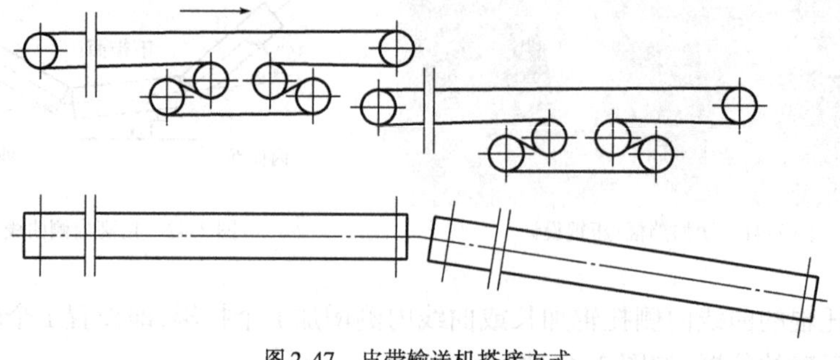

图 2-47　皮带输送机搭接方式

第3章　超小曲线隧道TBM施工

超小曲线隧道 TBM 研发成功之前，国内外均无采用 TBM 进行超小曲线隧道施工的先例，因此关于超小曲线隧道 TBM 的施工技术只能从零开始，边实践边研究，其中涉及 TBM 组装、拆机、始发步进、掘进等方面内容。

3.1　TBM　组　装

TBM 按照组装场地条件不同可分为洞外组装和洞内组装两种方式。洞外组装相对较为简单，在场地空间条件具备的情况下，主要做好设备吊装安全及拼装工艺便可完成组装工作。洞内组装在有限空间内，受场地条件准备、设备吊装、拼装工艺、交通运输等因素影响存在诸多缺点。洞内外组装方式见表 3-1，本节以 ϕ3.5m 超小曲线隧道 TBM 为例，重点对洞内组装方式进行介绍。

洞内与洞外组装方式比较　　表 3-1

项　目		优　点	缺　点
洞外组装	吊装设备	门式起重机、汽车起重机等，选择方式灵活	受天气、气候影响较大
	组装效率	主机和后配套组装可多工序同时进行，大件吊装及组装不受限制，组装效率高、工期短	
	材料存放及装运	场地开阔，材料存放、装卸作业方便，无需二次转运	
	配套设施	可依据组装要求灵活布置	
	难度及造价	组装难度小，工期短，造价低	—
洞内组装	吊装设备	桥吊、吊装锚梁、葫芦，选择单一	—
	组装效率	不受天气、气候影响	需按主机、后配套顺序单工序组装，除设有专门的后配套组装洞时同步组装，效率低、工期长。大件运输受支洞等辅助坑道影响
	材料存放及装运	—	材料存放场地狭小，装运时相互干扰较大，需洞内二次转运

续上表

项　目		优　点	缺　点
洞内组装	配套设施	—	进洞斜井长度较长时，指挥、作业不便，需在洞内布设相关辅助洞室
	难度及造价	—	组装难度大，工期长，造价高

3.1.1　组装场地

已知 ϕ3.5m 超小曲线隧道 TBM 总长 37m，主机长 7m，整机重 250t。因此若在洞外条件下组装，仅需长 50m、宽 8.5m 的场地，便可满足 TBM 组装需求，同时需开挖一段长 7m、ϕ3.7m 的始发洞。其中组装洞宽度主要根据列车编组布置及编组错车宽度确定。洞外组装场地平面如图 3-1 所示。

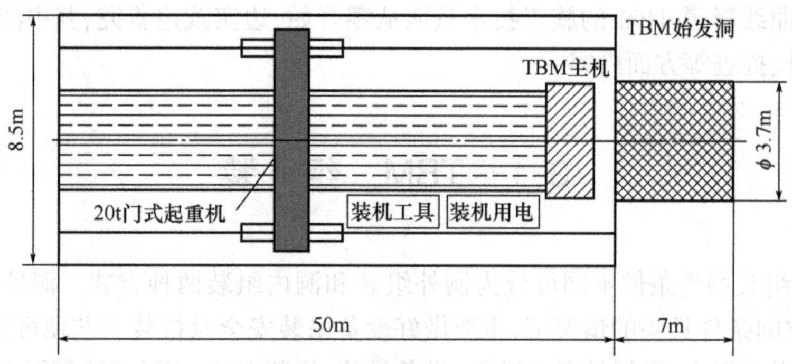

图 3-1　TBM 组装场地平面示意图

洞内组装平面场地与洞外场地平面尺寸相同，组装洞开挖净高为 9.5m，呈门洞形，其洞室高度主要由组装洞及门式起重机高度决定。组装洞地板需低于始发洞 15cm，确保在安装始发架后 TBM 底部与始发洞底部平行。组装洞纵断面如图 3-2 所示，横剖面如图 3-3 所示。

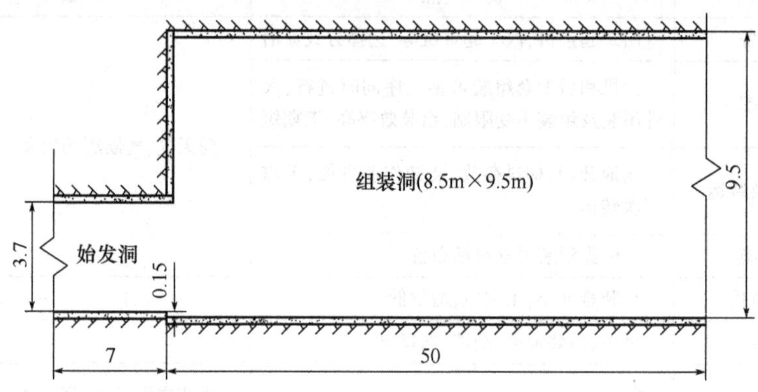

图 3-2　TBM 组装洞纵断面示意图（尺寸单位：m）

始发洞长 7m，采用厚 30cm 的双层钢筋网加强支护衬砌，内净空为 3.7m，可满足 TBM 在始发洞内伸出撑靴。始发洞底部预埋两根步进滑行轨道，夹角呈 60°，轨面外漏 5cm，轨道铺至距离掌子面至少 0.5m，便于刀盘转动。始发洞横剖面如图 3-4 所示。

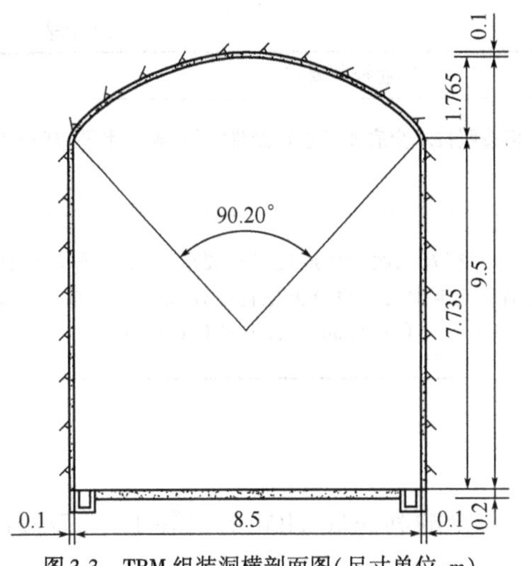

图 3-3 TBM 组装洞横剖面图(尺寸单位:m)

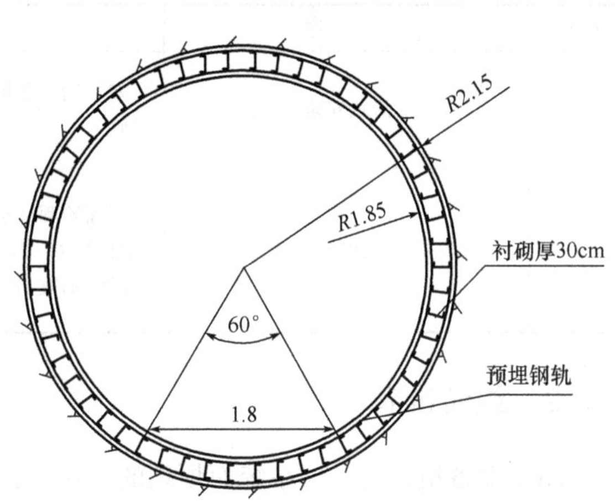

图 3-4 始发洞横剖面图(尺寸单位:m)

始发洞的开挖质量对 TBM 能否顺利始发非常重要,因此需严格按照开挖作业流程及作业控制要点进行施工,如图 3-5 及表 3-2 所示。其他不同直径 TBM 的组装场地类型与本节案例相同,洞内尺寸参考本节案例按照 TBM 具体尺寸设计确定。

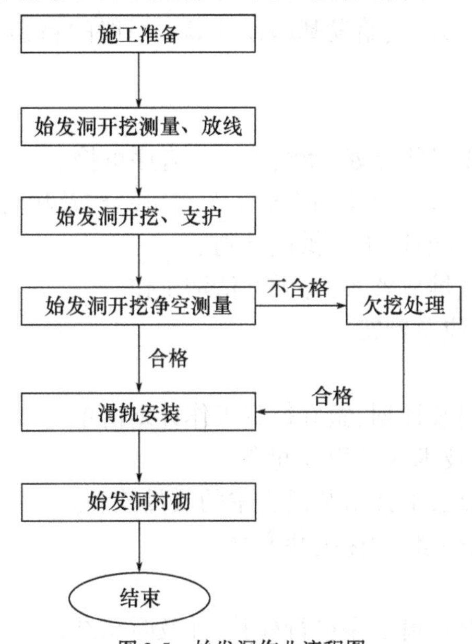

图 3-5 始发洞作业流程图

始发洞作业控制要点 表 3-2

序号	工　　序	作业控制要点
1	施工准备	施工前必须进行详细的技术交底,保证洞室施工工器具、风水电到位
2	测量放线	始发洞测量组放线保证准确无误,测量结果现场复核
3	始发洞开挖、支护	锚杆材料的品种应符合设计要求,并进行材料性能检验。初期支护混凝土喷射厚度、速凝剂添加量均应符合设计要求和实验室下发的配合比

续上表

序号	工　　序	作业控制要点
4	滑轨安装	安装测量必须严格按照技术交底要求进行测量定位，确保水平、高程的准确
5	始发洞衬砌	断面轮廓满足TBM通行及二次衬砌厚度设计要求，衬砌施作后保证TBM通过。洞室的直径应至少大于TBM开挖直径100mm，其中轴心位置与设计轴线的偏差：水平不大于±25mm，竖直不大于±50mm

3.1.2　组装准备

TBM设备组装是一项系统而烦琐的工作，为保证安全顺利完成TBM的组装工作，需按以下流程做好准备工作。

1）组装方案要求

按照总进度计划以及制造进度和运输安排，提前向监理单位编报TBM组装计划和方案，包括组织机构、人员安排、安装进度、场地布置、组装顺序、供电准备、焊接设备及工艺、吊装设备、组装材料、配件计划、调试方案、始发基座设计等。一般的超小曲线隧道TBM计划1.5～2个月完成组装调试。

（1）组装准备要求

①制订详细可行的TBM组装计划，使组装工作有序可控。

②提前做好技术培训，使参与组装的人员了解整机结构及功能。

③制订合理的组装材料、配件、工具供应计划。

④组装零部件标识清楚、堆放整齐，并做好清洁工作。

⑤制订组装安全措施及应急预案。

（2）组装实施要求

①完成技术交底，根据组装计划，做好每日工作计划清单。

②组装时与设备供货方技术人员积极配合。

③设置专职的质量控制组，加强组装过程中的质量控制。

④设置专门的安全控制小组，确保组装安全。

（3）组装后的检验要求

①实行组装检查制度，对每道工序进行检验，并及时总结。

②独立设备组装完成后，对独立设备进行检查，及时发现问题。

③整机组装完成后，组织业主、监理方、制造商进行联合检查。

2）组装技术培训

由厂家技术人员开展组装技术培训。包括安装顺序、使用工具、过程调试、焊接技术等，使作业人员融会贯通、心中有数、操作熟练、配合默契。

3）组装场区布置

洞内及洞外组装场地布置原则：主机应布置在始发洞进口便于吊装的位置，后配套在其后布置,分区作业且便于连接。

组装场提前布置供电系统、供水管路、滑行轨道、机修车间、材料及配件仓库、照明系统(具体位置根据工程情况确定)。

4)人员配置

根据施工计划配置足够的人力资源,保证施工现场拥有足够的劳动力,将参与工程项目的工作人员分为管理层与作业层,分别组织、统一管理。其中管理层包括项目管理人员和后勤技术组,TBM组装由设备供应商提供技术指导和现场技术支持,组织专业技术人员和劳动力组成TBM组装队伍。组装人员配置见表3-3。

组装人员配置 表3-3

班组	人员配备	备注
技术组	专家人数:3人	—
机械组	技术人员:2人	2班作业
	技术工人:10人	
液压组	技术人员:2人	2班作业
	技术工人:8人	
电气组	技术人员:2人	2班作业
	技术工人:8人	
保障组	10人	其中总调度1名,调度2名
安全员	2人	2班作业
合计	47人	—

5)设备材料配置

吊装设备是TBM组装中的最重点设备,洞外组装可使用吊车等移动式吊装设备,而在洞内组装则主要依据门式起重机、桥吊等设备,其中门式起重机比桥吊更易安装使用。TBM装机前需根据TBM最大不可拆卸件重量,结合起吊安全系数,选择合适规格门式起重机安装在组装洞内,ϕ3.5m超小曲线隧道TBM组装选择40t门式起重机,组装洞内门式起重机断面如图3-6所示。

门式起重机组装使用注意事项:

(1)门式起重机设备各部件均需在组装场地内试运转,工地现场组装必须由持有特种设备安装专业资质的单位完成。

(2)安装调试后,大车、小车运行机构的车轮与轨道之间不得有啃轨现象。

(3)现场调试时,调好大车、小车的行走极限位置后,将大车限位开关撞尺和小车行程限位装置分别固定在合适位置。

(4)现场组装完成时,应分别进行空载、静载、动载负荷和1.25倍超载试验。

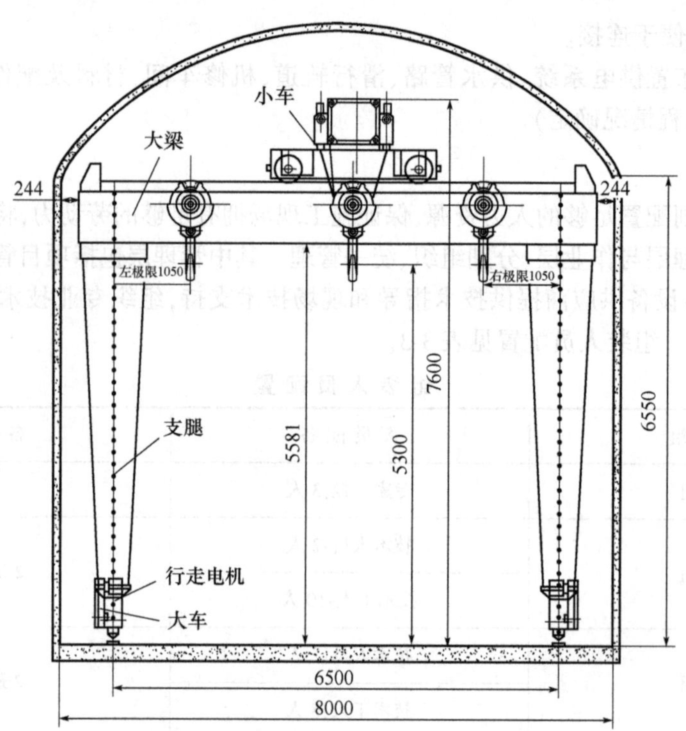

图3-6　门式起重机断面示意图(尺寸单位:mm)

TBM组装所需设备配置见表3-4。

组装设备清单　　表3-4

序号	名　称	规格型号	单位	数量	备　注
1	门式起重机	MHII40t-5.5m, H=5.5m	台	1	部件的吊装
2	叉车	3t	台	1	小型机具、材料的倒运
3	平板滑车	8m	台	1	后配套滑车的场内倒运
4	直流电焊机	600A	台	2	焊缝气刨
5	直流电焊机	500A	台	2	焊缝焊接
6	螺栓拉伸器	M48/M42	套	1	预紧螺栓的组装
7	液压扭矩扳手	S3000X	台	1	扭矩螺栓的组装
8	液压管扣压机	60mm	台	1	液压管的扣压组装
9	手拉葫芦	30t	台	2	大件吊装时的调整
10	电动葫芦	20t	台	2	大件吊装时的调整
11	气动注油器	—	台	1	TBM各润滑点加油脂
12	加油机	—	台	1	液压油、齿轮油加注
13	空气压缩机	13m³	台	1	管路清洁、加油供风
14	液压泵站	100t×2	台	1	步进使用

TBM 组装所需材料见表3-5。

组装材料清单 表3-5

序号	名　称	规格型号	单位	数量	备　注
1	焊条	507/4.0mm	kg	100	结构件焊接
2	焊条	507/3.2mm	kg	30	结构件焊接
3	焊条	422/4.0mm	kg	100	结构件焊接
4	焊条	422/3.2mm	kg	100	结构件焊接
5	碳棒	350A	根	60	焊缝清理
6	油脂	3 号锂基脂	kg	50	步进接触面润滑
7	汽油	120 号	L	50	硫化输送带
8	清洗剂	化油型	瓶	100	液压系统
9	擦机布	碎布	kg	100	设备清理
10	棉纱	—	kg	100	设备清理
11	废旧胶皮	汽车内胎	m^2	2	管路、电缆防护
12	铁丝	8 号	kg	30	备用
13	铁丝	22 号	kg	10	备用
14	方木	150mm×1500mm	根	40	垫设备
15	方木	250mm×2000mm	根	20	垫设备
16	磨头	与手电钻配	个	20	清理
17	抛光片	与角磨机配	个	50	清理
18	抛光刷	与角磨机配	个	30	清理
19	切割片	与角磨机配	个	20	清理
20	工字钢	I25	m	50	零时支撑
21	缆风绳	ϕ20mm 麻绳 20m	根	2	大件吊装
22	煤油	普通	大桶	1	部件清洗
23	排刷	10mm	把	10	配合面清理
24	锯末	细	kg	300	部件清理、防滑
25	油盆	600mm	个	5	螺栓等部件清洗
26	自喷漆	蓝、红	瓶	各 3	局部焊接后喷漆
27	自喷漆/油漆	白	瓶	10	局部焊接后喷漆
28	氧气	—	瓶	20	焊接加温
29	乙炔	—	瓶	40	焊接加温

注:以上材料可满足大部分 TBM 组装所需,其他材料需根据现场具体情况而定。

3.1.3 组装技术要求

TBM 组装的技术要求,按照其系统组成可分为机械系统、流体系统、电气系统。

1)机械系统部件组装要求

(1)部件的清洁

①机械部件在组装前,必须先进行全面清洁,尤其是螺栓孔、配合孔、工艺孔、连接面等。

②保持组装工具、紧固件清洁。所有螺栓在使用前须放在清洗油液中浸泡,即用即取。主机关键部件的高强度螺栓及垫片应进行去毛刺检查。

(2)紧固件扭矩参数要求

TBM结构件组装中进行螺栓紧固,需按照螺栓扭矩参数表要求进行,公制螺栓紧固扭矩参数见表3-6,英制螺栓紧固扭矩参数见表3-7。

公制紧固件扭矩参数表 表3-6

螺栓规格	强度等级8.8			强度等级10.9			强度等级12.9		
	预紧力(N)	扭矩		夹持荷载(N)	扭矩		预紧力(N)	扭矩	
		lb·ft(镑·英尺)	N·m		lb·ft(镑·英尺)	N·m		lb·ft(镑·英尺)	N·m
M6	9280	6.4	8.6	13360	9.2	12.4	15500	10.7	14.5
M8	16960	16	21	24320	22	30	28400	26	35
M10	26960	31	42	38480	44	60	45040	51	70
M12	39120	54	73	56000	77	104	65440	90	122
M14	53360	85	116	76400	122	166	89600	143	194
M16	72800	133	181	104000	190	258	121600	222	302
M18	92000	189	257	127200	262	355	148800	306	415
M20	117600	269	365	162400	371	503	190400	435	590
M24	169600	465	631	234400	643	872	273600	751	1018
M30	269600	925	1254	372800	1279	1734	435200	1493	2024
M36	392000	1613	2187	542400	2232	3027	633600	2608	3535
M39	468800	2090	2834	648000	2889	3917	757600	3378	4580
M42	52600	2913	3950	740000	4093	5550	888000	4904	6650
M48	693000	4388	5950	974000	6195	8400	115000	7568	10100

英制紧固件扭矩参数表 表3-7

螺栓规格	强度等级5			强度等级8		
	预紧力(磅)	扭矩		预紧力(磅)	扭矩	
		lb·ft(磅·英尺)	N·m		lb·ft(磅·英尺)	N·m
0.25-20	2160	7	10	3050	10	13
0.38-16	5270	26	35	7440	36	50
0.50-13	9650	62	85	13600	88	120
0.63-11	15400	124	170	21700	175	240
0.75-10	22700	220	300	32100	310	420

续上表

螺栓规格	强度等级5			强度等级8		
	预紧力（磅）	扭矩		预紧力（磅）	扭矩	
		lb·ft（磅·英尺）	N·m		lb·ft（磅·英尺）	N·m
0.88-9	31400	355	480	44400	500	680
1.00-8	41200	530	720	58200	750	1020
1.13-7	45200	655	890	73200	1065	1445
1.25-7	57400	930	1260	93000	1500	2040
1.38-6	68400	1560	2120	110000	2540	3442
1.50-6	83200	1610	2190	134900	2610	3540

(3)流体系统组装技术要求

①各系统的管路在存放时需做好防尘、防锈工作。

②装配管路时,堵头要就近拆装,若远距离拆卸,需重新封堵后挪位,且管口向下。

③各种管子不能有凹痕、皱折、压扁、破裂等现象,管路弯曲处应圆滑,不能有扭转现象。

④装配法兰管接头时,要注意对对称四个方向螺栓的平衡用力,确保法兰装平,密封槽压好密封圈。

⑤管路的排列要整齐,并要便于液压系统的调整和维修。

⑥注入系统的液压油、齿轮油应符合设计和工艺要求,加注油液时,注意看清名牌,严禁不同油品混用。

⑦装配后液压管路及元件为防止渗漏,装配时允许使用专用密封胶。密封胶的使用应严格遵照使用说明书,防止其进入系统中。

(4)电气系统组装技术要求

①电气元件在装配前应进行测试、检查,不合格者不能进行装配。

②仪表、指示器显示的数字、信号应清晰准确,开关工作可靠。

③应严格按照电气装配图样要求进行布线和连接。

④所有导线的绝缘层必须完好无损,导线剥头处的细铜丝必须拧紧。

⑤焊点必须牢固,严禁出现脱焊或虚焊现象。焊点应光滑、均匀。

⑥装好的传感器、控制板等需要通电时,需检查安全距离内是否有焊接,避免传感器、控制板烧坏。

⑦电气系统作业人员要求必须具备电工作业证。

3.1.4 组装流程及工艺

TBM 整体组装按照主机、后配套系统、再液压系统、电气系统的顺序进行,组装流程如图 3-7 所示。

组装场地按照前文所述进行布置,按流程进行 TBM 组装,组装过程中各项工艺要求如下,更大直径的 TBM 设备的相关参数需根据现场条件进行具体调整。

图 3-7　TBM 组装流程图

(1)步进架安装

步进架采用 H125 型钢焊接制作，分为前、中、后三段，总长 14m，抬升设备 150mm 高度。步进架安装时分批次进行，先安装中段和后段，中段前端距离始发洞 8m，相对始发洞轴线对称放置，前段步进架待刀盘翻身后再安装。步进架底部型钢采用 ϕ20mm 钢筋与地面固定，防止前后移动。步进架安装如图 3-8 所示。

(2)下护盾安装

下护盾在吊装卸车时可直接安放到中段步进架前端。下护盾作为驱动支撑的重要部件，必须定位精确，故需预先在步进架划线标定位置。下护盾安装如图 3-9 所示。

(3)驱动安装

主驱动由于吊装高度限制，采用一个 85t 的卸扣和 ϕ47.5mm 长 3000mm 的钢丝绳翻身吊装，与底护盾安装后在后部增加辅助支撑工装，防止倾倒。主驱动安装时需要检查并彻底地清理所有加工面和孔并去毛刺。特别注意润滑油通道，确保所有的杂物碎片已清理干净。用盖子将润滑的口盖好，或者使用管带进行覆盖。确认所有的润滑口都已标记，与图纸对比确保标记正确。在所有润滑口都确认好之前不进行任何工序，以防止润滑口在装配过程中被堵塞。确保润滑口标注好，并采取防护措施，之后进行主驱动与底护盾的连接，一次安装 3 台减速机及驱动电机，按设计值预紧电机安装螺栓。安装减速机及电机前需要对主驱动后部底部位置进行支撑立柱的焊接加固，以避免后部偏重侧翻。驱动安装如图3-10所示。

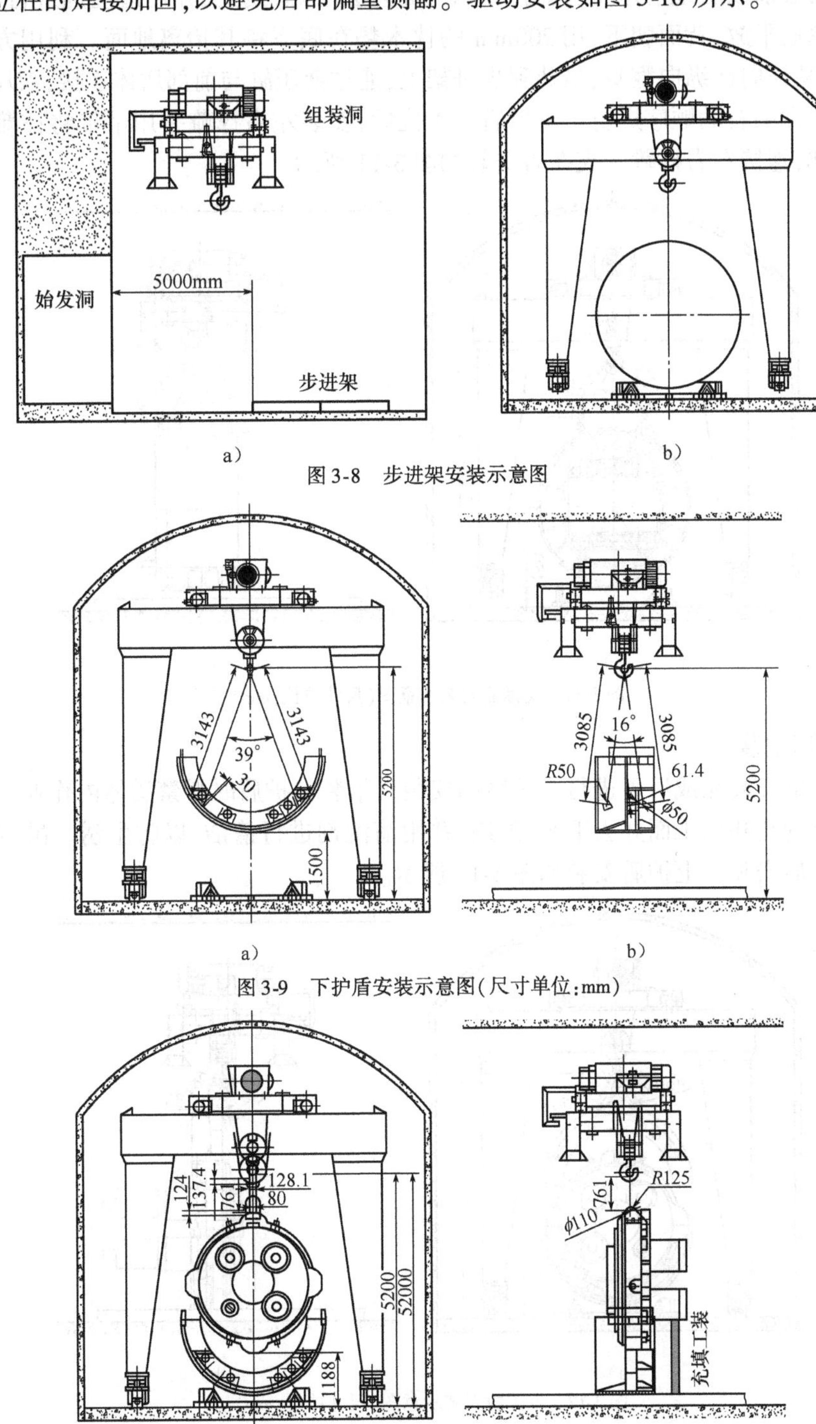

图3-8　步进架安装示意图

图3-9　下护盾安装示意图（尺寸单位：mm）

图3-10　驱动安装示意图（尺寸单位：mm）

注：主驱动重约32t（不含主电机），图中钢丝绳长度和角度为参考值。

(4)支撑盾安装

支撑盾吊装前彻底地清理所有的孔和加工面并去毛刺、锈迹,并用清洗剂进行清洁,以防生锈。将支撑盾平放,背面朝下,用 200mm 的枕木垫在底下将其抬离地面。利用方木作为衬垫,将支撑盾从横向往纵向翻身;吊装到步进架上,通过液压缸与前部盾体连接,液压缸安装按照先下后上一左一右的顺序进行。支撑盾上工位后,安装左右撑靴并用吊带将撑靴液压缸倒运到盾体内部,连接左右撑靴。支撑盾安装如图 3-11 所示。

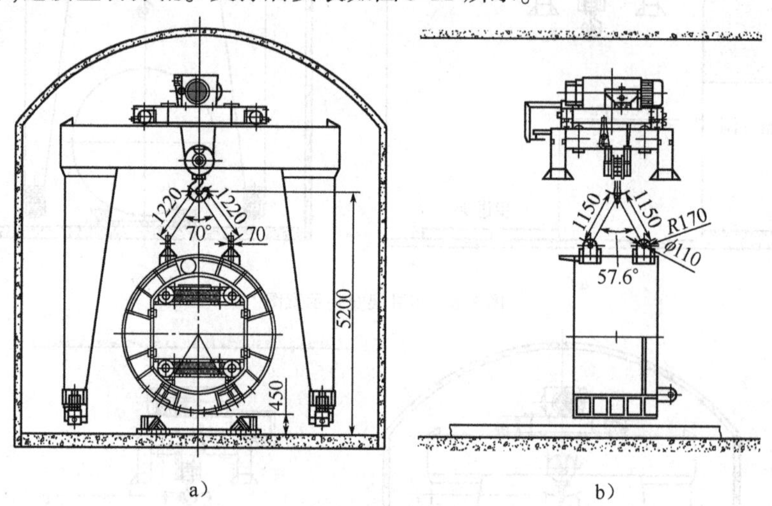

图 3-11 支撑盾安装示意图(尺寸单位:mm)

(5)上护盾安装

推进液压缸安装完成后可进行上护盾的安装。吊装上护盾时严禁盾体内作业。吊装前彻底地清理所有的孔和加工面并去毛刺、锈迹,并用清洗剂进行清洁,以防生锈。吊装上部四个吊耳进行上护盾安装。上护盾安装如图 3-12 所示。

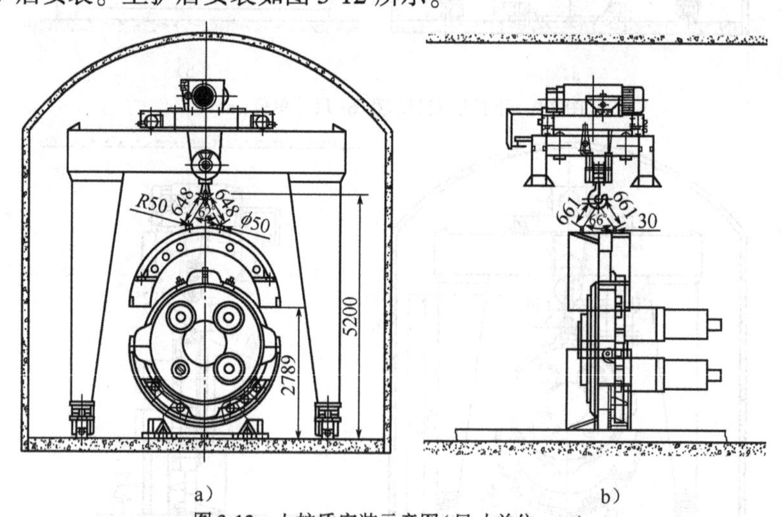

图 3-12 上护盾安装示意图(尺寸单位:mm)

(6)集渣斗安装

集渣斗需要用钢丝绳和倒链配合吊平才能顺利安装,吊起后用倒链进行调平,缓慢移向安装位置,并用倒链进行调整,使螺栓孔孔对齐,螺栓上涂防紧固胶后,穿进螺栓拧紧。集渣斗安装如图3-13所示。

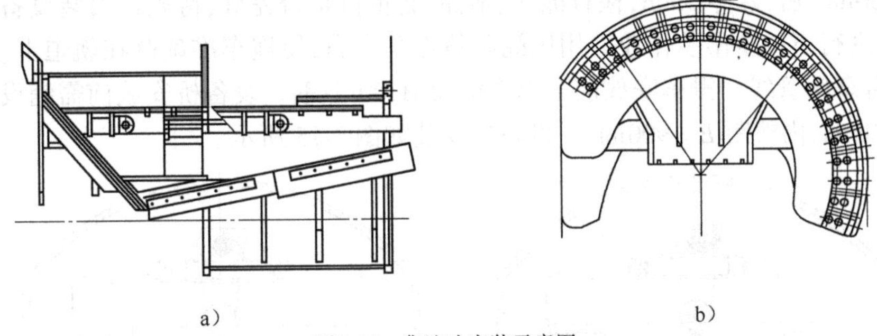

图3-13　集渣斗安装示意图

(7)皮带输送机尾架安装

由于安装空间较小,安装过程中需要调节皮带输送机姿态,用倒链和钢丝绳配合吊起四个角进行安装。吊起皮带输送机进入盾体,同时在盾体上挂倒链,利用起吊时挂上的两个倒链和挂在盾体上的倒链配合将其移动至安装位置,将伸缩液压缸装在皮带输送机下方。主皮带输送机前端安装完成后,通过倒链辅助吊机完成主皮带输送机后部支架的安装工作。

(8)刀盘安装

刀盘与转接环的对接无论是吊装还是组装均要求较高,螺栓孔对位时需保持精确。在吊装刀盘前,先将刀盘翻身,应准备好刀盘连接螺栓及组装工具。刀盘运输至吊装场地后,拆除所有刀盘螺栓孔保护帽,对刀盘进行翻身操作,采用与前盾相同的方法将刀盘吊放到指定安装位置。待刀盘稳定后,缓缓将刀盘插入前盾,连接刀盘连接螺栓并紧固。

刀盘法兰与转接环连接时,提前固定好O形圈。组装螺栓时,应先对称组装4个(上、下、左、右各一)。拧紧4个螺栓(预紧扭矩为最终扭矩的1/2)后,再以同样大小的扭矩对称组装其他螺栓,最后以次对称循环完成所有的螺栓最终扭矩预紧。刀盘安装如图3-14所示。

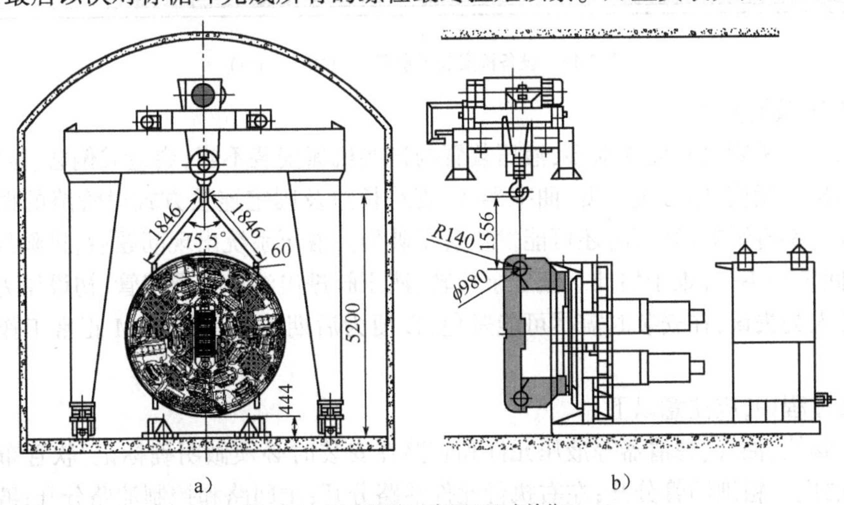

图3-14　刀盘安装示意图(尺寸单位:mm)

(9)设备桥安装

滑车用门式起重机将1~4号拖车和设备桥按顺序吊起,放在步进上,依次连接。将拖车吊离地面100mm后,悬停5min,检查绳扣、地面、起重机是否完好,待确认吊装设备正常,拖车平衡后方可进行下一步吊装作业。用风绳调整拖车姿态,使拖车准确落在轨道上。连接后配套与主机、台车间管线。滑车安放前下部需铺设H300型钢。设备桥安放前需铺设轨道,轨面高度 $H=500$mm,内轨距 $B=900$mm。设备桥安装如图3-15所示。

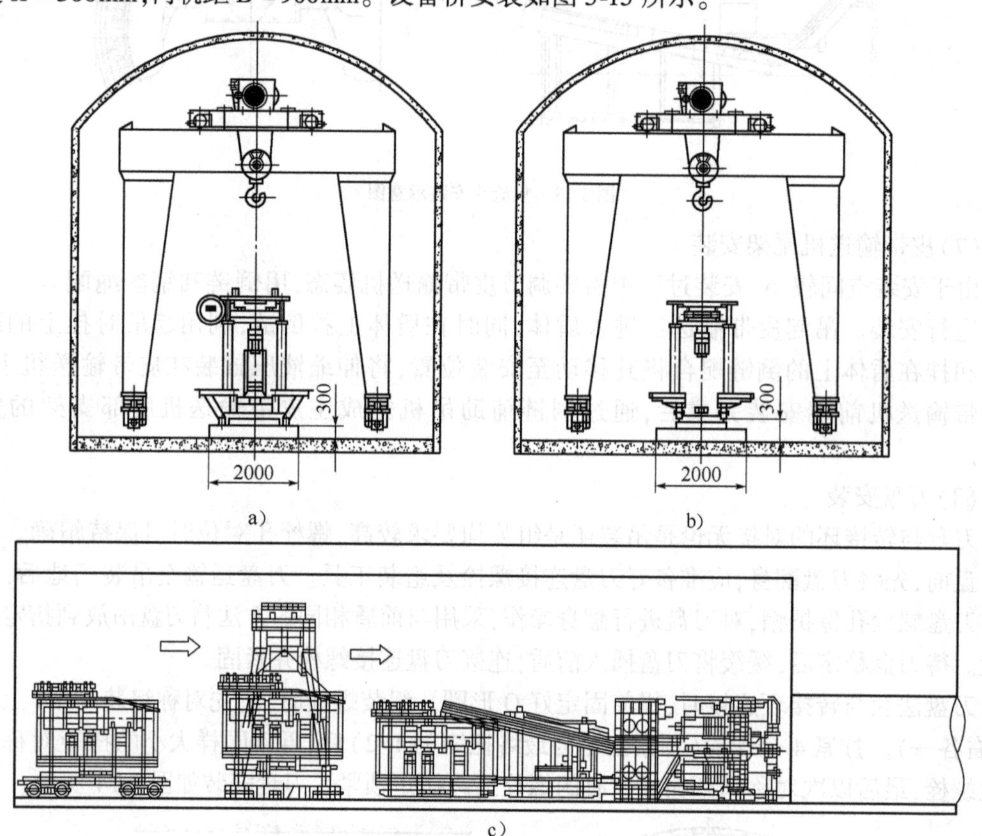

图3-15 设备桥安装示意图(尺寸单位:mm)

(10)液压系统安装

液压系统各种管路和元件众多,液压装置与连接机械安装不当,会造成偏磨、拉伤或折断;液压管路连接的紧度、中心重合度、曲率半径、管路长短及固定连接方式对管路的振动、扭动、漏油和进气等都有影响,高压时还可能发生管子破裂。液压系统出现问题后,排除故障较为困难,所耗时间长短不一,难于估计。液压泵反转、液压阀进出油口错误接管、初设压力值不符合技术要求等人为失误,在安装时需尽可能避免,以便为后期的调试及TBM正常工作提供良好的条件。

在安装过程中,应注意以下:

①液压阀块、油管、滤清器等液压元件和管路在安装时必须做明确标记,软管布置应井然有序、分出层次。粗细油管分开;左右执行元件油路分开;主回路和控制油路分开;液压油路和润滑油路分开,便于将来拆卸或故障查找。管路过长时增设管卡子或绑带,将其牢固地固定于

刚性支架上;管与管之间采用平行布置,尽量保持平顺,不得扭曲、拐急弯,不应使液压元件产生附加应力,以免运转时受力不均产生振动和噪声,甚至松脱。同时应注意远离设备的尖锐棱边,弯曲时应有足够的弯曲半径。

②确保安装环境的清洁;严禁使用棉纱擦洗管接头和外露的阀面,一旦纤维进入系统,往往堵塞阀类阻尼孔,后患无穷。地面泵站上的操纵阀手柄,应由指定专业人员使用。未经许可,严禁他人动用,以免造成事故。

③确保所有的堵头、管密封、塑料帽随着安装的进程逐步拆除。重要接头与堵头的连接螺纹,如有明显损伤或拧松堵头时,连接螺纹纹丝不动,接头却随之转动,说明螺纹副密封已受损伤,此时应将接头拧下废弃后换新。为此,在装配液压管接头时,最好用手轻轻试配,基本拧到位后,再用扳手工具拧紧,注意扭紧力矩不可过大,严禁猛力敲打。

④液压系统在总装前,必须对所有液压元件、辅助件及管路进行清洗,并加以检验,尤其注意各接口是否遗漏密封件。对于首次使用的液压阀件、泵类、各种液压回转马达、包括皮带输送机的胶辊等执行元件,安装前应注入适量的液压油,尤其是各轴承部位,应加入适量的润滑油,以免缺油运转造成元件烧损。溢流阀的调定压力不得超过液压系统允许的最高压力,检查各操纵阀、管路、管接头等是否有破损漏油的地方,检查液压装置及杆件机构是否运转灵活,确认一切正常后方可进行工作。系统中的测量仪表必须经过检验校对,以保证其准确性和可靠性。

⑤系统安装完毕,向系统内加注液压油时,最好应进行多次过滤。油桶入地面泵站油箱,要经过滤油机过滤;地面泵站入大油箱,还需经过地面泵站滤油器过滤;主轴承润滑油路的注油也照此办理。高压系统发生微小或局部喷泄时,应立即卸荷检修。不得用手去检查或堵挡喷泄。拆检某系统及管路时,应确保系统内无高压,方可拆检。

(11)调试

整机调试分为空载调试和负载调试,空载调试完成后,在试掘进阶段进行负载调试。空载调试按以下顺序进行:

①电气系统启动。

②电气系统上电采用先高压、再动力、后控制的顺序,依次检查各高压柜带电指示是否正常,确认供电电压是否正常。送电顺序按照各级电压等级从上到下进行,依次合闸,且送、断电操作员必须持证作业。

③动力启动。

④电气系统确认无误后,进行液压管路、阀组的检查,确保无误;依次启动各泵站,观察运行情况,是否为空载运行状态。

⑤启动各附属设备,检查空载运行情况。

⑥联动调试。

⑦各系统运行起来后,根据程序设计的相互联动、联锁功能依次进行实验检测,确认各项联锁、安全系统是否满足设计要求。

⑧功能调试。

⑨各系统运行起来后,对各个功能的程序参数进行调试,使输入系统数据满足设计要求,符合验收标准。

⑩整机调试。

整机调试先进行各系统调试,然后进行综合系统调试。整机调试的具体工作包括:高压通电测试;各系统部件通电测试,包括各配电柜、主控室、变频柜等电气设备;操作室程序写入及操作屏幕调试;各系统阀块及电机点对点测试。各系统的调试工作;主驱动功能调试;主泵站、润滑泵站、钻机泵站调试;水系统、高压空气系统调试推进液压缸功能调试;拖拉液压缸功能调试;皮带输送机输渣系统调试;导向系统调试;视频监控系统调试;整机联机调试,具体流程如图 3-16 所示。

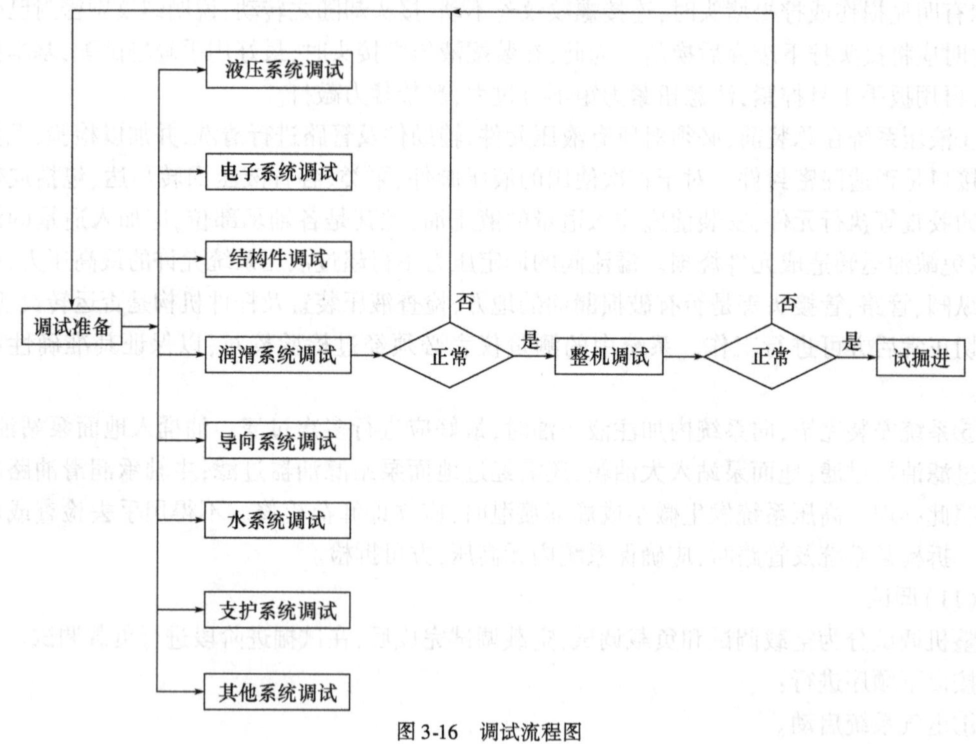

图 3-16　调试流程图

3.2　TBM 始发步进

根据 TBM 的组装流程,在组装过程中需进行步进作业,当 TBM 到达掌子面后开始始发作业,首先进行始发步进。TBM 步进流程如图 3-17 所示。

3.2.1　始发步进准备工作

由于 TBM 组装后需从组装洞步进至始发洞段再至掌子面,所以 TBM 在组装前主机底部需安装弧形步进架,将刀盘、前盾、支撑盾放置在弧形步进架上便于步进前移滑行进入始发洞。一般弧形步进架采用 H150 型钢进行焊接加工,步进架底部距离地面 150mm 左右。ϕ3.5m TBM 的步进架设计长度为其主机段长度,约 7m。TBM 步进架如图 3-18 所示。

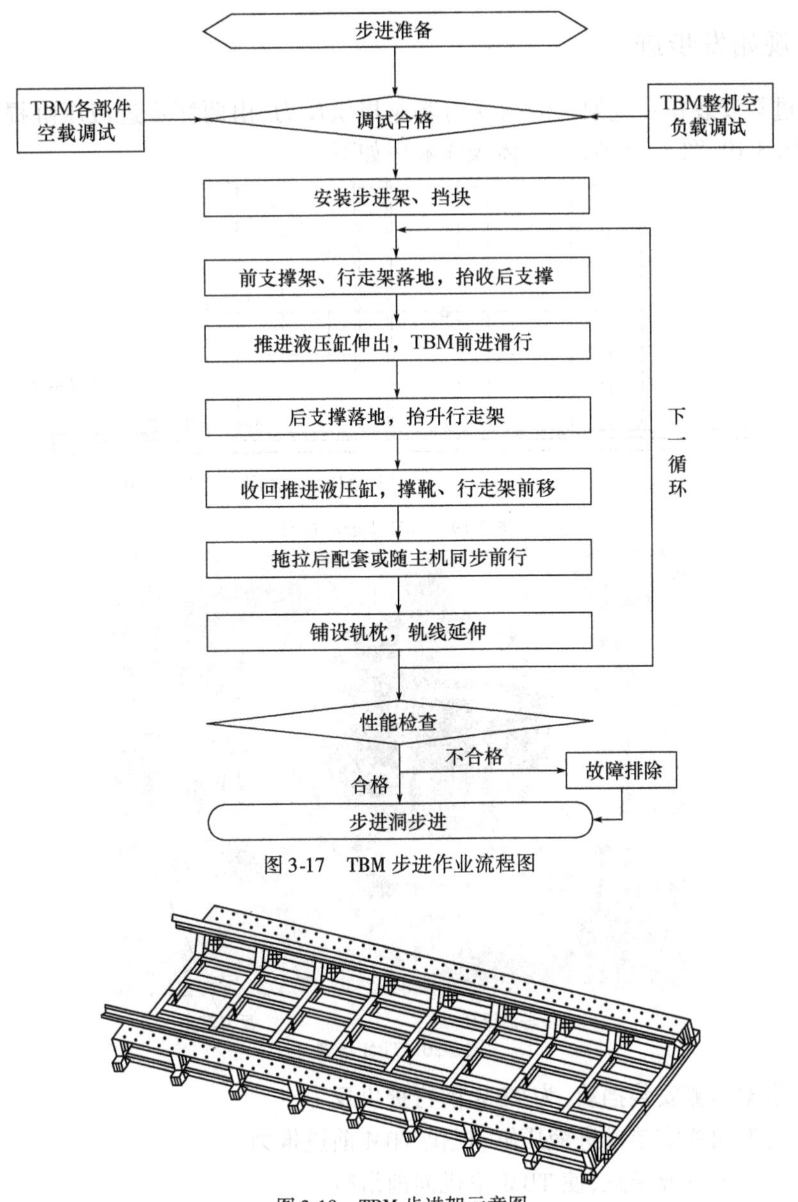

图 3-17　TBM 步进作业流程图

图 3-18　TBM 步进架示意图

步进前需确认以下事项：

①拆机洞底板标高满足施工要求，回填混凝土强度达到要求。

②安装步进架，并进行步进机构加固。

③沿洞内方向步进，盾体上焊接顶推块，顶推底座螺栓紧固。

④向步进泵站供电，调试步进机构液压系统泵站各项参数，检查管路连接是否正确。

⑤确定步进作业指挥员、步进机构操作人员，对其进行步进工序讲解。

⑥准备好步进作业通讯所需的对讲设备（至少配备 4 台）。

⑦主机步进架支撑轨道涂抹润滑油脂。

3.2.2 常规始发步进

TBM 步进靠安装在步进架两侧的反力基座提供反力，由两侧步进液压缸提供推力前进，安装位置如图 3-19、图 3-20 所示，具体操作顺序如下。

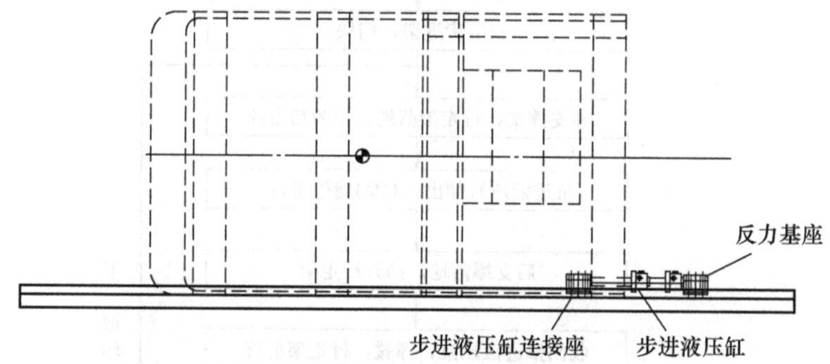

图 3-19 TBM 步进示意图

图 3-20 TBM 步进

(1)在步进架两侧安装挡块，为 TBM 前行提供反力。

(2)在步进架两侧安装推进液压缸，提供 TBM 前进推力。

(3)缓慢伸出推进液压缸，使 TBM 主机向前滑行。

(4)当推进液压缸伸出一个行程后收回推进液压缸，反力基座前移安装。

(5)推进液压缸、反力基座安装好之后，安装拖拉滑车、后配套。重复步骤(1)~(5)，使 TBM 不断前进。

(6)由于 TBM 步进时，整个主机都在弧形滑动支撑上滑动，为减小主机与弧形滑动支撑之间的滑动摩擦力，保障步进顺利，可采取以下措施。

①TBM 机头架的底部支撑面(与弧形滑动支撑配合面)采用机加工，保证下表面的平整度与光洁度，同时加工油槽储油，以便于步进时通过油槽加润滑油，在滑动面之间形成极压润滑，减小下支撑与弧形滑动支撑之间的摩擦力。

②由于撑靴支撑架辅助提供反向作用力，需在撑靴支撑底部安装聚氨酯板，以增大滑动时

的摩擦阻力。

3.2.3 曲线段始发步进

TBM 在超小曲线段上始发相较于常规始发更为困难，以 R 为 30m 超小曲线段 TBM 始发为例。当 TBM 进入始发洞后需移动进入到设计曲线中，以保证 TBM 姿态能够调整到隧道轴线对应位置。设计轴线转弯半径为 R，始发段 AB 长度为 L，L 必须大于 TBM 主机长度，按设计轴线进行始发，始发方向偏角为 δ，纠偏曲线半径为 R_1，沿纠偏曲线到达 P 点时偏离原设计轴线最大值为 d，如图 3-21 所示。

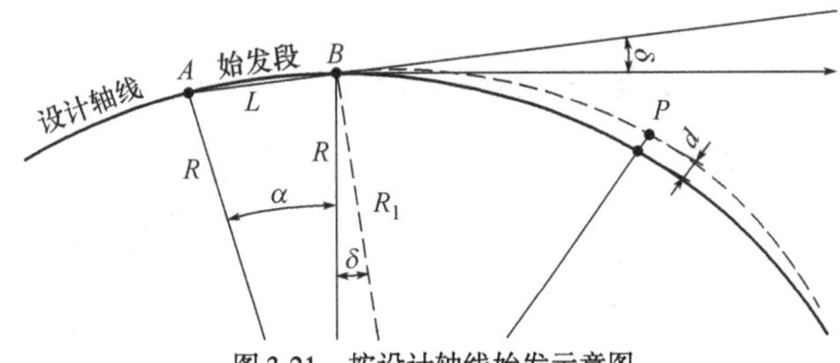

图 3-21 按设计轴线始发示意图

α 为弦长 L 对应的圆心角，有 $\alpha = 2\delta$，由此可计算得出：

$$\delta = \arcsin\left(\frac{L}{2R}\right) \tag{3-1}$$

$$\cos\delta = \sqrt{1 - \sin^2\delta} = \sqrt{1 - \left(\frac{L}{2R}\right)} \tag{3-2}$$

$$d = \sqrt{R^2 + R_1^2 - 2RR_1\cos\delta} - (R - R_1) \tag{3-3}$$

按设计轴线始发，L 越大则偏角 δ 越大，最大偏差值 d 越大。TBM 主机长度为 7m，隧道设计轴线转弯半径 R 为 30m，TBM 理论设计最小适应转弯半径为 25m。为了满足 TBM 始发条件，L 大于主机长度。现按始发段长度 $L = 8\text{m}$、设计轴线半径 $R = 30\text{m}$，代入式(3-1)，计算始发方向与设计轴线偏角 $\delta = 7.662°$。按纠偏曲线半径 $R_1 = 25\text{m}$，通过式(3-3)计算偏离设计轴线最大值 $d = 1.203\text{m}$。由于掘进至 B 点方向外偏，为保证施工安全，TBM 不能达到最小转弯半径 25m 掘进，实际偏离设计轴线将继续增大，无法达到隧道轴线控制要求，故需要对始发方向进行调整，减小 δ 值。

如图 3-22 所示，若沿切线方向始发，偏角 δ 为 0，则 A 点外偏量 $|AT| = 8 \times \tan(7.662) = 1.076\text{m}$。组装洞空间有限情况下，无法满足 TBM 沿切线方向进洞。故将始发起点由 A 点向外侧移动到 A'，按纠偏曲线最大偏差 $d = 0.2\text{m}$ 代入式(3-3)，计算偏角 $\delta = 2.989°$，A 点外偏距离 $|AA'| = 8 \times \tan(7.662 - 2.989) = 0.654\text{m}$。

考虑组装时 TBM 刀盘无法到达 A 点位置，需要向后延伸，主机尾部横向移动距离大于 $2|AA'| = 1.308\text{m}$。

为满足不受组装洞空间影响，将始发位置 B 点向曲线内侧偏移 0.2m。将设计轴线内移 0.2m 作为新的设计轴线，按新的设计轴线偏差最大值 $d' = 2d = 0.4\text{m}$，代入计算得 $\delta = 4.268°$，$|AA'| = 8 \times \tan(7.662 - 4.268) - 0.2 = 0.274\text{m}$。如图 3-23 所示，该解决方法减小了 TBM 组装洞空间影响，此时纠偏曲线与原设计轴线最大偏差 0.2m，达到控制偏差。

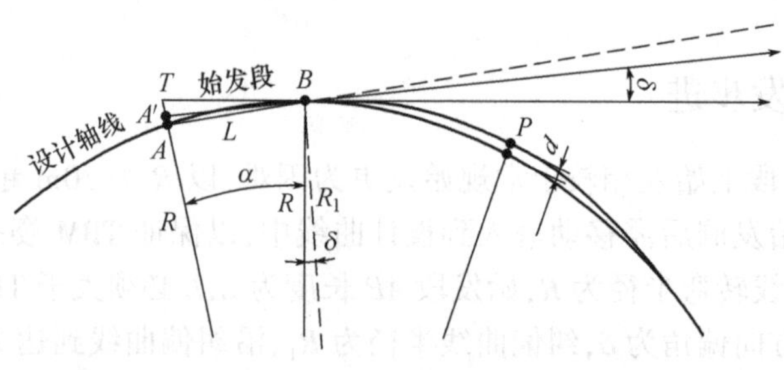

图 3-22　始发方向调整示意图

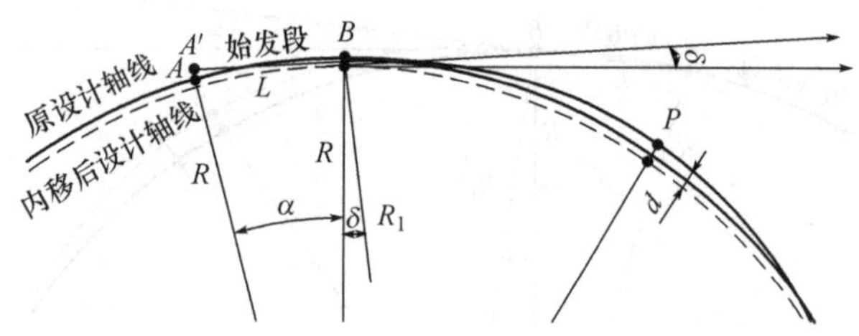

图 3-23　始发方向及位置调整示意图

上述调整分析中考虑了组装洞尺寸给始发方向调整带来的影响，TBM 超小半径曲线始发时，通常在实际过程中也会受到其他方面因素的影响。如 TBM 拖车长度及与主机连接方式，TBM 设计是否能满足纠偏曲线半径，始发洞沿设计轴线长度等，此时需要进一步对始发方向和位置进行修正。

TBM 步进到达掌子面后，开始始发掘进，进入试掘进阶段。TBM 试掘进期间，主要检验 TBM 的协调情况、液压系统、电气系统和辅助设备及皮带输送机系统的工作情况，对各设备进行磨合，进一步调整各设备系统参数使其达到最佳状态，具备正式快速掘进的能力。通过 TBM 试掘进段施工，施工作业人员可基本熟悉设备性能，掌握设备操作、保养的技术要点，并初步总结出本工程掘进参数的选择及控制措施；还可理顺整个施工组织流程，在 TBM 连续掘进的管理体系中抓住关键线路的控制工序。TBM 始发作业控制要点见表 3-8。

TBM 始发作业控制要点　　表 3-8

序号	工　序	作业控制要点
1	作业准备	TBM 刀盘距离掌子面 5～10cm 时，开始转动刀盘，缓慢切入掌子面直至平整，TBM 以手动模式操作，初步确定各项掘进参数选择
2	掘进参数	始发掘进中，采用低转速、低推力缓慢推进，通过一段试掘进了解 TBM 对岩石的适应性及整机的各项性能，并通过逐步调整参数来提高掘进速度
3	姿态控制	在始发掘进时应加强人工导向测量频率，加强自动导向系统的校核，使掘进姿态中线、标高偏差控制在 ±50mm 以内
4	刀具检查	为避免刀盘、刀具的异常损坏，始发掘进对刀盘、刀具的检查频率为 1 次/循环，掘进正常后可每班 1～2 次

3.3　TBM 曲线掘进

超小曲线隧道 TBM 施工中会遇到小转弯、大坡度、破碎段等情况，其掘进过程中姿态、参数、方向控制直接影响隧道施工质量及刀盘刀具消耗等方面，因此 TBM 在超小曲线段上的掘进技术是施工关键技术。本节以 30m 超小转弯半径掘进为例，对超小曲线隧道 TBM 掘进技术进行说明。

3.3.1　曲线掘进流程

在超小曲线隧道 TBM 掘进过程中，首先要以超前地质预报成果为依据，结合掘进参数、出渣情况和成洞质量对掌子面围岩做出较为准确的判断，然后选择相应的掘进模式及掘进参数破岩掘进。TBM 掘进作业流程如图 3-24 所示。

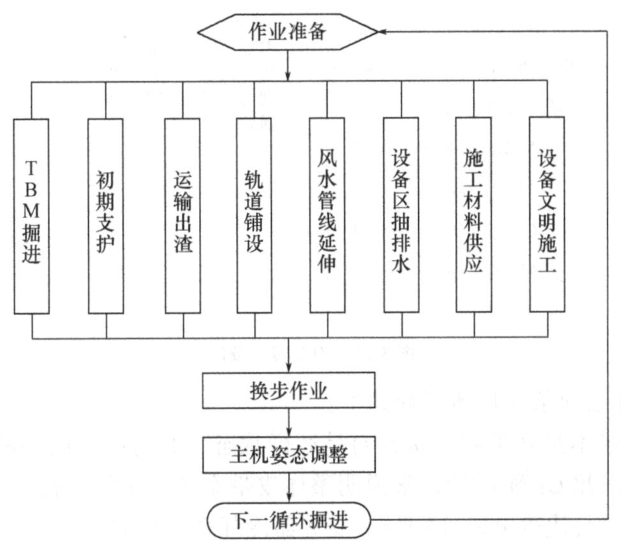

图 3-24　TBM 掘进作业流程图

3.3.2　掘进操作

(1)上机前操作要点

上机前操作要点是指当班操作手接班后，操作机器前的作业要点。

①详细了解上一班运转情况及遗留问题，观察各仪表显示是否正常。

②检查风、水、电及润滑系统的供给是否正常。

③观察并分析围岩类别，选择合理的掘进参数。

④了解上一班开挖中线标高偏差情况。

⑤了解上一班支护完成情况。

(2)掘进操作要点

①启动主泵站,包括供水系统。

②启动通风除尘系统。

③依次启动皮带输送机。

④启动电机。

⑤待主电机全部运转正常后,低速启动刀盘。

⑥选择合理的掘进参数进行掘进。

其中 TBM 刀盘启动时除按程序逐步运行外还必须满足相应的互锁条件,如图 3-25 所示,只有全部条件满足后刀盘才能进行旋转动作。

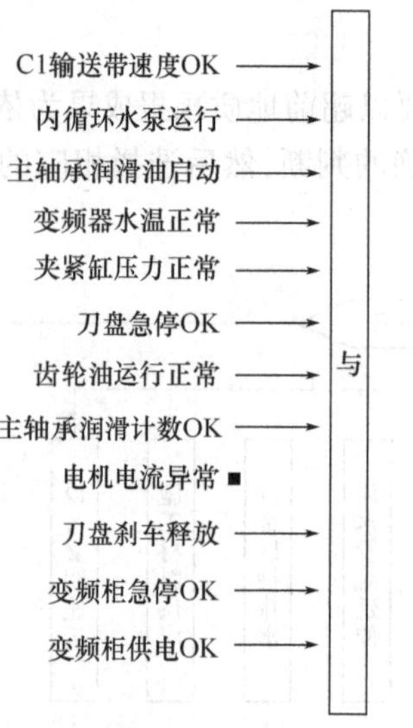

图 3-25　刀盘转动条件

以上刀盘启动各互锁条件具体解释如下:

①主机 C1 输送带不是处于调试状态而是运行状态,C1 输送带启动的前提条件设定为后部输送带正常运行,因此 C1 输送带正常说明整体皮带系统已正常运行。

②内循环水泵运行,代表电机、减速机、变频器冷却系统已启动。

③主轴承润滑系统启动,各部分依次启动。

④变频器冷却水温不高于45℃表示正常,冷却水温过高则无法起到冷却效果。

⑤刀盘夹紧缸压力不小于150bar(1bar=0.1MPa)表示正常。

⑥本地控制面板急停及刀盘急停继电器正常。

⑦齿轮油润滑计数正常表示齿轮油系统各部分均已启动并已正常运行,包括齿轮油泵运行,齿轮油箱液位正常,所选电机减速机温度小于设定值且温度开关未动作。

⑧脂润滑计数正常。

⑨表示刀盘刹车压力大于30bar 且接近开关动作,刀盘刹车已打开。

⑩变频柜急停开关正常无动作。

⑪变频柜供电侧急停开关正常无动作。

⑫除电机电流异常检测必须在刀盘开始旋转后进行,刀盘电机运行过程中程序对各电机

电流值进行对比，各电流相差大于50A刀盘旋转停止，其他条件未满足则刀盘无法启动。

(3)停机操作要点

正常情况下的停机，应与掘进时的操作相反。先停止掘进，后退刀盘2～3cm，让刀盘空转1min左右后，停止刀盘转动，停止电机转动，停止皮带输送机运行，调整掘进方向，换步进行下一循环的作业。

(4)紧急情况操作要点

发现刀具金属件损坏脱落从皮带输送机上输出时，可判断出卸渣斗出现故障，或液压系统出现故障、脂润滑故障等，需要立刻停止掘进，后退刀盘2～3cm，立即停止刀盘转动，依次停止各系统的工作，对故障部位进行检查。首选按照正常停机程序操作，尽量不使用紧急停机按钮，以免损坏设备；若遇紧急情况，如皮带输送机输送带断裂或有可能危及人身安全的情况时，立即采用紧急按钮停机。

3.3.3 掘进参数的选择

主控室是TBM的"心脏"，设备90%以上指令在主控室内操作，其内部安装有操作盘，显示仪(包括参数显示、仪表显示、故障显示、状态显示及指示等)，可编程逻辑控制器(PLC)系统、调向显示等。操作面板上有数十个操作按钮及手柄，控制不同部位设备的运转，因此必须全面了解设备状态，只有掌握正确操作规则且熟悉施工作业流程的专业人员方能担当主操作司机岗位。TBM主控室如图3-26所示。

图3-26 TBM主控室

掘进参数主要有刀盘转数、推力、刀盘扭矩以及姿态，这些参数相互控制、相互制约，参数之间协调是主司机通过TBM的操作面板操作进行的，不同的围岩选择不同的掘进参数。掘进参数选择前首先要对TBM的主要性能有所了解，表3-9为转弯半径为30m的超小曲线隧道TBM主要性能参数。

TBM 主要性能参数表　　表 3-9

最大推力(kN)	最大推进速度(mm/min)	刀盘转速(r/min)	单把滚刀额定荷载(kN)	额定扭矩(kN·m)
9970	100	0～15.5	250	1040

依据 TBM 的设计性能参数，设每根液压缸压力均等，计算单根液压缸压力与刀盘总推力及加载于每把滚刀的平均推力间的关系，得出其关系曲线如图 3-27 所示，掘进时应控制液压缸压力及刀盘总推力在图中阴影部分区域。

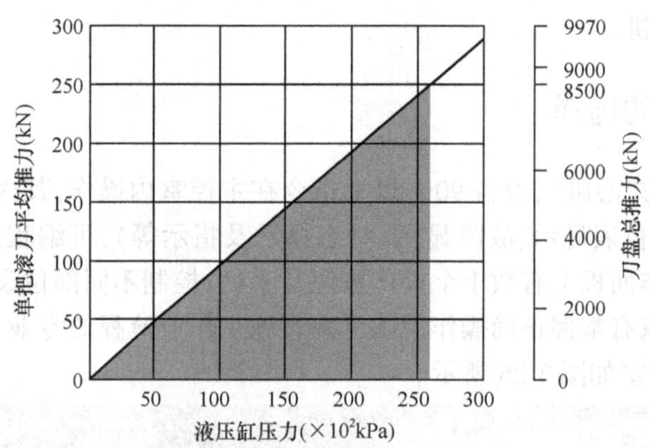

图 3-27　液压缸压力与刀盘总推力、单把滚刀平均推力关系曲线

TBM 施工中掘进速度至关重要，TBM 的施工进度取决于掘进速度，掘进速度越快则 TBM 的施工效率越高。掘进速度 = 刀盘转速 × 贯入度，刀盘转速保持不变的情况下，贯入度越大，则掘进速度越快。实际掘进过程中，对刀盘贯入度的影响因素较多，主要有地质因素如岩体抗压、抗拉、抗剪强度、岩体的硬度等，以及 TBM 的掘进控制参数。

围岩较好的地层中，提高刀盘的掘进推力和转速，能提高其掘进的速度。但最大推力必须控制在刀具、刀盘等承受载荷的能力范围内，刀盘转速过快会加快刀具的损耗，从而降低掘进效率。破碎软弱地层中，地层稳定性较差，刀盘的快速旋转对围岩的扰动较大，一旦推力过大，可能出现围岩失稳和坍塌；同时推进过快，出渣量增加，容易给皮带输送机增加负荷从而造成损坏。因此，围岩比较破碎的情况下，应减小刀盘的推力和转速。

从以上分析，根据不同的围岩条件，需要选择最佳的掘进参数，实现 TBM 最优掘进效率。施工中不同围岩类别对应的掘进参数见表 3-10。

Ⅱ类围岩岩石节理裂隙不发育、单轴抗压强度高，滚刀破岩能力较弱，掌子面阻力较大，贯入度为 3～5mm/r。掘进中刀盘推力偏大，选择在额定推力的 80% 以上，刀盘转速选择为最大转速的 70%～75%。围岩强度高且完整，贯入度较小，刀盘的转动负载小，所需的驱动扭矩小，为刀盘额定扭矩的 25%～30%，掘进速度可达到最大掘进速度的 30%～40%。

不同围岩类别对应的掘进参数 表3-10

围岩类别	掘进速度与最大推进速度比值(%)	刀盘推力(kN)	刀盘转速(r/min)	刀盘扭矩与额定扭矩比值(%)
Ⅱ	30~40	7000~8500	10.0~11.9	25~30
Ⅲ	50~70	6000~7500	10.0~12.5	55~65
Ⅳ	40~55	3500~3000	7.0~8.0	35~40

Ⅲ类围岩岩石微风化或弱风化,裂隙发育,强度偏低,滚刀破岩效率较高,贯入度为7~9mm/r,掘进速度能达到最大掘进速度的50%~70%。根据推进速度、皮带输送机的承载状态综合调整刀盘转速在10~12.5r/min,能实现TBM掘进效率的最大化。根据刀盘转速、贯入度、出渣情况综合调整,刀盘推力控制在7500kN左右。由于贯入度大,刀盘的转动负载大,所需的驱动扭矩较Ⅱ类围岩条件下偏大,为刀盘额定扭矩的55%~65%。

Ⅳ类围岩,断裂及软弱结构面较多,岩体呈碎石状镶嵌结构,局部呈碎石状压碎结构,控制贯入度为3~5mm/r。由于围岩破碎,在刀盘破岩的扰动下,掌子面可能出现大块岩石塌落,为降低刀具和皮带输送机损坏风险,应根据刀盘的扭矩变化及时调整掘进速度,控制为最大推进速度的40~55%。掘进中采用较小的推力,推力一般控制在3500kN以下,同时适当降低刀盘转速,提高刀盘的实时输出最大扭矩,以应对突发破碎情况。由于围岩破碎,掌子面围岩可能出现随机塌方,导致刀盘的转动负载波动范围较大,一般为刀盘额定扭矩的35%~40%。

3.3.4 换步作业

换步是TBM施工中的一个重要环节,TBM推进液压缸伸出至最大行程后,必须进行换步操作收回液压缸,并将撑靴和拖车前移才能开始下一个循环的掘进,故实现快速换步对提高TBM掘进效率至关重要,换步的同时也要保证TBM掘进方向的控制。通过前盾垂直液压缸使顶护盾与隧道拱顶贴紧产生摩擦,为收缩推进液压缸前移支撑盾提供反作用力,推进液压缸回缩一个行程,拖拉液压缸拉动拖车跟随支撑盾前移来实现换步,换步作业流程如图3-28所示。

TBM在超小转弯半径的曲线段进行换步作业过程中需注意的重点内容如下:

①通过两侧液压缸调整,使支撑盾的左右侧垂直于隧道中心线方向,有利于TBM掘进中的方向控制;同时增加撑靴与岩壁的接触面积,防止推进过程中撑靴打滑。

②根据导向系统上显示的TBM水平偏差趋势,控制左右液压缸行程差,保持与换步前一致,确保换步时TBM姿态呈水平趋势并沿隧道设计方向。

③确保TBM垂直姿态沿隧道设计纵坡方向,注意减小刀盘的位移差。

④可单独操作奇偶数液压缸调节滚动,防止滚动过大导致设备与隧洞壁发生碰撞。

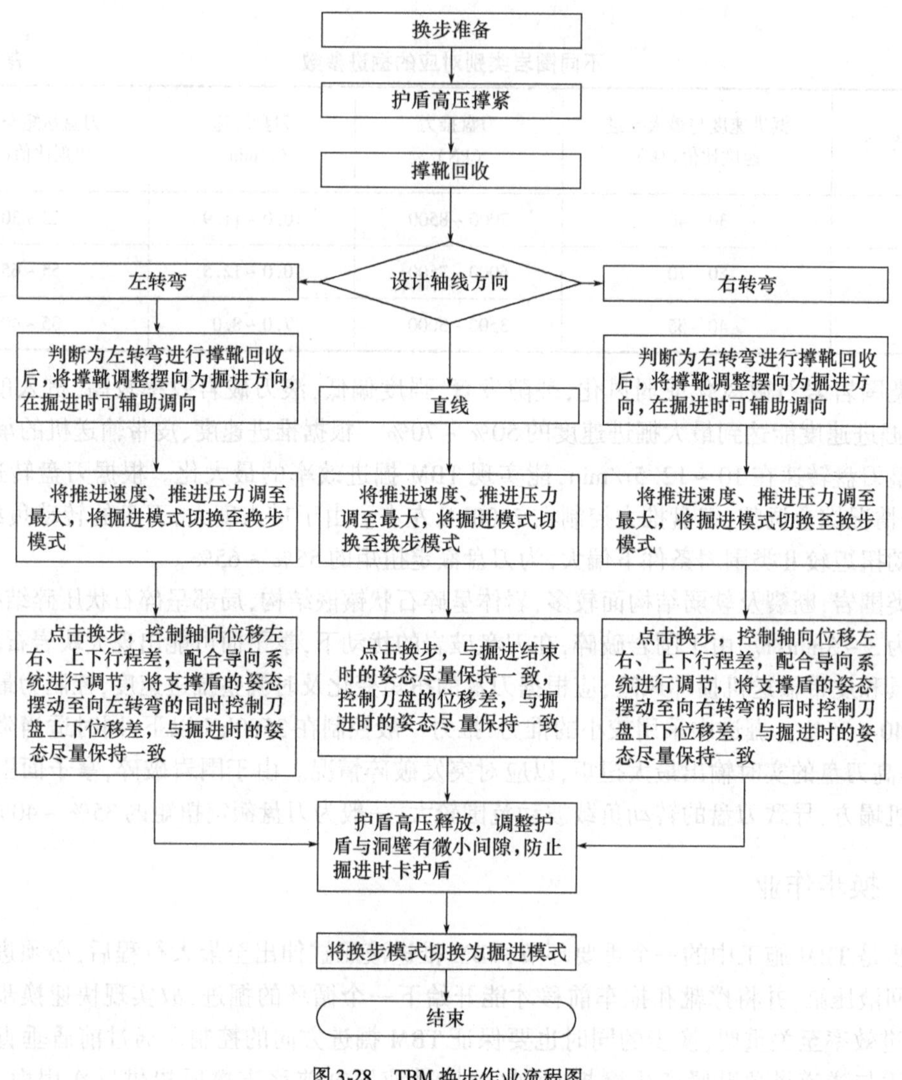

图 3-28 TBM 换步作业流程图

3.4 TBM 曲线过站

因工程需要，在超小曲线隧道施工中会遇到在曲线隧道轴线上预先修建一些用于检修或辅助施工的洞室，当 TBM 到达这些施工段时需要按照步进过站方式通过，在隧道曲线轴上步进过站与直线过站则完全不同。

3.4.1　原则及流程

超小曲线隧道 TBM 步进过站要做到快速通过,同时要确保在曲线中轴线轨迹不能产生偏移,否则将无法顺利进入下一段的接收洞。因此,TBM 通过应遵循"快速、安全、精准、干扰小、控成本"的原则,既要满足施工质量控制又要保证施工工期节点,故 TBM 曲线过站应遵循以下原则。

①TBM 的通过方案需结合施工现场设计进行综合考虑,其技术需具备先进、精确、实用、可靠、快速、经济等特点。

②TBM 通过方式与过站段隧道现有开挖相互配合,过站段施工应优先考虑为 TBM 提供快速通过条件,防止步进过程对本段隧道施工产生扰动。

③在满足安全前提下,应优先考虑最快速通过,将其对施工工序的干扰降到最低程度。

曲线过站流程如图 3-29 所示。

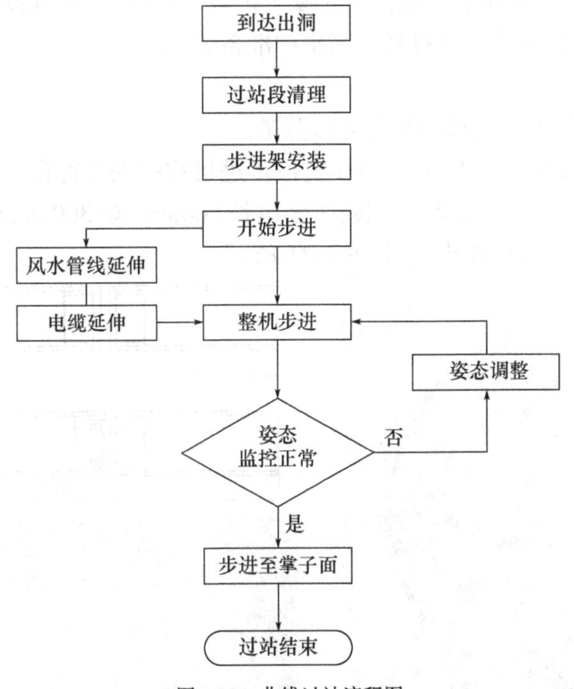

图 3-29　曲线过站流程图

首先对过站段水电条件配置到位,清理洞内积水,配备照明及其他动力设备电源,过站段隧道地板先进行硬化处理。按照要求,确认洞门与过站段高差符合要求,然后安装步进架,TBM 步进通过,对水、电管线延伸,进入下段始发洞至掌子面后过站完成。由于在曲线段上步进过站,此过程需特别注意 TBM 空推步进的姿态调整不能产生偏差。

3.4.2　过站前准备

(1)顺利贯通

在正式过站之前应首先确保 TBM 按照设计轴线贯通,如图 3-30 所示。预先对接收洞口进行测量放样,放样尺寸比 TBM 刀盘边沿扩大 20cm,用电锤按照间隔 15cm 打孔,孔径为 20mm,孔深不小于 40cm。如此操作可便于刀盘破岩,减少对刀具的损伤;另一方面可提前释放洞口围岩应力,减少 TBM 贯通时对围岩扰动。同时应严格遵守以下控制要点进行:

①在即将贯通前应提前向 TBM 操作人员及施工人员下发书面技术交底,对施工关键控制点及注意事项进行说明。

②贯通至最后 50cm 时,通过操作平台可以观察到刀盘前方阻力迅速减小,此时应保持较小推力,推进速度不大于 10mm/min,上坡掘进接收时底部液压缸推力应大于其他液压缸,下坡掘进接收时液压缸推力应基本保持一致。

③由于此时 TBM 距离洞口较近,应保持掘进姿态低速运行,不能进行突然停机,水平姿态可略微向 0°方向调整,竖直姿态应保持在 10 ~ 15mm。

(2)材料机具准备

按施工组织要求准备好过站段的排水、照明、焊接作业所用的二级配电柜,同时将三级配电箱及动力电缆铺设到所需位置。按照 3.2 章节内容,将步进架提前摆放至安装位置附近,将焊机、工字钢、倒链、千斤顶等工具材料一同集中准备妥当。

(3)施工准备

①TBM 出洞前进行步进底板的高程复核测量。

②首先清理贯通后洞口的渣石,进行步进段步进机构的安装铺设。

③采用 H150 型钢加工一套反力工装,工装由长 500mm、短 300mm 两根型钢组成,可组合也可单独使用,以用于不同距离步进,如图 3-31 所示。

图 3-30 TBM 贯通

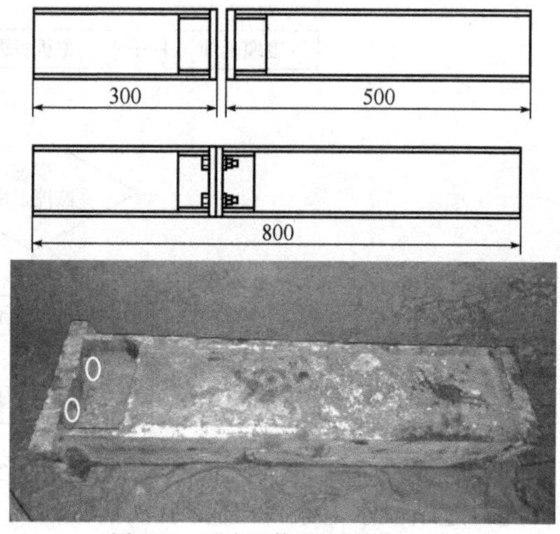

图 3-31 反力工装(尺寸单位:mm)

3.4.3 步进过站

(1)盾体出洞

①TBM 贯通出洞后,继续利用设备撑靴支撑洞壁提供反力,推进液压缸伸出将主机部分缓慢推出隧道。

图 3-32 刀盘及前盾出洞

②当推进液压缸达到行程极限后，先撑紧主机顶护盾与洞口顶部岩壁产生反作用力，再回收撑靴，利用顶护盾与岩壁的摩擦力回收推进液压缸，将后配套整体向前拖动平移。

③推进液压缸回收完成后继续将撑靴支撑洞壁，用推进液压缸推动主机前移，如此反复直至整个刀盘及前盾全部出洞，如图 3-32 所示。

(2)主机出洞

①前盾推出隧道后，顶护盾便无法撑紧岩壁也无法对推进液压缸拖动回收。

②将已加工好的 300mm 反力工装一端固定在前盾底护盾部位，另一端固定在步进机构上，先回收撑靴再利用工装提供反力回收推进液压缸，拖动后配套前移。

③当推进液压缸回收完成后再次伸出撑靴支撑洞壁，由撑靴提供反力利用推进液压缸继续推动主机前移。

④重复进行步骤②、③，此时反力工装使用上述组合，直至整个主机撑靴段全部步进出洞口，如图 3-33 所示。

图 3-33 撑靴出洞

(3)步进通过

①当支撑盾离开隧道后再无支撑点可提供推进反力，此时需先在撑靴支撑盾底部位置焊接反力座，另一端固定在步进机构上，再利用推进液压缸推动主机前移。

②当推进完一个循环后，在前盾的底护盾位置焊接反力支座并安装反力工装，进行推进液压缸回收并拖动后配套前移。

③如此反复，直至主机通过整个曲线过站段，如图 3-34 所示。

(4)下段始发

当主机进入下个始发洞后，可利用主机部分顶护盾伸出撑紧岩壁提供反力，将后配套向前拖动平移，支撑盾处仍利用反力支座提供反力推动主机向前平移，直至支撑盾完全进入下个始发洞室后开始下段掘进施工，此过程与 3.2 章节所述相同。此过程应注意刀盘刀具与洞壁间隙，防止刀具磕碰损坏，控制 TBM 姿态与隧道轴线偏差，如图 3-35 所示。

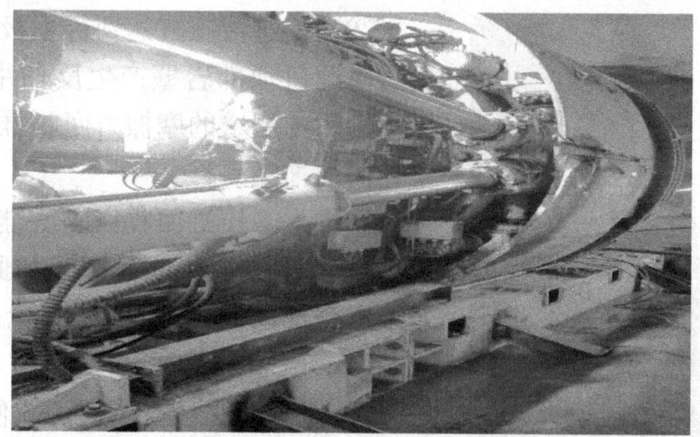

图 3-34 步进过站

图 3-35 下段始发

3.5 TBM 拆 机

同装机方式,超小曲线隧道 TBM 拆机方式也分为洞外拆机及洞内拆机两种方式。洞外拆机场地布置与洞外装机场地布置相同,拆机流程按装机流程反向进行即可。洞内拆机则情况复杂多变,最理想的方式是按洞内装机洞室同规格设计开挖洞内拆机洞室,再按洞内拆机流程的反向顺序进行拆机。由于超小曲线隧道 TBM 施工的复杂性和多样性,大多会遇到各种不同的拆机环境。本章节将以某项目超小曲线隧道 TBM 施工为例对非常规洞室环境下拆机方式进行介绍。

3.5.1 拆机条件

上文已提及本章节介绍的拆机洞室环境不同于常规洞内拆机环境,由于工程设计情况不同而导致拆机洞室不同,从而使拆机条件与常规方式不同。

(1)非常规拆机洞室

因工程工期影响,某抽水蓄能项目超小曲线 TBM 原拆机洞室无法按期完工进行拆机,因此 TBM 只能进入抽水蓄能电站的集水井中进行拆机。集水井深 22.45m,分为上下两层,下层宽 13.2m,上层包括集水井及尾闸口总宽 24m,集水井上部为尾闸洞室,高 20.3m。拆机洞室

(集水井)总体纵断面如图3-36所示,横剖面如图3-37所示。由于尾闸洞室净高仅20.3m,不具备使用大型吊车的条件,因此拆机时只能使用门式起重机进行设备吊装。若安装门式起重机,由于尾闸洞室只有右侧有底部平台,可用于门式起重机基础安装,左侧完全悬空,给门式起重机安装带来困难。

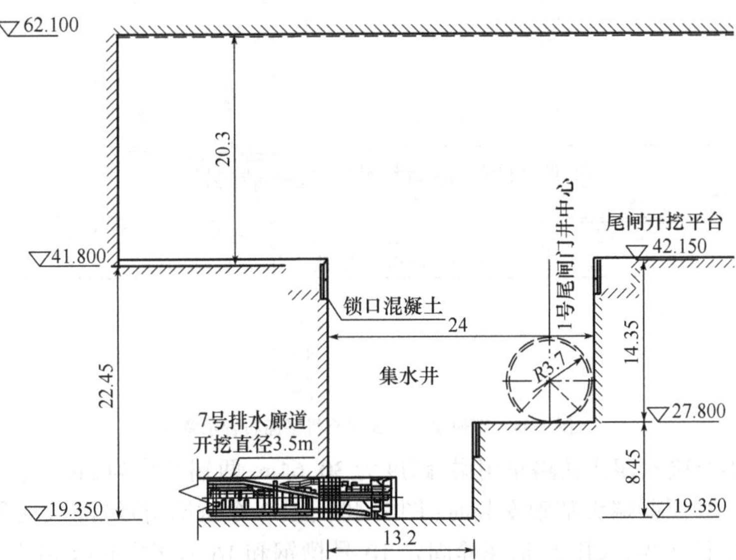

图3-36　TBM拆机洞室(集水井)纵断面示意图(尺寸单位:m)

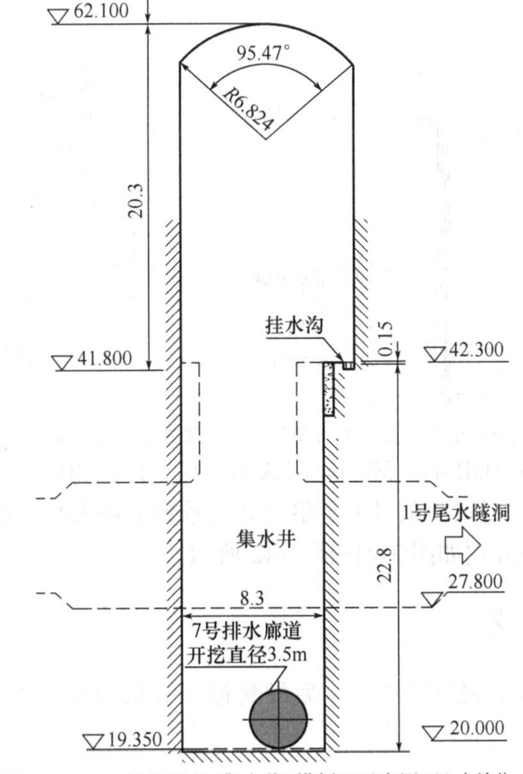

图3-37　TBM拆机洞室(集水井)横剖面示意图(尺寸单位:m)

(2)吊装方案

集水井及尾闸洞室形成总跨距 24m、最宽段 8.3m 的井口,且一侧完全悬空无法安装门式起重机基础,因此在集水井口一侧安装军便梁,然后在军便梁上安装门式起重机基础。军便梁及门式起重机平面布置如图 3-38 所示,纵面布置如图 3-39 所示。

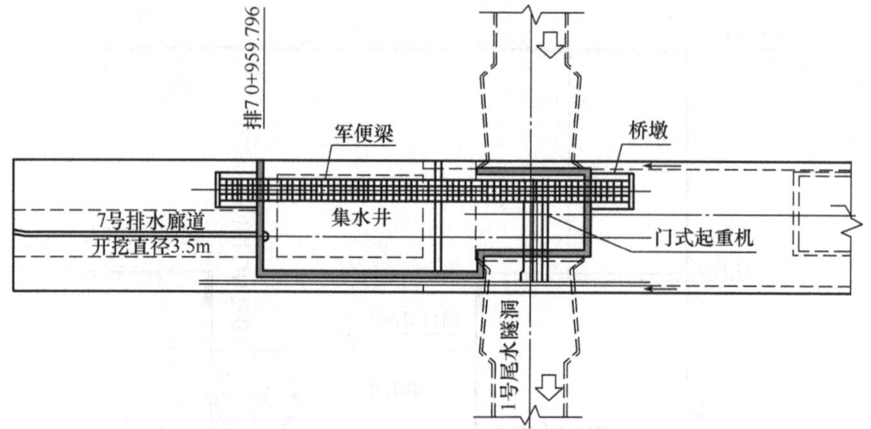

图 3-38 军便梁及门式起重机平面布置示意图

军便梁选用双梁六四式铁路军用梁,跨度为 30.64m,两端部均为 3m 端构架,中间用 6 片加强三角相连。军便梁端头基础安装时(图 3-40),设 2 个桥墩,桥墩浇筑混凝土厚度 1m,预埋 U 形螺栓。架设 3 榀,采用 U 形螺栓固定 10 号槽钢和 16 号工字钢连接为整体,宽1.72m,钢轨铺设于梁体上表面中心与 16 号工字钢焊接,铺设轨距为 6.5m 的门式起重机轨道。

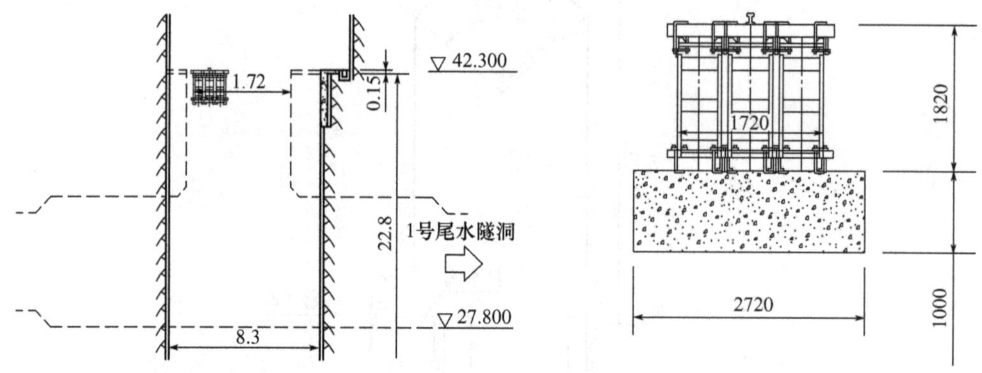

图 3-39 军便梁及门式起重机纵面布置示意图(尺寸单位:m)　图 3-40 军便梁端头基础安装示意图(尺寸单位:mm)

吊装设备选择型号为 MHII32t－30.0m 门式起重机 1 台及相应吊具、工机具等。门式起重机起吊高度 30m,跨距 7m,门式起重机 1.1 倍动载荷系数下最大起重量为 32t。门式起重机布置好后的横剖面及纵断面分别如图 3-41、图 3-42 所示。

3.5.2 拆机流程及工艺

TBM 总体拆机按照从前到后的顺序。后配套拖车拆机和设备步进同步进行。具体流程如图 3-43 所示。

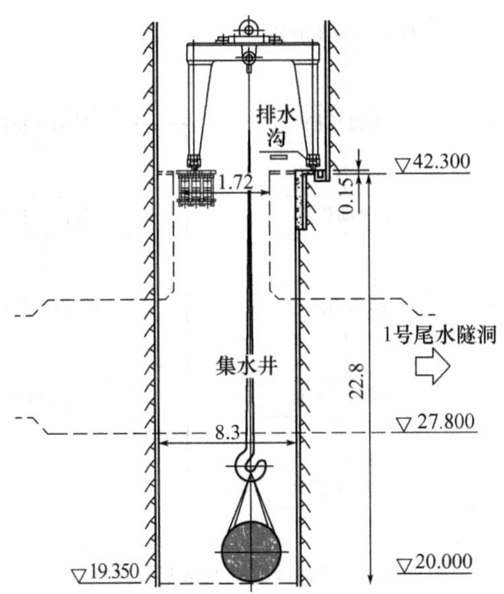

图3-41　门式起重机布置横剖面示意图(尺寸单位:m)

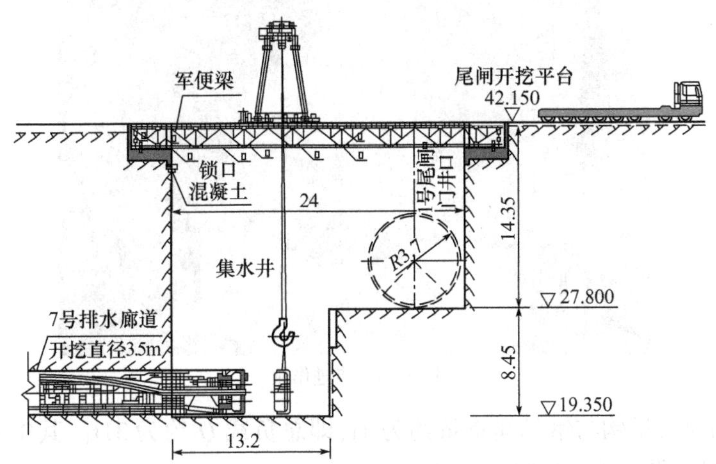

图3-42　门式起重机布置纵断面示意图(尺寸单位:m)

(1)步进作业

步进架是TBM拆机和向前移动进洞的重要支撑装置。步进架采用H125型钢焊接制作，分为前、中、后三段，总长14m，抬升设备150mm高度。步进架安装时分批次进行，先安装中段和后段，相对洞室轴线对称放置。步进架底部型钢采用ϕ20钢筋与地面固定，防止前后移动。

根据拆机场地情况，同时方便装车转运，需要将TBM出洞主机及1号滑车与2号滑车断开连接销轴，将主机及1号滑车步进12m，如图3-44所示。

(2)刀盘拆除

拆除刀盘连接螺栓前，预先将门式起重机吊钩与焊接好的刀盘吊耳连接好，并调节好门式起重机的横向位置和吊钩的上下高度使钢丝绳有一定的张紧力，同时在刀盘左、右、下侧用倒链和吊带挂住刀盘，防止连接螺栓拆除后刀盘大幅度摆动。如图3-45所示，去除所有螺栓，通过吊车和两侧葫芦，缓缓将刀盘移动至指定位置。

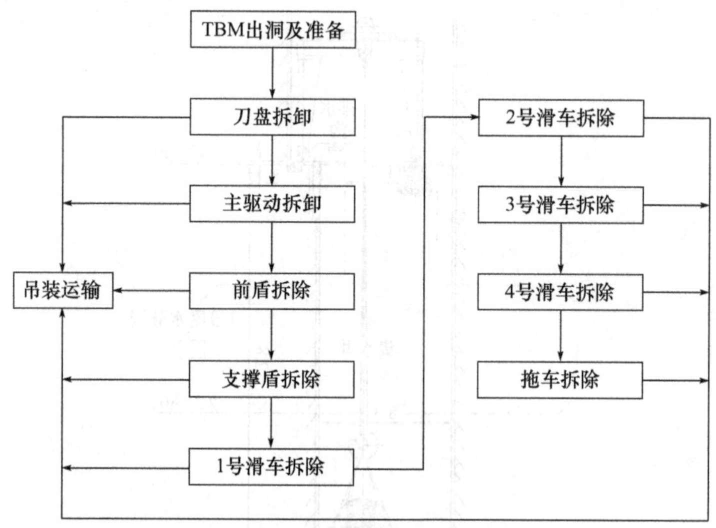

图 3-43　超小曲线隧道 TBM 拆机流程图

图 3-44　步进作业

刀盘重量为 30t，吊钩与钢丝绳重量约为 1t，即总负载 Q 约为 31t。其中主吊钢丝绳负载为 P，吊装钢丝绳水平夹角 α 为 52°。

取动载荷系数 $K = 1.1$，则钢丝绳负载计算式为 $P = Q \times K/(2\sin 52°)$，代入数值，得负载为 21.6t，由此来选择合适钢丝绳。

刀盘拆除后，吊起刀盘，放置在截面为 250mm × 250mm 的枕木上面[图 3-46a)]，然后缓慢落吊钩，同时大车配合吊钩缓慢向前移动。刀盘的底部因受到枕木的摩擦力，保持静止，上部缓慢翻转[图 3-46b)]，直至刀盘平放在枕木上[图 3-46c)]。

(3)上护盾拆除

吊装上护盾时，严禁盾体内作业。拆除连接件前，应预先挂上上护盾顶部 4 个吊耳，并使吊装钢丝绳带有张紧力，如图 3-47 所示。

(4)集渣斗拆除

集渣斗需要用钢丝绳和倒链配合吊装，吊起后用倒链进行调平，移除所有螺栓，缓慢拆除集渣斗。

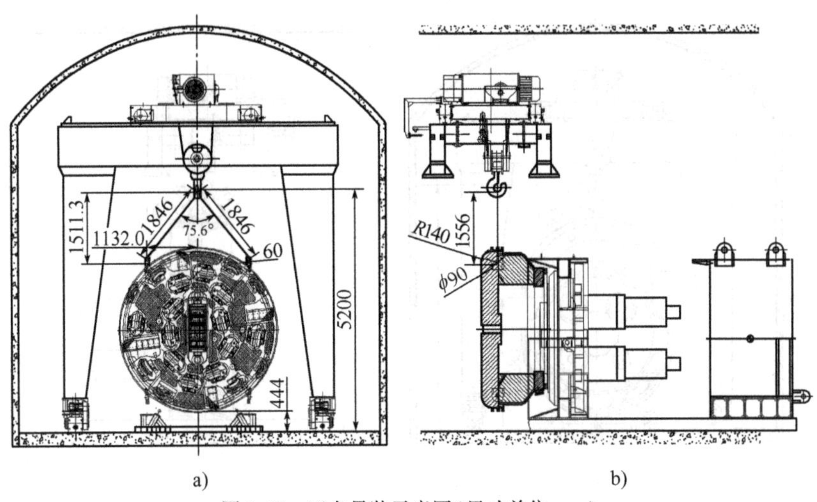

a) b)

图 3-45 刀盘吊装示意图(尺寸单位:mm)

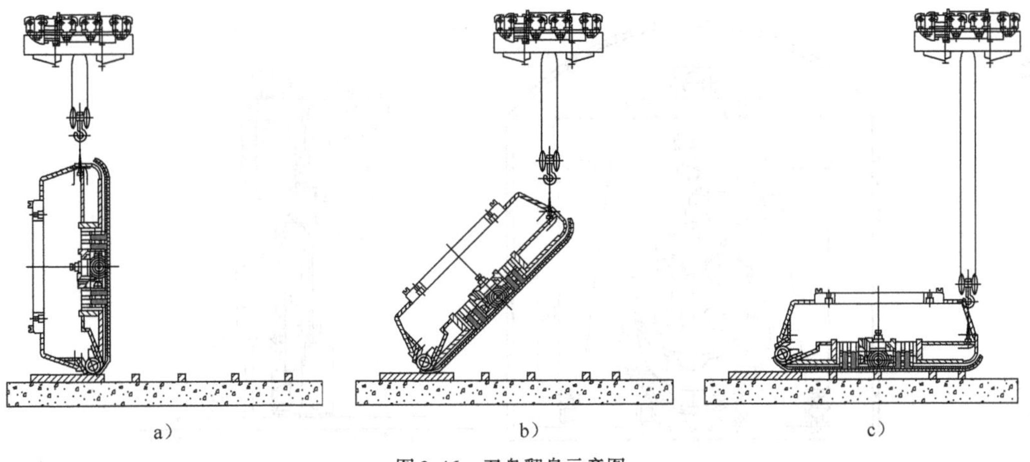

a) b) c)

图 3-46 刀盘翻身示意图

(5)主驱动拆除

如图 3-48 所示,由于吊装高度限制,采用一个 85t 的卸扣和 ϕ47.5m 长度 $L=3000$mm 的钢丝绳吊装主驱动。驱动箱重量为 32t,吊钩与钢丝绳重量约为 1t,吊车最大起重量为 32t,吊装前拆解驱动箱部件,即总负载 Q 不超过 32t。主吊钢丝绳负载为 P,钢丝绳水平夹角 α 为 65°。

取动载荷系数 $K=1.1$,则钢丝绳负载为 $P=Q\times K/(4\sin 65°)$,代入数值,得负载为 9.7t,由此来选择合适钢丝绳。

主驱动拆除后翻身方法与刀盘翻身方法相同。

(6)支撑盾拆除

支撑盾吊装前,按照由上至下、从左至右的顺序,拆除 8 根推进液压缸,再拆除撑靴液压缸连接销,并用吊带将其倒运到盾体外部,最后拆除与 1 号滑车连接的 2 根拖拉液压缸。如图 3-49 所示,通过门式起重机将支撑盾翻身,背面朝下平放,并用 200mm 的枕木垫在底下抬离地面。支撑盾翻身方法与刀盘翻身方法相同。

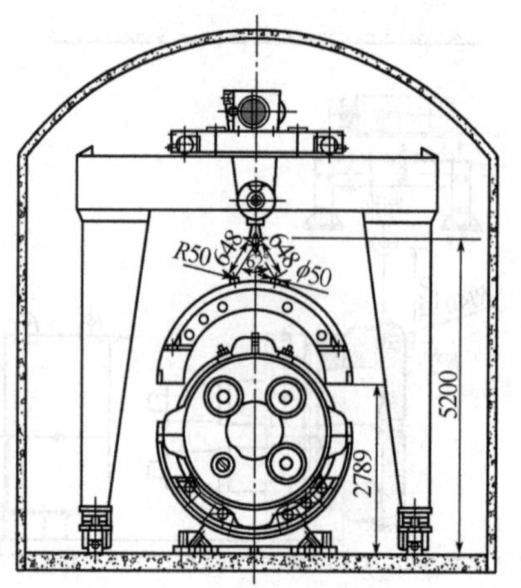

a)

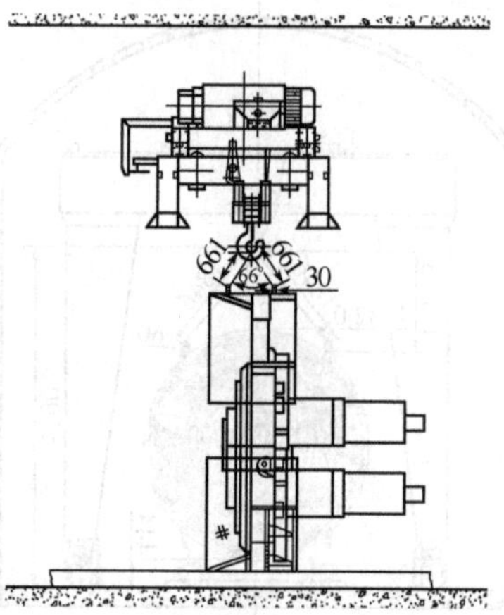

b)

图 3-47　上护盾吊装示意图(尺寸单位:mm)

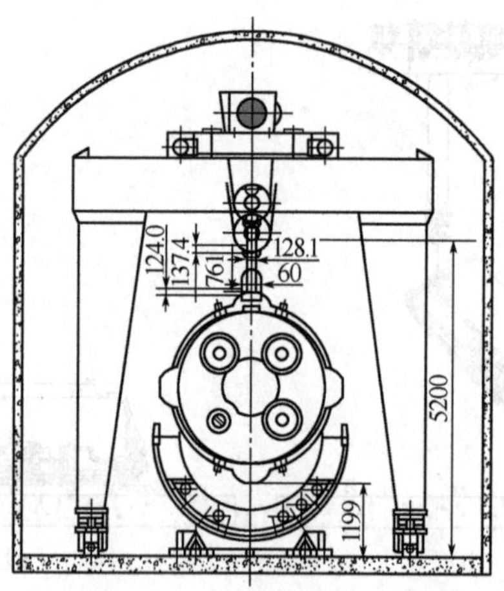

a)

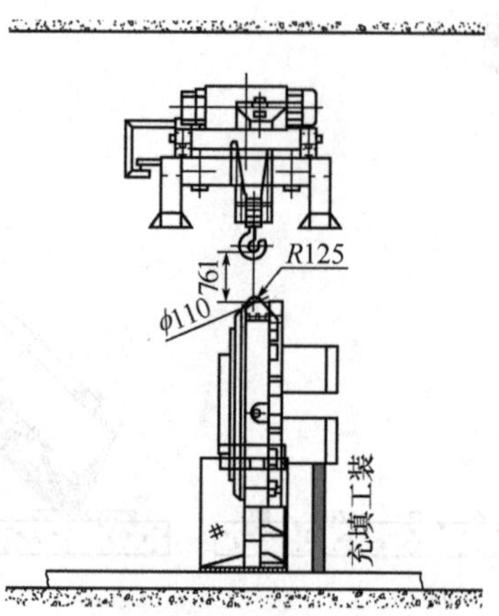

b)

图 3-48　主驱动吊装示意图(尺寸单位:mm)

注:图中钢丝绳长度和角度为参考值。

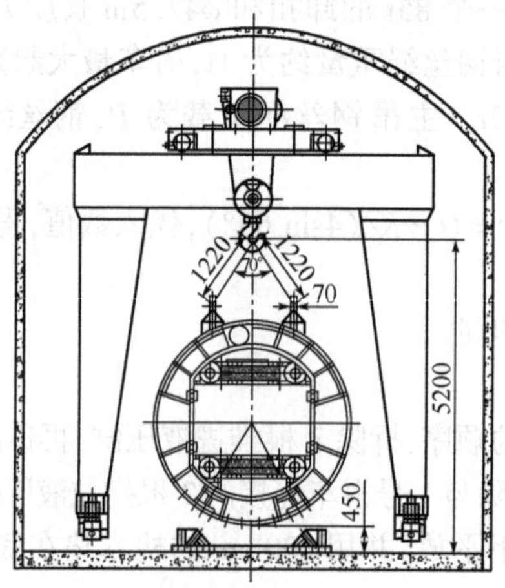

a)

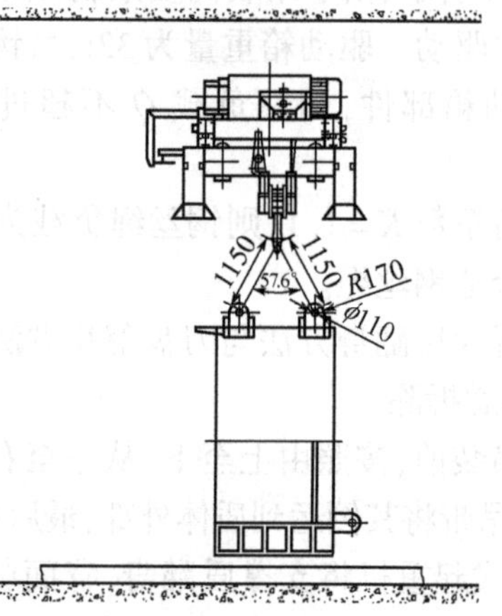

b)

图 3-49　支撑盾吊装示意图(尺寸单位:mm)

支撑盾重量为38t，因此拆机吊装前需对其进行拆解，总重量不超过31t，吊钩与钢丝绳重量约为1t，即总负载 Q 约为32t，主吊钢丝绳负载为 P，钢丝绳水平夹角 $\alpha = 49.5°$。

取动载荷系数 $K = 1.1$，则钢丝绳负载为 $P = Q \times K/(4\sin 49.5°)$，代入数值，得负载为11.5t，由此来选择合适的钢丝绳。

(7)设备桥拆除

将后配套全部拖拉至拆机场地后，拆除后配套与主机、台车间管线、液压缸、连接板、输送带等所有连接部件。用门式起重机将拖车和设备桥按顺序吊起，装车转运。

3.5.3　人员配置与材料

拆机人员配置与装机人员配置基本相同，但由于拆机时基本处于施工结束阶段，可根据施工进度及成本控制进行灵活调整。拆机设备机具及材料也与装机材料清单基本相同。

第4章　运输及辅助作业

在隧道施工距离较长时,超小曲线隧道 TBM 渣土物料运输直接影响 TBM 施工效率,各辅助作业效果直接影响施工质量。

4.1　渣土物料运输

超小曲线隧道 TBM 施工的隧道中多会伴有小断面、超小半径转弯曲线、大坡度等特点,在此施工环境下,常规效率较高的隧道皮带输送机出渣方式根本无法适用,因此有轨运输出渣方式则是超小曲线隧道 TBM 施工渣土物料运输的主要方式。

4.1.1　选择原则

目前 TBM 施工渣土的运输方式主要有隧道皮带输送机、有轨运输两种方式,两种方式对比见表4-1。材料运输方式以有轨运输和无轨胶轮车运输两种方式为主,两种方式对比见表4-2。皮带输送机运输系统一次性投资成本过高,在长距离、直线或大转弯、小坡度的铁路、水利或个别地铁隧道施工中应用;无轨胶轮车设备价格及维修费用都较贵,主要在护盾式 TBM 或地铁施工的管片材料运输中应用;有轨运输以内燃机车或新能源机车为牵引方式,在各类中长距离 TBM、盾构隧道施工中得到广泛应用。

隧道皮带输送机与有轨运输方式对比　　表4-1

比较内容	连续皮带输送机运输	有轨运输
运输路径	TBM→连续皮带输送机	TBM→有轨渣车→卸渣设备
运输能力	连续运输、效率高、适合 10km 以上运输距离	运输能力较低,运输距离短,10km 以下隧道可考虑
洞内转渣	无需转运	转运复杂,效率不高
轨道系统	主要用于施工材料运输,每隔 5km 左右增设一套固定错车道岔	进行渣土与施工材料运输,需增加双线及错车平台,轨线成本投入较高
可维护性	维护效率相对较高	轨线系统及转渣设备维护工作量较大

续上表

比较内容	连续皮带输送机运输	有轨运输
管理	管理简单,总体人员少	管理烦琐,总体人员相对较多
安全性	较好	最大安全风险源
可靠性	高	低(故障率高,维修压力大)
对通风要求	一般	机车运输,通风要求高
成本摊销	采购成本高,重复利用率低,摊销管理困难	采购成本低,重复利用率高,摊销较容易

有轨运输与无轨胶轮车运输方式对比 表4-2

比较内容	无轨胶轮车运输	有轨运输
适用环境	用于材料运输,运量小、距离短、洞径大、直线或大转弯隧道	用于渣土及材料运输,运量大、长距离、直线或小转弯隧道
路面要求	路面光滑需处理	需铺设轨道
错车方式	双向车头,错车灵活	铺设错车平台
运行速度	平均速度≤7km/h	平均速度>15km/h
坡度条件	最大8°,正常<6°	正常<2°
可维护性	故障率高,维护困难	故障率低,维护方便
通风要求	内燃机车污染大,通风要求高	通风要求相对低
成本摊销	仅设备成本,易摊销	轨道成本高,摊销周期长

以ϕ3.5m超小曲线隧道TBM为例,参考常规TBM渣土及物料运输设备的选择依据,结合超小曲线隧道TBM施工特点、大坡度施工环境、高效施工需求等因素,其渣土及物料运输设备应满足以下条件。

①安全性、可靠性、经济性相统一。

②可实现在转弯半径小于R30m的曲线段上安全运行。

③可实现在5%~10%的大坡度隧道上安全运行。

④整体系统的外形尺寸可保证在ϕ3.5m隧道内运行的安全边界。

⑤可匹配TBM在不同地质条件下最优贯入度的掘进效率。

4.1.2 出渣方式

TBM输送带接渣口如图4-1所示,可以看出超小曲线TBM接渣口的位置紧临6号拖车,因此接渣空间上不具备使用常规TBM接渣矿斗的条件,另外常规TBM接渣矿斗在30m转弯半径的曲线段难以顺利通过,因此需要采用一种新的接渣设备。

经过方案比选后选择梭式矿车来替代常规接渣矿斗,如图4-2、图4-3所示。梭式矿车主要应用于矿山隧道施工中,同时在水工及其他隧道施工中均有应用,具有可以连续卸载、速度快、大容积储存量、卸车效率高、连续转载、自动卸渣等优点。不用搭排架就可在卸渣线的前端卸渣,又能安全可靠地向两侧卸渣,卸渣不受弃渣场地的限制。

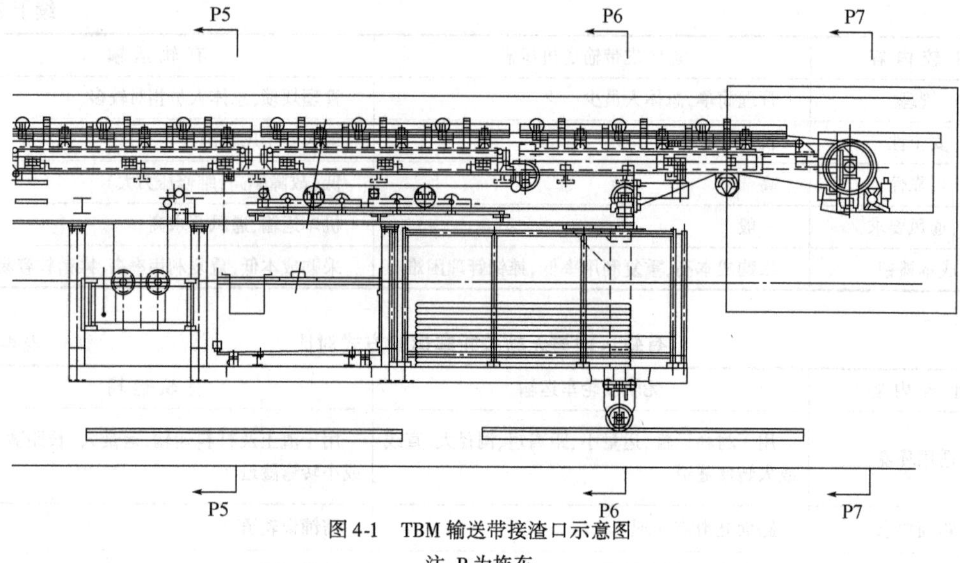

图 4-1　TBM 输送带接渣口示意图

注:P 为拖车

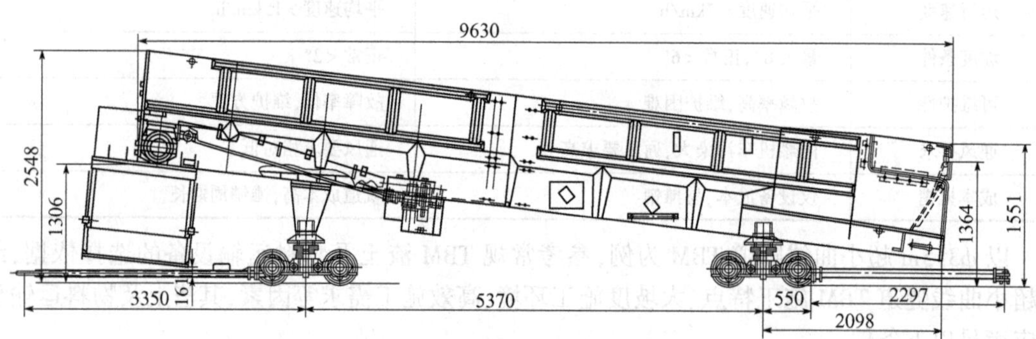

图 4-2　梭式矿车示意图(尺寸单位:mm)

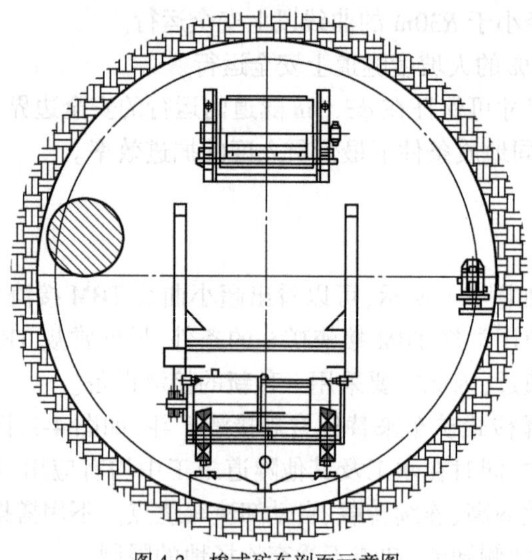

图 4-3　梭式矿车剖面示意图

梭式矿车可在12～20m小半径弯道上运行，可良好适应超小曲线隧道渣土运输条件，以长为13m、容积为20m^{3}的大型梭式矿车为例，其最小转弯半径标准见表4-3及图4-4。

梭式矿车最小转弯半径标准 表4-3

隧道净宽(m)	最小转弯半径(m)			轨道中心离洞壁最小距离(m)	
D	R_0	R_1	R_2	A	B
>4.0	>12	10.40	14.40	1.60	2.40
>3.8	>15	13.50	17.30	1.50	2.30
>3.4	>20	18.60	22.00	1.40	2.00

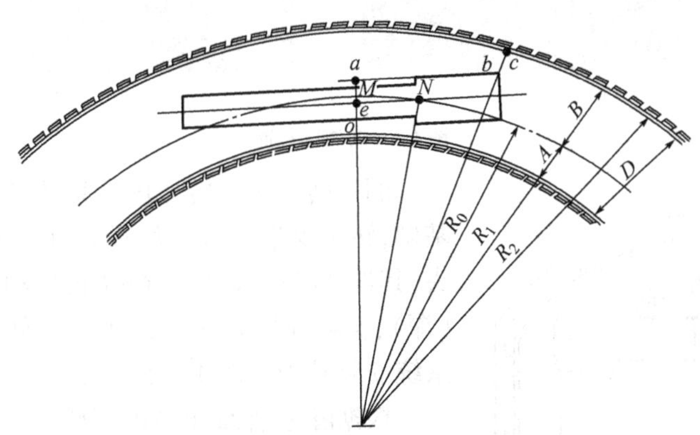

图4-4 梭式矿车转弯半径模拟示意图

4.1.3 出渣方案

通过上文分析，超小曲线隧道TBM施工整体配套渣土方案采用有轨运输方式，采用列车编组牵引梭式矿车将TBM掘进渣土运输至洞口转渣区，通过转渣区皮带输送机将渣土转至渣土运输汽车运至隧道外渣场。渣土运输系统设两列编组，每列编组按"(2辆)梭式矿车+(1辆)电瓶机车+(1辆)材料平板车"的方式及布置进行配置。渣土转运区一般设置在隧道洞口，或隧道支洞与超小曲线隧道交叉口位置，此区域前期进行TBM组装，后期作为掘进材料转运及掘进渣土向洞外的转运区域。洞口转渣区的轨线布置如图4-5、图4-6所示。

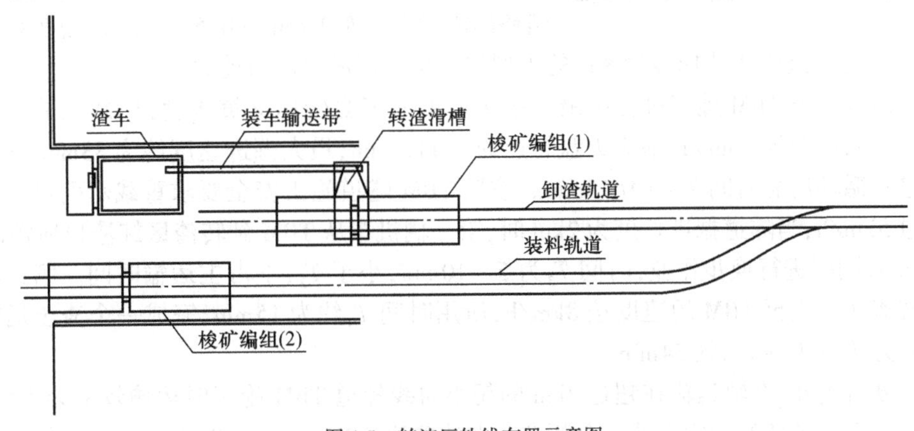

图4-5 转渣区轨线布置示意图

a)

b)

图 4-6 转渣区布置

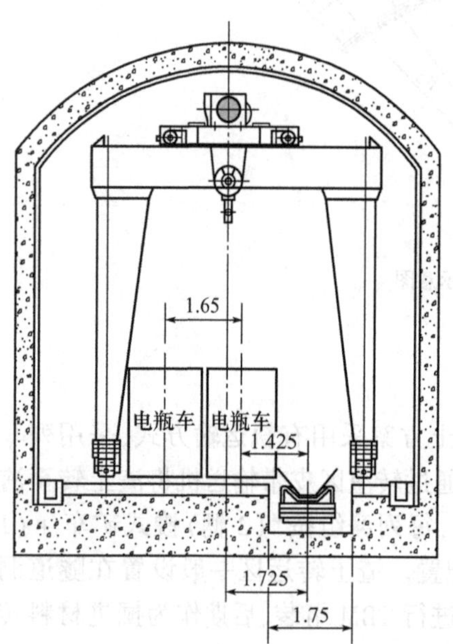

图 4-7 转渣皮带系统基础剖面图(尺寸单位:m)

洞口转渣区的转渣皮带系统安装需提前预制安装基础,转渣皮带系统基坑设置在门式起重机作业区端头,其设计净空尺寸为:6m(长)×1.75m(宽)×1.5m(深),实际开挖时应考虑将尺寸外放 20cm,转渣皮带系统安装基础如图 4-7、图 4-8 所示。

根据隧道断面和洞内运输要求,洞内运输采用单线有轨运输,轨距为 900mm,采用 43kg/m 钢轨,轨道用螺栓固定在 H150 型钢上,长度为 167cm,间距为 80cm,轨道铺设如图 4-9 所示,直线段及曲线段隧道钢轨铺设如图 4-10 所示。

4.1.4 效率分析及改进

以 ϕ3.5m 超小曲线隧道 TBM 为例,其每延米掘进渣土方量为 9.6m^3,直线段每循环最大进尺为 1m,在曲线段掘进时每循环最大进尺控制为 0.5m,则曲线段每循环出渣量 V_{max} 为 9.6m^3 ×0.5m ×1.6(松散系数),约为7.7m^3,因此出渣矿斗选择容量 8m^{3}的小型梭式矿车可满足出渣能力。

超小曲线隧道 TBM 施工过程中最大掘进速度 = 刀盘转速 × 贯入度,TBM 在曲线段Ⅱ类围岩中的贯入度约为 3mm/r,最大刀盘转速约为 11r/min,最大掘进速度约为 33mm/min,则曲线段掘进一循环所需时间 T_1 约为 15min。按照 TBM 隧道施工安全要求重载牵引机车行驶速度不超过 5km/h,当隧道掘进长度为 2km 时,第一辆机车从 TBM 到转渣区卸渣口所需时间 T_2 约为 24min,同时进行换步作业,时间 T_3 为 5 ~ 10min,小于 T_2,不占主运输时间。第二辆空载机车从转渣区进入至 TBM 的速度按 8km/h,所用时间 T_4 约为 15min,完成一个渣土运输循环总计时间为 $T_1 + T_2 + T_4$,约 54min。

由上分析可知,有轨运输在超过 2km 的超小曲线隧道 TBM 施工时运输效率会大大降低,因此需要考虑一种新的运输方式。分析超小曲线隧道 TBM 渣土运输特点,可采用储备式渣土运输方式,如图4-11所示。对一节梭式矿车进行定制改造,升高矿车底座,放置在TBM输送带尾部接渣(1号车),增加第二节梭式矿车在其后部(2号车),当1号车渣土储满之后,利用梭式矿车自带运输装置将渣石从1号车输送至2号车上,此操作过程中同时进行TBM换步工序。当1号车渣石转输至2号车后,将2号车牵引出洞外卸渣,1号车则继续跟随TBM掘进,由此实现渣土运输期间TBM掘进作业不停,从而提升整体施工效率。

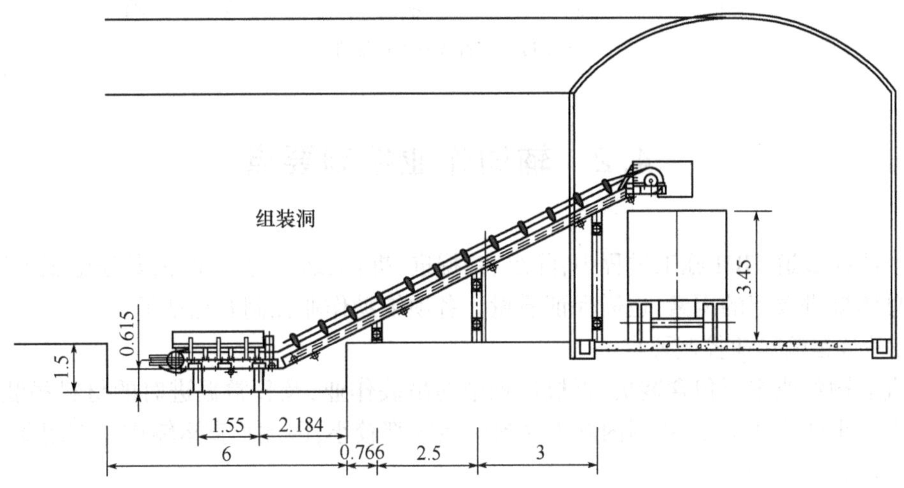

图4-8 转渣皮带系统基础剖面图(尺寸单位:m)

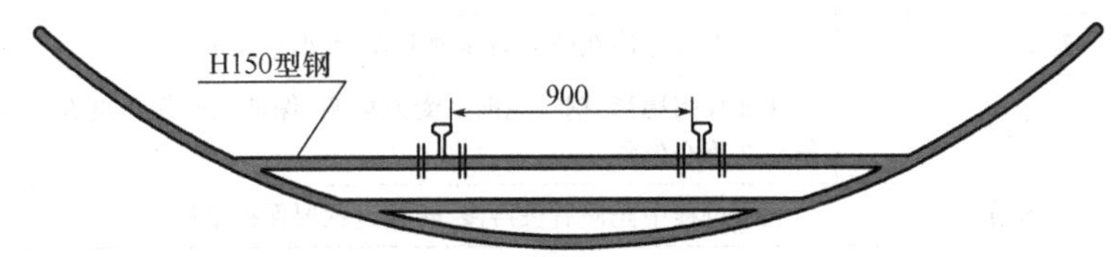

图4-9 轨道铺设示意图(尺寸单位:mm)

a)

b)

图4-10 直线段与曲线段轨道铺设

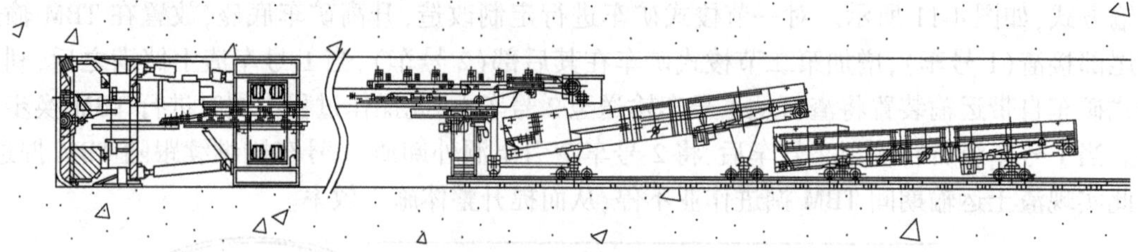

图 4-11 储备式渣土运输方式

4.2 辅助作业控制要点

超小曲线隧道 TBM 施工过程中，除组装、掘进、拆机、运输等作业外，其他施工辅助作业也是影响总体掘进效率的因素，也需保证质量。各项辅助作业控制要点如下：

（1）垂直运输作业控制要点

垂直运输作业主要包含装机、拆机过程中的吊装作业，及日常掘进时的材料吊装，由于一般情况下超小曲线隧道 TBM 洞内施工材料转运区都较小，因此垂直运输作业控制要点应参照表 4-4 进行。

垂直运输作业控制要点 表 4-4

序号	工　序	作业控制要点
1	施工准备	吊钩准确地停在被吊物体的上方，大小车找正
2	挂钩	保证挂钩稳当、钢丝绳前后受力均衡，保证钢丝绳角度在安全范围内，保证起吊点在重心位置
3	起吊	起吊过程中先慢后快再慢，转换过程要保持平稳
4	稳钩操作	使摇摆的吊钩平稳地停于所需要的位置，或使吊钩随起重机平稳运行的操作方法：横向摇摆，纵向摇摆，即钩向哪边摆，车就向哪边跟，以抵消吊钩的回摆力，使吊钩平稳
5	卸料	必须等车和吊钩都停稳后才能卸料

（2）水平运输作业控制要点

水平运输是 TBM 施工中的重要工序，水平运输效率直接影响整体施工效率，也是 TBM 施工中的最大安全风险源，是发生人员伤害的主要区域，因此水平运输作业控制要点应参照表 4-5 进行。

水平运输作业控制要点 表 4-5

序号	工　序	作业控制要点
1	材料装运	门式起重机稳定安全地将被吊物料放到材料运输车上
2	机车启动	机车启动过程中先缓慢起吊，待整列编组全部运行后，再匀速行驶
3	机车运行	机车行驶前先鸣笛示警，通过会车道时鸣笛示警，行驶过程中每隔 2min 鸣笛示警，机车行驶速度不得高于 5km/h，接近道岔时行驶速度不得高于 2km/h，曲线转弯段行驶速度不得高于 1km/h

续上表

序号	工　序	作业控制要点
4	机车停止	机车操作司机在到达TBM尾部或转渣区停机时，需听从信号工指挥进行，正常情况需慢刹车，如遇紧急情况司机采用直接制动刹车
5	卸料	必须等牵引机车到达指定位置，待信号确认机车停靠稳后才能开始卸料，此种情况较容易发生安全事故

(3)轨道铺设作业控制要点

超小曲线隧道TBM的轨道铺设作业空间狭小，因此轨道铺设的效率也影响着TBM的掘进效率，且轨道铺设作业的安全性也要特别注意，因此轨道铺设作业控制要点见表4-6。

轨道铺设作业控制要点 表4-6

序号	工　序	作业控制要点
1	轨排定位	利用TBM吊机将轨排吊至安装区域上方，进行定位，定位时要注意轨排的方向，以及连接面的长短差
2	轨排铺设连接	轨排下放至隧道底部内表面，确认轨排摆放平稳，线性正确后，安装连接夹板，利用扳手对连接处夹板进行紧固。轨道接头的间隙不得大于5mm，高低左右错差不得大于2mm
3	道岔铺设	道岔必须在地面组装试验合格后，再运到隧道内进行铺设。由测量人员定出线路轨道中心线，基本轨起点、辙岔起点、终点，支线路轨道中心，定好标桩。道岔铺设后单独对道岔进行通车，检查有没有冲击，钢轨和尖轨有没有下沉和压出现象，若发现问题，及时处理

(4)通风作业控制要点

超小曲线隧道TBM掘进通风作业与常规TBM作业不同，随着曲线转弯段的增多通风效果也会逐渐减弱，通风作业控制要点见表4-7。

通风作业控制要点 表4-7

序号	工　序	作业控制要点
1	架设风机	风机安装在隧道内交叉洞口位置时，支架应稳固结实，避免运行中振动，风机与金属风管结合处应设置橡胶密封并用螺栓连接，减少漏风；风机前后5m范围内不能堆放杂物，风机进气口应设铁护网，并装有保险装置
2	风管延伸	TBM每掘进1～2m，在隧道顶部安装一个风管挂钩，然后采用钢丝绳将风管悬挂于隧道右上顶部(大于4m直径TBM，风管悬挂隧道拱顶)，保证隧道机车顺利安全通行，转弯段风管极易与机车发生挤压、剐蹭，该段风管挂设须做到平直、无扭曲及褶皱
3	更换风筒	储风筒内风管使用完毕更换新风管时应先将风机关闭，由于超小曲线隧道TBM空间紧凑狭小，作业中应注意防滑和高处坠落的安全风险

(5)高压电缆布设作业控制要点

在超小曲线隧道TBM施工过程中高压电缆布设也是一项重要工作，其作业控制要点见表4-8，每掘进一段时间需对高压电缆进行延伸一次，延伸时应参照安全作业要求进行，其流程如图4-12所示。

高压电缆布设作业控制要点 表4-8

序号	工　序	作业控制要点
1	作业准备	电缆布置前工具、材料应准备妥当，作业前对高压电缆进行检查，是否有表皮损坏或挤压碰撞痕迹，确保完全安全的情况下方可开始作业
2	电缆悬挂	电缆用挂钩悬挂，挂钩保证规格统一、平顺美观
3	电缆松弛度	隧道洞壁上悬挂的电缆应有适当松弛度，电缆接地盒及终端盒在敷设及运行中，均不能承受较大的拉力
4	悬挂高度	高压线挂钩安装隧道侧面中腰位置，高度应不小于轨面的1.6m，以防止转弯段运输设备碰撞挤压发生危险
5	电缆的移动	如需进行高压电缆移动时，应先对电缆断电，然后对电缆短接放电，在移动电缆过程中要做好电缆的两头防护

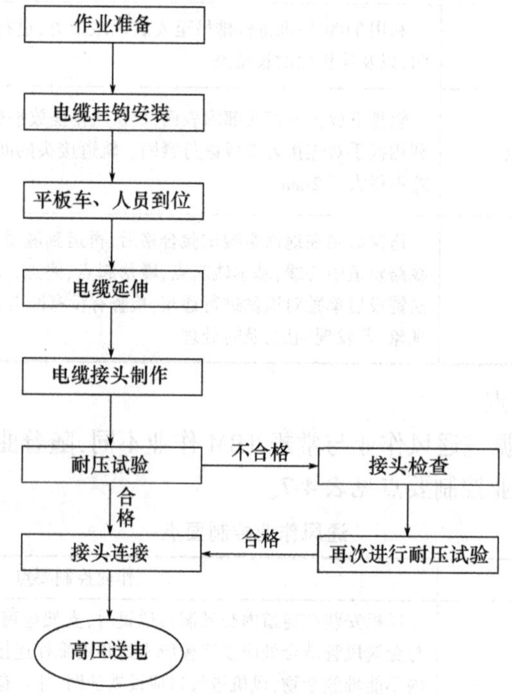

图4-12　高压电缆延伸流程图

第5章 超小曲线段TBM姿态控制

超小曲线隧道TBM施工中对曲线段的掘进姿态控制是其关键技术之一,掘进姿态控制不当会导致施工质量严重偏差,带来重大损失。超小曲线段TBM施工姿态控制主要有导线控制测量和TBM姿态测量等内容,本章以*R*30m超小曲线隧道试验项目为例,对超小曲线段TBM姿态控制技术进行论述。

5.1 超小曲线段TBM导向系统

随着TBM设备技术日趋成熟,设备应用领域越来越广,特别是在引水隧道、电力隧道、煤炭巷道等领域逐渐拓展,并越来越多地应用于超小半径曲线隧道施工项目。由中铁装备研制的世界首台ϕ3.5m超小曲线TBM具有多角度、灵活、转弯能力强等特点,可实现*R*30m的超小半径曲线段施工。但结构上的大幅度变革造成了常规通用导向系统无法适应曲线施工,因此需开发一套适应超小曲线段的新激光导向系统。

5.1.1 导向系统硬件

针对试验项目的特殊施工环境,岩石硬度大,*R*30m超小半径曲线和主控室远程控制等特点,中铁装备研发的新型超小半径曲线TBM激光自动导向系统取得了良好的应用效果。其主要硬件设备有:防震型激光标靶(EIS-1225-T),中央控制箱(CBHFM0601),无线信号电台(ZTRS-19),网端盒(ZTWD-19),中继盒(RS/EIS),全站仪(TS16),带有导向系统的工业电脑,可编程逻辑控制器(PLC)控制系统。导向系统硬件分布如图5-1所示。

整套导向系统通过工业电脑中的导向软件联系,构成一个完整的系统进行测量工作。整个导向系统的工作流程如下:

(1)首先全站仪通过后视棱镜进行自身定位,设置全站仪水平方位角。

(2)全站仪水平旋转到激光靶搜索标靶上的棱镜。

(3)瞄准激光靶上的棱镜,测量斜距和方位角,同时发射激光到激光靶内的感光板上,测量盾体轴线方位角。

(4)计算得到标靶上棱镜坐标,再与激光靶内倾角仪读取的角度值相结合,计算支撑盾轴线中心坐标。

(5)导向系统软件根据从 PLC 系统中采集的盾体推进液压缸长度以及其他机械参数,计算出前盾中心轴线坐标。

(6)根据设计轴线和激光靶内计算芯片解算出设计轴线上等距离分布的点坐标。

(7)根据设计的算法,由测量得到的盾体切口坐标推导出此时的盾首里程,再由推进里程在设计数据中求得此时盾体切口、推进液压缸前、推进液压缸后和盾尾中心的理想坐标。

(8)将理想坐标和测量出的实际坐标进行较差,可以得出此时的掘进机轴线水平偏差和垂直偏差。

(9)测量结果记录。

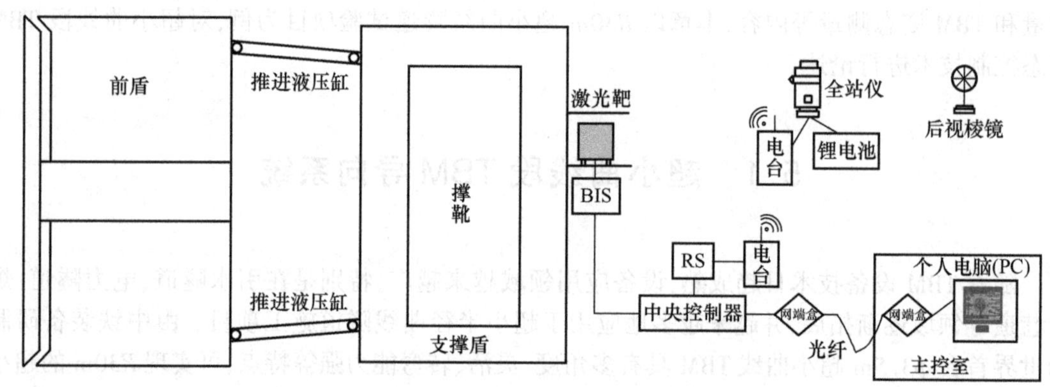

图 5-1 超小半径曲线 TBM 激光自动导向系统硬件分布示意图

5.1.2 导向系统监视模块

超小曲线 TBM 是不同于常规 TBM 的新型设备,所以对其导向系统中的监视模块进行了新的开发,对监视软件原有的底层数据库进行较大改动,特别是与 PLC 连接的地址、主界面的布局、算法优化等方面,最显著的变化是盾体姿态偏差模块部分不同。

常规 TBM 导向系统偏差显示:前(盾首)、中(铰接)、后(盾尾)三部分。

超小曲线 TBM 导向软件偏差显示:前(盾首)、中前(推进液压缸前端)、中(推进液压缸后端)、后(盾尾)四部分。

超小曲线 TBM 导向系统主界面如图 5-2 所示。

通过试验项目 $R30$m 曲线段掘进后 TBM 精确出洞,水平、垂直误差控制在 5cm 以内,低于设计要求的 10cm,验证了超小半径曲线 TBM 激光导向系统的可靠性、稳定性和精确性。

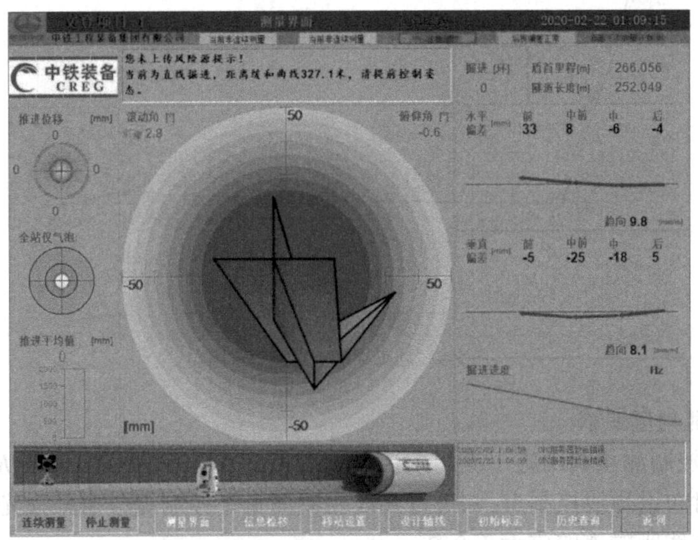

图 5-2　超小曲线 TBM 导向系统主界面

5.2　曲线测量控制

下文以 R30m 超小曲线排水廊道采用 TBM 施工的曲线段测量控制要点进行说明。

5.2.1　导线控制测量

(1)导线点布设

如图 5-3 所示,标深色段为某项目上层排水廊道,该区间隧道总长 402.930m。始发进洞段为直线,长度 153.037m;出洞段为直线,长度 153.247m;中间以 R30m 圆曲线连接,圆曲线长 96.646m,转向角 184.6°。

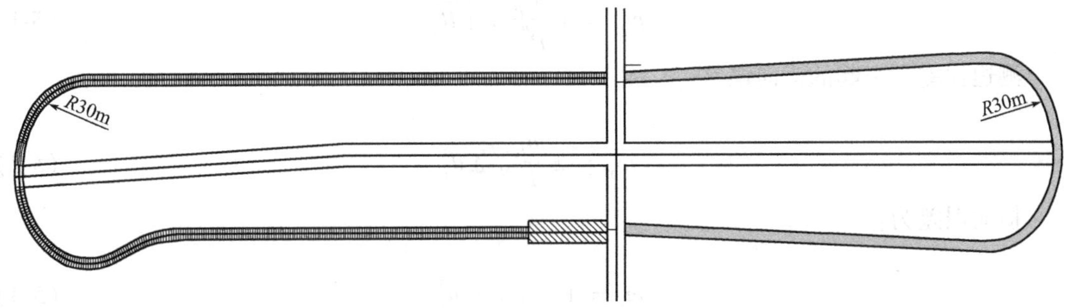

图 5-3　上层排水廊道平面示意图

施工导线点布设采用支导线形式,曲线段导线边长平均 25m,导线点之间相邻边宜为长边,短边小于 2∶1,TBM 掘进施工中共延伸 8 个导线点,如图 5-4 所示。

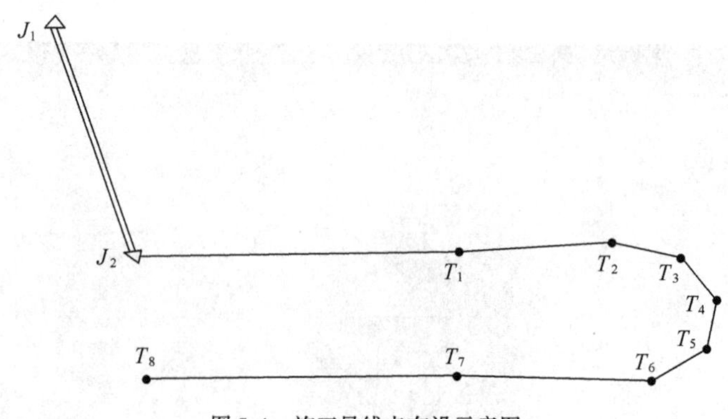

图 5-4　施工导线点布设示意图

(2)导线控制测量要求

①区间施工控制测量利用施工支洞内控制导线点,直线段每掘进100m,R30m 转弯曲线段每掘进30m,及时布设导线控制点,并进行导线控制测量。控制点应避开强光源、热源、淋水等地方,控制点间视线距隧道壁应大于0.2m。

②导线测量按五等导线技术要求施测。使用Ⅱ级全站仪施测,左右角各观测两测回,同方向各测回互差小于8″,左右角平均值之和与360°较差小于9″,边长往返观测各两测回,往返平均值较差小于5mm。测角中误差为±5″,测距中误差为±5mm。

③每次延伸施工控制导线测量前,应对已有的控制导线点进行检测,检测点如有变动,选择另外稳定点的施工控制导线点进行施工控制导线延伸测量。重合点重复测量的坐标值与原测量的坐标值较差小于5mm时,采用逐次的加权平均值作为施工控制导线延伸的起算值。

④导线点的坐标互差:进洞点附近不大于±10mm、贯通面附近不大于±20mm。

⑤导线起始边方位角的互差不大于±10″;导线边的边长互差不大于±8mm。

(3)导线控制测量精度计算

测角误差所引起的横向误差:

$$m_{y\beta} = \pm \frac{m''_{\beta}}{\rho''} \sqrt{\sum R_x^2} \tag{5-1}$$

测边误差所引起的横向误差:

$$m_{yl} = \pm \frac{m_l}{l} \sqrt{\sum d_y^2} \tag{5-2}$$

横向误差为:

$$m_{\mathrm{q}} = \pm \sqrt{m_{y\beta}^2 + m_{yl}^2} \tag{5-3}$$

以上层3号排水廊道支导线测量为例进行精度分析,导线点布设如图5-5所示。

测角中误差取5″,边长精度按1/18000,各导线点至贯通面垂直距离 R_x 及各导线边长在贯通面的投影长度 d_y 见表5-1。

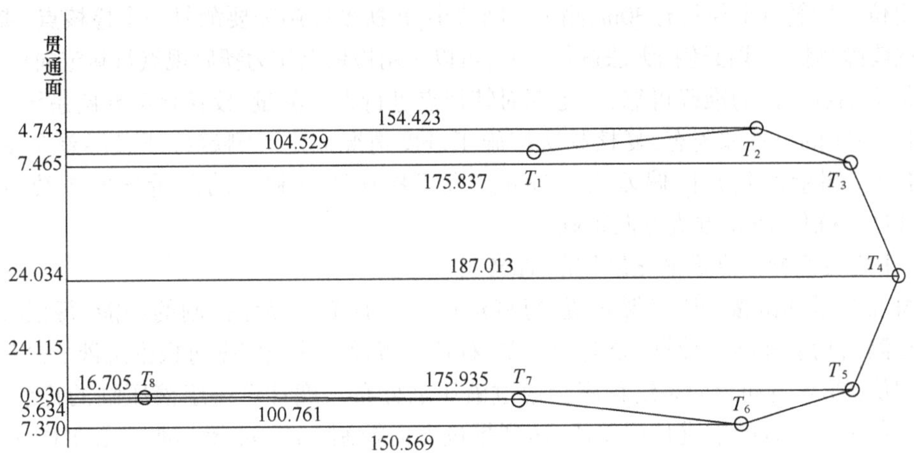

图 5-5 导线点布设示意图(尺寸单位:m)

导线 R_x 与 d_y 值 表 5-1

各导线点至贯通面的垂直距离 R_x(m)			各导线边长在贯通面的投影长度 d_y(m)		
导线点号	R_x	R_{x2}	导线边	d_y	d_{y2}
T_1	104.529	10926.31	T_1-T_2	4.743	22.50
T_2	154.423	23846.46	T_2-T_3	7.466	55.74
T_3	175.837	30918.65	T_3-T_4	24.034	577.63
T_4	187.013	34973.86	T_4-T_5	24.115	581.53
T_5	175.935	30953.12	T_5-T_6	7.370	54.32
T_6	150.569	22671.02	T_6-T_7	5.634	31.74
T_7	100.761	10152.78	T_7-T_8	0.930	0.86
T_8	16.705	279.06			
$\sum R_{x2}=164721.26$			$\sum d_{y2}=1324.32$		

导线测角误差对横向贯通误差的影响值:$m_{横角}=\pm9.84$mm。

导线测边误差对横向贯通误差的影响值:$m_{横边}=\pm2.02$mm。

导线测量引起的横向误差:$m_{横3}=\pm\sqrt{m_{横边}^2+m_{横角}^2}=\pm10.04$mm。

横向贯通总误差为 -50 ~ 50mm,说明采用上述方法进行导线布设测量即可满足规范要求。

5.2.2 TBM 姿态测量

(1)自动导向系统结合人工测量进行 TBM 姿态监测

TBM 配置中铁装备自动测量导向系统,能够全天候在 TBM 主控室动态显示 TBM 当前位置与隧道设计轴线的偏差以及偏航趋势。操作手依据导向系统测量显示的姿态调整控制 TBM 掘进方向,使其始终保持在允许的偏差范围内。

随着 TBM 推进,导向系统测站、后视基准点需要前移,基准点必须从导线控制点引测来进行精确定位。因转弯半径只有30m,测量空间狭小,每次换完站需要测量一个检核点,避免TBM转弯后视棱镜测量视线被遮挡无法进行定向,可以采用检核点作为新后视点重新定向检核。

为保证掘进方向的准确可靠,不定期对特征点进行人工测量,校核自动导向系统的测量数据并复核TBM的位置和姿态,复核频次按施工进度情况而定。测定特征点误差在±2mm以内,TBM姿态测量误差允许偏差为±5mm。人工检核测量和自动测量导向系统较差应在±10mm以内,确保TBM掘进方向正确。

(2)采用分区操作推进液压缸控制TBM掘进方向

TBM推进液压缸按"V"字形布置,每根液压缸具有单独操作控制的功能,每根液压缸均带有行程测量功能和推力计算,分上、下、左、右各组布置。首先依据每根推进液压缸运行时测量的行程值,TBM自动导向系统程序会通过液压缸分布角度计算每组液压缸的行程,再根据需要调节各组液压缸的推进行程差值,达到掘进方向控制。$R30m$超小曲线段TBM掘进状态如图5-6所示。

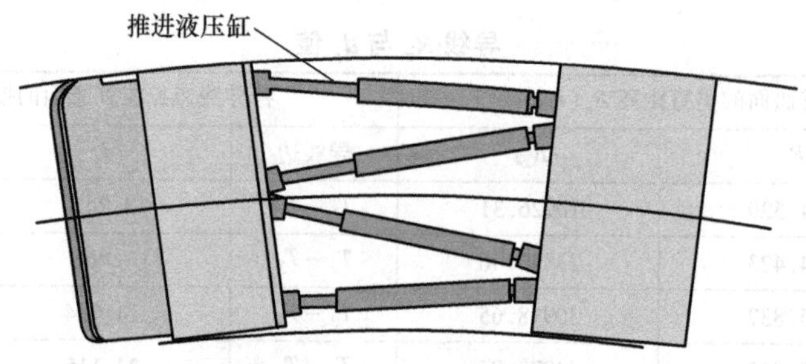

图5-6　TBM曲线上掘进状态

根据设计线路做出分段轴线拟合控制计划,结合导向系统反映的TBM姿态信息,通过分区操作TBM的推进液压缸来控制掘进方向。姿态调整要做到勤调慢调,控制好TBM掘进趋势,不能让趋势变化过大,具体内容如下。

①在上坡段掘进时,适当加大TBM下部液压缸的行程值。

②在下坡段掘进时,则适当加大上部液压缸的行程值。

③在转弯曲线段掘进时,则适当加大靠曲线外侧一侧的液压缸行程值。

④在直线平坡段掘进时,则应尽量使所有液压缸的行程值保持一致。

5.3 掘进纠偏

5.3.1 TBM调向控制

(1)调向原理

TBM主机结构如图5-7所示。TBM掘进状态下,支撑盾靠撑靴撑紧隧道岩壁产生的摩擦为TBM推进提供反力,支撑盾保持位置不动,在液压驱动下前盾跟随推进液压缸的连接点进行空间6自由度运动,依据每根液压缸的伸长量,采用6自由度并联机构的模型解算前盾相对支撑盾的运动关系和前盾位置姿态。

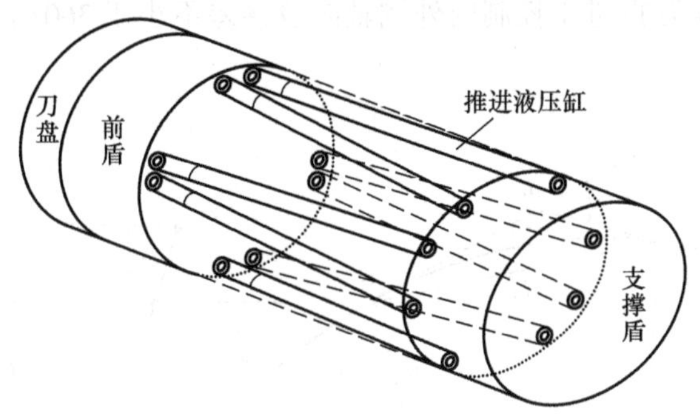

图 5-7 TBM 主机结构

每根液压缸的伸长量可通过位移传感器进行测量，通过 PLC 通信系统传输给操控室电脑，依据液压缸空间分布角度关系，通过程序计算得到上、下及左、右四组轴向位移，进而指导 TBM 的调向控制。操作手可通过调节每组液压缸的压力控制左右侧轴向位移值 L_1、L_2，实现 TBM 左右转向；控制上下轴向位移值 L_3、L_4实现纵坡调向。液压缸轴向位移示意如图 5-8 所示。

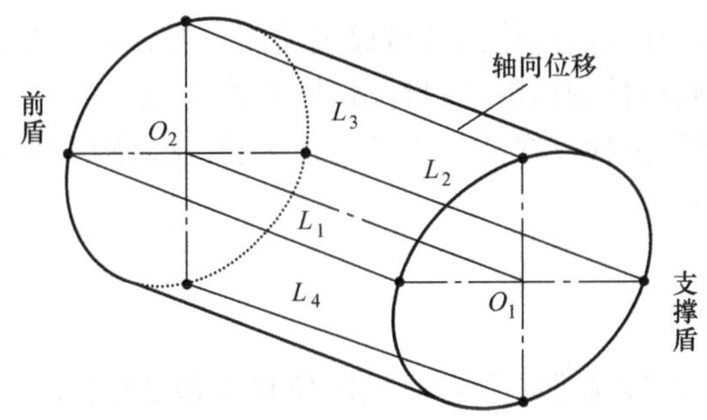

图 5-8 液压缸的轴向位移示意图

(2)轴向位移与曲线偏角的关系分析

如图 5-9a)所示，已知曲线半径为 R，O_1、O_2 分别为支撑盾和前盾的中心在曲线上的位置，支撑盾与前盾中心距离长度为 L_0，前盾中心到刀盘中心距离为 k，曲线上支撑盾与前盾所处位置的方向偏角为 δ。则 $\delta = \delta_1 + \delta_2$，其中 δ_1 为曲线上弦长 L_0对应的圆心角，δ_2为弦长 k 对应的弦偏角，有式(5-4)：

$$\delta = 2\arcsin\left(\frac{L_0}{2R}\right) + \arcsin\left(\frac{k}{2R}\right) \tag{5-4}$$

将 $R = 30\text{m}$，$L_0 = 2.5\text{m}$，$k = 2.5\text{m}$，代入式(5-4)计算得出 $\delta = 7.164°$，该角度为支撑盾与前盾轴线在 R30m 曲线上的理论偏角。

如图 5-9b)所示，已知液压缸左右侧轴向位移分别为 L_1、L_2，其差值为 $\Delta L = L_1 - L_2$，左右侧液压缸中心宽度为 D，推进过程中支撑盾轴线与前盾轴线的方向偏角为 α，有式(5-5)：

$$\alpha \approx \arcsin\left(\frac{\Delta L}{D}\right) \tag{5-5}$$

$D = 2.9\text{m}$，按 $\alpha = \delta = 7.164°$代入式(5-5)中，计算得 $\Delta L = 360\text{mm}$。为达到曲线掘进方向控

制要求，需满足 $\alpha \geqslant \delta$，实际掘进中控制内外侧轴向位移差不小于 360mm，可满足 R30m 曲线段的转弯要求。

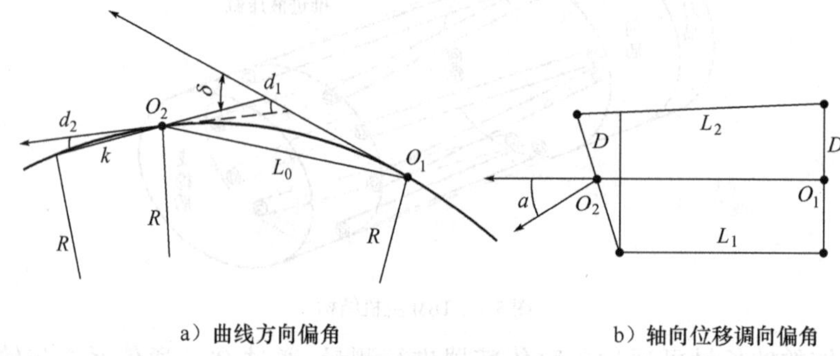

a）曲线方向偏角　　b）轴向位移调向偏角

图 5-9　轴向位移与曲线偏角关系

(3)滚动调整

由于推进液压缸的灵活度较高，前盾和支撑盾在液压缸压力不均等的情况下容易产生滚动，一旦滚动过大对设备掘进中的稳定和调向都极为不利，故需要对前盾和支撑盾的滚动角进行调整控制，使其达到最佳状态。

在推进过程中，液压缸伸出时操作人员可通过关闭奇数液压缸单独开启偶数液压缸使前盾产生顺时针滚动，反之则可使前盾沿逆时针滚动；在换步过程中，液压缸回收时通过关闭奇数液压缸单独开启偶数液压缸使支撑盾产生顺时针滚动，反之则可使支撑盾沿逆时针滚动，以此来调整控制盾体滚动角。

5.3.2　调向控制措施

通过以上分析计算曲线段掘进时左右侧轴向位移差值 ΔL 的控制量，在直线上掘进时应保持左右侧轴向位移差值为 0，由直线进入曲线时，左右侧轴向位移差值是从 0 逐渐变化到 ΔL；由曲线进入直线时，则是从 ΔL 逐渐变化到 0。

掘进方向从直线进入曲线时，若从直线与曲线连接点开始调向进入曲线，位移差从 0 变化到 ΔL 需要一个过程来慢慢调整，实际掘进方向就会偏向设计线路方向外侧，此时只能以 TBM 转弯半径小于曲线设计半径进行掘进方向纠偏，掘进方向不好控制，同时方向纠偏减小了掘进半径，会给设备转弯增加难度，降低掘进效率。因此，需要采取措施对直线与曲线连接处的 TBM 掘进调向进行优化，达到满足设备转弯能力和掘进方向控制的目的。

如图 5-10 所示，A 点为设计线路上直线与曲线连接点，从 A 点开始沿半径 R 的曲线向 B 方向掘进。现将曲线进行调整，起点从 A 点沿直线方向移动到 A'，从 A'到 B'为重新规划的曲线过渡段，到达 B'点处切线方向与原设计线方向一致，采用回旋线作为过渡曲线，其曲率半径由 ∞ 变化到 R，通过逐渐调整轴向位移差即可进行曲线方向的控制，q 为切线增量，p 为曲线内移距，设过渡回旋线长为 l，有以下公式：

$$p = \frac{l^2}{24R}q = \frac{l}{2} - \frac{l^3}{24\,R^2} \tag{5-6}$$

按 $p = 5\text{cm}$ 代入，计算得到 $l = 6\text{m}$，$q = 3\text{m}$，位移差变化率为 $\Delta L / l = 60\text{mm/m}$。TBM 由直线段进入曲线段掘进按设计线路曲线起点提前 3m 开始进行调向，按每掘进 1m，曲线外侧轴向位移比内侧增大60mm进行控制，通过6m的长度便可将TBM方向调整到与设计线路方向一致，最大姿态偏差为5cm；由曲线段进入直线段时，则按设计线路曲线终点提前3m开始慢慢减小两侧轴向位移差，能有效地控制TBM在曲线上的掘进方向，使TBM姿态偏差满足施工要求。

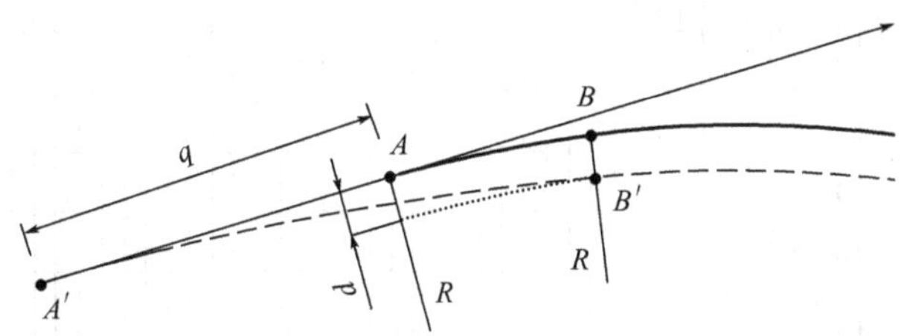

图5-10　直线与曲线连接处的方向控制

5.3.3　应用分析

通过理论分析结合试验段项目上层排水廊道1号和2号洞TBM掘进段的试验情况，曲线段掘进中宜采用短进尺勤换步来进行掘进纠偏，以确保TBM掘进方向。以TBM在曲线段掘进中内外侧轴向行程差为纵轴，按刀盘进入曲线段的长度为横轴，绘制成行程控制曲线，如图5-11所示。

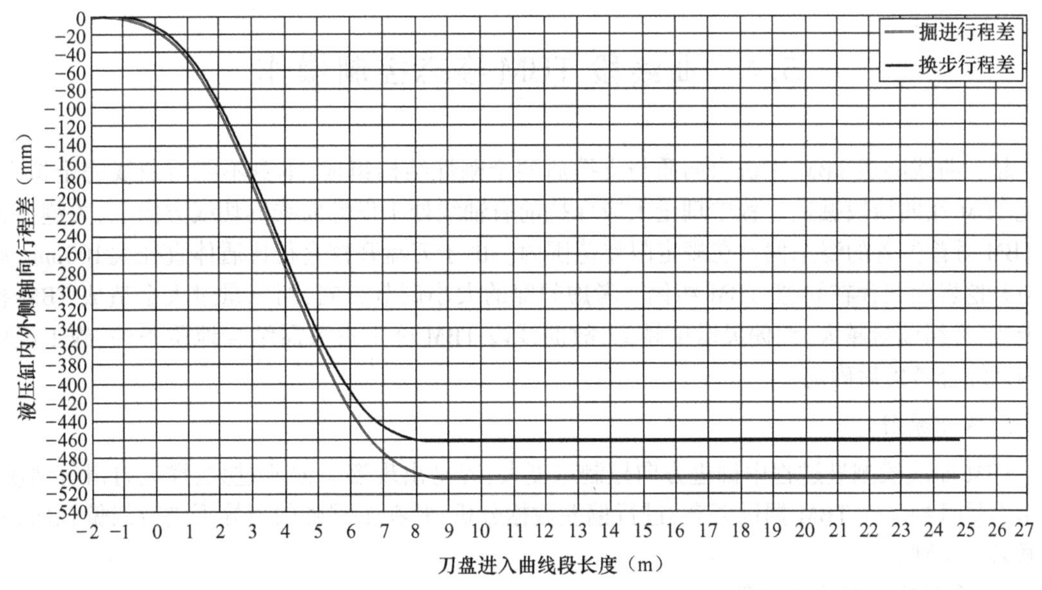

图5-11　TBM曲线段掘进行程控制曲线

施工中采用中铁装备自动导向系统准确测量定位TBM的实时位置、TBM轴线与设计线路的偏差及趋势，操作手依据导向系统显示的偏差数据和趋势，结合调向控制措施按不同的线形合理控制每组液压缸的轴向位移差值。

曲线掘进方向纠偏中应缓慢调整位移差值,不能操之过急以免对刀盘造成损害,同时方向纠偏过大容易造成姿态不可控,合理调整轴向位移值,控制 TBM 轴线与设计线路的偏差在允许范围内,确保 TBM 掘进顺利通过 *R*30m 的曲线段。图 5-12 为 TBM 在 *R*30m 曲线段掘进中的水平姿态偏差。

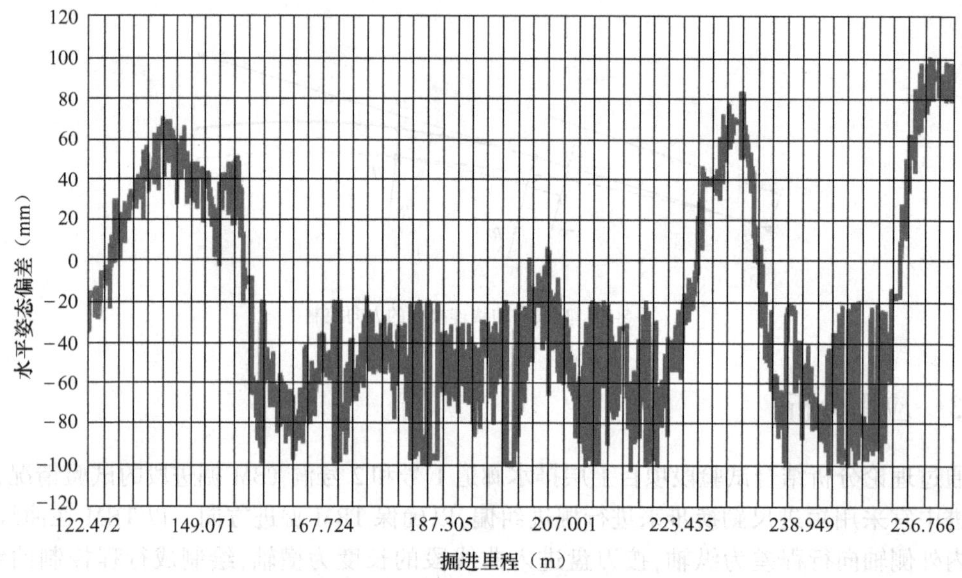

图 5-12　*R*30m 曲线段 TBM 掘进偏差

5.4　曲线段 TBM 姿态控制操作

超小曲线隧道 TBM 主机由前盾与支撑盾两个刚性结构组成,本身不能与曲线完全拟合,因此 TBM 在曲线段掘进过程中理论上应保持前盾轴线处于设计曲线的切线方向上,关键要控制 TBM 盾首位置的姿态偏差在规定限差范围内。由于刀盘开挖直径比盾体直径大 100mm,盾体与开挖岩面间存在间隙,TBM 纠偏要考虑间隙的大小调节方向,纠偏量过大会造成 TBM 换步卡机,且纠偏量越大,纠偏灵敏度越低,故曲线段 TBM 施工参数需结合地质条件、施工经验等因素综合考虑后确定。

1)操作原则

TBM 曲线段掘进过程中掘进方向控制难度大,容易出现姿态偏差过大、撑靴打滑等情况。操作手要时刻关注 TBM 掘进姿态,进行偏差数据分析,并在工程师的指导下进行纠偏调向,并遵循以下原则。

(1)多频次小幅度地调整

TBM 曲线段掘进中出现姿态偏差过大,不得出现猛调猛纠造成转弯过急,导致设备不能顺利通过。在掘进过程中,一旦出现调向(弯度)过大的情况时,需要放缓转弯幅度,尽可能使得机器在掘进时的转弯弧度均匀,使得后续施工能够顺利进行;在调向(弯度)过小的情况下,应多次连续增加转弯幅度,勿进行大幅度调向。

(2)按导向系统姿态指导调向

掘进过程中前盾的位置会不断发生变化,需重点把控盾头的姿态,确定主机位置是否在掘进偏差范围内,同时考虑掘进偏差趋势。换步过程中支撑盾的位置向转弯方向调整尽量保持与曲线相切,保持支撑盾的水平方向和洞壁一致,在进入转弯过程中,支撑盾的位置会依次由小调整到大。

(3)提前进行转弯控制

在进入曲线段掘进开始时,需提前4~6m就开始进行方向调整,在入弯2m后掘进过程中依次增加行程差,增量控制在50mm/m。根据所掘进尺依次增加液压缸左右行程差,使TBM在入弯时左右行程差增至50~200mm,待支撑盾全部进入曲线段后使行程差增至350~450mm并保持。换步后支撑盾前、后的水平偏差较差为30~50mm。在支撑盾进入弯道处掘进过程中存在撑靴打滑现象,此时根据掘进的数据慢慢进行调整,每次换步后行程差减小,掘进时依次增加到合理的行程差,切勿一次性增加到位,应多次连续少量增加。

2)操作要点

(1)TBM纠偏调整量不能超出一定的范围,曲线段使得TBM偏差控制和纠偏难度更大,TBM掘进过程中要结合地质情况和线路走向趋势,使TBM提前保持相应的姿态趋势顺利进入曲线段,尽量减少在曲线段的纠偏操作。

(2)掘进过程中可减小掘进行程,以缩短盾体的长度,增加其转弯的灵活性,易于换步和调向。

(3)盾体与洞壁之间的间隙是方向控制和调向的关键,进入曲线段前应先对边刀及边刮刀进行检查,出现磨损严重的需提前更换。为了最大限度满足TBM调向需要,曲线段施工时边刀的允许磨损量建议在原来基础上适当减小,以保证开挖直径和间隙。

(4)掘进中适当降低掘进速度及刀盘旋转速度,增大撑靴及前稳定器压力,防止支撑盾后滑并减少TBM掘进对围岩的扰动,避免塌方造成成洞与护盾之间间隙的填充,导致调向困难。

(5)加强对掘进轴线的控制,保证掘进方向的准确性,做到勤测勤纠,每次的纠偏量应尽量小,TBM掘进纠偏量控制在2~3mm/m。

5.5 特殊工况 TBM 操作

超小曲线隧道TBM施工中,TBM操作是主要的技术工作,尤其各种特殊情况下的操作控制对施工安全及工程质量非常重要。

(1)工况1

掘进中盾体容易发生滚动,由于推进压力补充不足,掘进时刀盘给盾体的反力无法抵消、推进液压缸进油速度慢,导致纠滚困难,推进过程中无法保证推进液压缸压力可以精确、快速地达到姿态调整效果,致使调向困难、响应速度慢。

控制要点:可以通过轻微纠滚、快速纠滚、后退刀盘纠滚三种方法进行纠滚操作。

①轻微纠滚是在掘进过程中,操作纠滚功能,调节纠滚旋钮,使奇数液压缸流量压力整体大于偶数液压缸压力,或者偶数液压缸压力整体大于奇数液压缸流量压力,从而达到纠滚效

果。过程中纠滚调节旋钮可以增加奇数或偶数液压缸的流量输出0～50%,此范围内进行的纠滚称为轻微纠滚法。

②快速纠滚是在掘进过程中,先将推进速度从最小到较大的调整过程中,适当地增加推进压力,调整奇数液压缸流量压力减至最小,偶数液压缸压力增至最大,或反向调整,以达到快速纠滚的效果。较大直径超小曲线隧道TBM采用此方法前,应针对当时掘进工况清晰判断操作时机,谨慎操作。

③后退刀盘纠滚是在掘进过程出现滚动较大,采用以上两种方式纠滚都无效时,采用将刀盘后退的方式进行纠滚。因曲线段掘进过程中盾体震动发生滚动,在后退刀盘纠滚时,在液压缸作用下也会起到反作用,产生逆时针滚动,给设备安全及施工安全带来风险,因此该方式需谨慎操作,非紧急情况尽量不使用。

(2)工况2

由于超小曲线隧道TBM的特殊结构设计,在小曲线段转弯过程中,推进液压缸与皮带输送机机架及电机等设备安全间隙较小,因此在掘进过程中的滚动角控制是一个重点难题,一旦发生滚动角超限,则会造成设备损坏的严重后果。

控制要点:在掘进时操作手需时刻注意滚动角的变化,应在发生轻微的变化前预先做出应对操作,快速调整,使TBM一直保持在可控滚动值内。

(3)工况3

正常掘进过程中,出现扭矩突然增大,出渣量急剧增多的情况时,需冷静判断,及时做好应急处置,防止出现重大施工事故。

控制要点:当扭矩突然增大,多可能出现掌子面围岩破碎,此时应控制刀盘转速,通过观察调整皮带输送机速度使出渣量达到合理区间,避免皮带输送机压死停机导致刀盘压死的情况。在刀盘低转速时选择较大扭矩,但刀盘转速过快时,刀盘扭矩会突然增大导致驱动电机扭矩限制器保险断裂,因此在大扭矩时,一定注意保持皮带输送机转速匹配,避免刀盘刀仓内快速积渣。

(4)工况4

TBM正常掘进时掌子面塌方导致刀盘被压死,尤其在曲线段掘进时出现这种情况会非常危险。

控制要点:出现此情况时应马上启动脱困模式,如刀盘无法启动,首先强行后退刀盘,使刀盘脱离被卡位置,后退刀盘后进行启动并观察扭矩变化,当扭矩变小时增加刀盘转速快速排渣,观察出渣量变化,如果出渣量持续减少,可尝试恢复掘进;如果出渣量持续增大则需立即停机向管理部门汇报,确认坍塌情况,等待掘进指令,同时准备好应急支护措施。因为工况4的紧急操作是在短时间内做出的应急反应,因此需要TBM操作手平时具有良好的专业素养和丰富的应对经验,如若处理不当则可能发生坍塌卡机事故,以往出现类似情况时的停机处理周期为3～4月,甚至更长。

第6章 不良地质应对

目前常规 TBM 以直径 3 ~ 10m 级应用较多,其中直径 5 ~ 9m 级在轨道交通、铁路隧道、水工隧道中应用较为广泛。在超小曲线隧道 TBM 应用方面,国内已有多家 TBM 设备制造商声明具备研发能力,但实际投入应用的案例仍较少,已知市场上有中铁装备制造的多台直径 3.5 ~ 9.5m 级不同规格 TBM 投入工程应用,铁建重工有直径 3.6m 级 TBM 投入工程试验应用。因此对超小曲线段 TBM 施工过程中不良地质应对方式进行研究时,可将其应对措施与常规 TBM 进行对比,分析其相同及不同之处。

6.1 不良地质分类

超小曲线隧道 TBM 与常规 TBM 工程应用环境基本相同,只是超小曲线隧道 TBM 多伴有大坡度、小曲线的特点,应对不良地质较为困难。超小曲线隧道 TBM 施工的不良地质条件主要有:岩爆地层、围岩大变形、蚀变岩、断层破碎带、突(涌)水、岩溶、易燃、易爆有害气体等。以下对其分类进行介绍:

1) *岩爆地层*

岩爆是指由于外界活动等因素导致其岩体内部储存的能量突然释放,导致岩石爆裂并以猛烈的方式突然弹射出来的一种现象,对工程施工安全危害极大。

(1)岩爆发生的机理和分类

岩爆按其发生条件和机理可以分为三大类型,即应变型岩爆、断裂滑移型岩爆以及岩柱型岩爆。

应变型岩爆发生的机理是岩体内的地应力超过了岩石自身的强度而发生的剧烈破坏。

断裂滑移型岩爆发生的机理是断裂构造受到高应力作用以后发生滑移错动,导致能量释放冲击围岩造成围岩破坏。

岩柱型岩爆发生的机理是地下挖掘后残留岩(矿)柱受到的荷载不断增大,当荷载超过岩(矿)柱的承载力时,发生突然破坏。

(2)岩爆等级划分

按照《铁路隧道设计规范》(TB 10003—2016),高地应力岩爆可分为4级,见表6-1。

岩爆分级表　　表6-1

岩爆分级表	岩石强度压力比 R_c/σ_{max}	分级描述
轻微	4~7	围岩表面有爆裂、剥离现象,内部有噼啪、撕裂声,人耳偶尔可听到,无弹射现象;主要表现为洞顶的劈裂~松脱破坏和侧壁的劈裂~松脱破坏、隆起等;岩爆零星间隔发生,影响深度小于0.5m;对施工影响小
中等	2~4	围岩爆裂、剥离现象较严重,有少量弹射,破坏范围明显;有类似雷管爆破的清脆爆裂声,人耳常可听到围岩内的撕裂声;有一定持续时间,影响深度0.5~1m;对施工有一定影响
强烈	1~2	围岩大片爆裂脱落,出现强烈弹射,发生岩块抛射及岩粉喷射现象;有类似爆破的爆裂声,声响强烈;持续时间长,并向围岩深部发展,破坏范围和块度大,影响深度1~3m;对施工影响大
极强	<1	围岩大片严重爆裂,大块岩片出现剧烈弹射,震动强烈,有类似炮弹闷雷的爆裂声,声响剧烈;迅速向围岩深部发展,破坏范围和块度大,影响深度大于3m;严重影响施工进度

注:1.岩爆判别适用于完整~较完整的中硬、坚硬岩体,且无地下水活动的地段;
2. R_c 为岩石饱和单轴抗压强度(MPa),σ_{max} 为最大地应力。

2)围岩大变形

围岩大变形是指隧道或洞室周围岩体发生的形状与体积的变化及洞壁的变位。大变形是围岩发生流变、蠕变、徐变、位移、沉降及底鼓的总称。围岩大变形容易造成施工困难、工期延误、工程成本增加等问题,是造成工程终止的重要地质灾害。

(1)围岩大变形发生的机理和分类

岩爆按其发生条件和机理可以分为三大类型,即深部岩体隧道围岩的大变形、开挖引起隧道的大变形和膨胀性软岩隧道围岩的大变形。

围岩大变形是由外界因素(如应力变化)的作用引起的。在岩体内开挖地下隧道或洞室时,原来处于平衡状态的岩体发生了应力变化,即围岩应力释放。在应力释放所影响的范围内围岩回弹,形成一个回弹区。在紧靠洞周的一定范围内,围岩变形使岩体松动,形成一个松动区。围岩破碎区、松动区和回弹区是围岩大变形最显著的特征。

(2)围岩大变形等级划分

按照《铁路隧道设计规范》(TB 10003—2016),围岩大变形等级可以分为3级,见表6-2。

围岩大变形分级表　　表6-2

围岩大变形等级	岩石强度压力比 R_c/σ_{max}	分级描述
Ⅰ级	0.25~0.5	开挖后围岩位移较大,持续时间较长;一般支护开裂或破损较严重,相对变形量为3%~5%,围岩自稳时间短,以塑流变形、弯曲变形、滑移变形为主,兼有剪切变形

续上表

围岩大变形等级	岩石强度压力比 R_c/σ_{max}	分级描述
Ⅱ级	0.15~0.25	开挖后围岩位移大,持续时间长;一般支护开裂或破损严重,相对变形量为5%~8%,洞底有隆起现象,围岩自稳时间很短,以塑流变形、弯曲变形为主
Ⅲ级	<0.15	开挖后围岩位移很大,持续时间很长;一般支护开裂或破损很严重,相对变形量大于8%,洞底有明显隆起现象,流变特征很明显,围岩自稳时间很短,以塑流变形为主

注:1. R_c为岩石饱和单轴抗压强度(MPa),σ_{max}为最大地应力;

2. 相对变形量为变形量与隧道当量半径之比。

3)*蚀变岩*

蚀变岩是指受后期岩浆侵入、接触、热液,及其他物理化学作用而使得原岩本身矿物成分发生一些改变的岩石,在结构构造上与变质岩有一定差别。

蚀变岩为低吸水率的弱膨胀性岩石,其强度、变形特性分别受蚀变程度、风化程度及岩石性质共同影响。表现为:随蚀变程度的增强,抗压强度、抗剪强度及模量值降低,峰值应变量及泊松比则增加;蚀变程度相同时,蚀变岩强度值与模量值受风化程度的控制,风化程度越高,强度、模量值越低;蚀变、风化程度均相同的蚀变岩,其强度、模量值受蚀变岩性质的控制。蚀变作用以降低岩石的黏聚力为主;水对蚀变岩的作用也是以降低黏聚力为主,随蚀变程度的增加,水的弱化作用增强。蚀变岩的软硬程度综合分级结果为:Ⅳ、Ⅴ类蚀变岩均为硬岩,Ⅲ类蚀变岩中A3为较软岩、D3及B为硬岩,Ⅱ类蚀变岩为较软岩,Ⅰ类蚀变岩中C、F为极软岩,A1、D1为软岩。

按照蚀变、风化特征可将蚀变岩划分成五类:Ⅰ类强蚀变、强风化,Ⅱ类强蚀变、中风化,Ⅲ类强蚀变、微风化,Ⅳ类中蚀变、微风化,Ⅴ类弱蚀变、微风化,见表6-3。

蚀变岩分类 表6-3

蚀变岩类	蚀变程度	风化程度	空隙率(%)	结构特征	岩石坚硬程度
Ⅰ类	强	强	>15	结构疏松、孔洞状不等粒结构	软岩~较软岩
Ⅱ类	强	中	10~15	少孔~孔洞状不等粒结构	较软岩
Ⅲ类	强	弱	5~10	块状~少孔状不等粒结构	较软岩~硬岩
Ⅳ类	中	弱	<5	块状不等粒结构	硬岩
Ⅴ类	弱	弱	<1	块状结构	硬岩

4)*断层破碎带*

断层破碎带是指地壳受力发生断裂,沿破裂面两侧岩块发生显著相对位移,在岩体中形成具有一定宽度和相当延伸长度的非单一裂缝组成的破碎条带地段。由断层所生成的破碎带含有断层角砾岩、碎裂岩、糜棱岩或断层泥等。隧道及地下工程在这种地段通过时,常发生严重塌方、冒顶、涌水,甚至引起山体滑动,危害极大。

(1)断层破碎带发生的原因

断层破碎带是构造活动造成地层发生张拉性或挤压性破碎,主应力带就是主断层面分布区,两盘破碎产生的各种岩块等物质充填在发生断裂的断层面之间的空隙中,后期发生胶结,形成断面充填物。

(2)断层破碎带的类型

①结构对称的断层破碎带。破碎带结构发育完整,派生裂缝—断面充填物—派生裂缝,以断面为中心对称分布。

②结构不对称的断层破碎带。由派生裂缝和断面充填物组成的结构不对称的断层破碎带。

③结构不完整的断层破碎带。断层破碎带结构不完整,可进一步细分为只发育派生裂缝的断层破碎带和仅发育断面充填物的断层破碎带。

④结构复杂的断层破碎带。断层破碎带太复杂,派生裂缝和断面充填物均不发育,断层破碎带厚度为零,但这种情况在张性断裂发育区非常少见。

5)突(涌)水

突(涌)水是指大量地下水突然集中涌入井巷的现象。掘进或采矿过程中当巷道揭穿导水断裂、富水溶洞、老窑积水,地下水大量突然涌入井巷的现象。在洞室、巷道施工过程中,穿过溶洞发育的地段(尤其是遇到地下暗河系统)、厚层含水砂砾石层或与地表水连通的较大断裂破碎带等所发生的突然大量涌水现象。

地下突(涌)水具有突发性特征,在开挖施工过程中随时可能发生,且发生规模难以预测,给施工带来困难。一旦发生突(涌)水,如何及时准确地判断突水成因,查找突水水源,是解决和进一步预防突水灾害的关键。

6)岩溶

岩溶地质是经过化学作用和机械破坏作用形成的地下溶蚀现象。岩溶地段隧道不良地质要素有断层地段、软弱围岩、突泥涌水、冲沟、溶洞及采空区等。

当隧道穿过可溶性岩层时,有的围岩破碎,容易发生坍塌;有的溶洞位于隧道底部,充填物松软且深,使隧道基底难于处理;有时遇到填满饱含水分的充填物溶槽,当隧道掘进至其边缘时,含水充填物不断涌入坑道。利用传统工法在岩溶地质进行隧道施工难度较大,如果使用TBM 法在此类地质中掘进,更是困难重重,难以发挥 TBM 施工的高效率优势。

7)易燃、易爆有害气体

地层中存在易燃、易爆有害气体会严重威胁隧道施工安全,易燃、易爆有害气体分为可燃气体与有毒气体两大类。

有毒气体又根据对人体不同的作用机理分为刺激性气体、窒息性气体和急性中毒的有机气体三大类。

可燃性气体的危害主要是气体燃烧引起爆炸,从而对财产与人的生命造成危害。但可燃气体发生爆炸必须具备一定的条件,即一定量的可燃气体、足够的氧气与点燃的火源,以上三个条件缺一不可。

一般易燃、易爆有害气体标准见表 6-4。

有害气体标准　　表6-4

有毒气体	8h 统计权重平均值 TWA	15min 短期暴露水平 STEL	立即致死量 IDLH (ppm)	空间最大允许浓度 MAC (mg/m^3)
氨气(NH_3)	25	35	500	30
一氧化碳(CO)	25	—	1500	30
氯气(Cl_2)	0.5	1	30	1
氰化氢(HCH)	10	4.7	50	0.3
硫化氢(H_2S)	10	15	300	10
一氧化氮(NO)	25	—	100	—
二氧化硫(SO_2)	2	5	100	15
挥发性有机化合物 VOC *	50	100	—	—

瓦斯一般存在于煤层或岩层的孔隙和裂隙内，山岭隧道施工中极易遇到瓦斯地层。目前国内 TBM 施工中还未有遇到瓦斯地层的记录，但在地铁隧道施工中，如成都、广州、武汉、杭州等地均遇到过瓦斯地层，广州地铁施工中曾发生过瓦斯爆炸事故，此外，日本东京某隧道盾构施工也发生过瓦斯爆炸事故。钻爆法开挖隧道中遇到的瓦斯地层更多，已有多个隧道发生过瓦斯爆炸事故，如董家山隧道、龙眼睛隧道、紫坪铺大坝隧道等。

隧道施工中有害气体主要可能有甲烷、一氧化碳、二氧化碳、氮气和数量不等的重烃以及微量的稀有气体等，但主要成分是甲烷(CH_4，俗称沼气)，占 80% ~90%。沼气无色、无味、无毒，难溶于水，比空气轻，遇火即燃烧或爆炸。瓦斯隧道分为低瓦斯隧道、高瓦斯隧道及瓦斯突出隧道三种，瓦斯隧道的类型按隧道内瓦斯工区的最高级确定。低瓦斯工区和高瓦斯工区可按绝对瓦斯涌出量进行判定。当全工区的瓦斯涌出量小于 $0.5m^3/min$ 时，为低瓦斯工区；大于或等于 $0.5m^3/min$ 时，为高瓦斯工区。瓦斯隧道只要有一处有突出危险，该处所在的工区即为瓦斯突出工区。瓦斯气体具有如下特性：

(1)爆炸性

瓦斯气体本身是不会自燃和爆炸的，当和空气(氧气)以一定比例混合均匀并达到一定浓度后，遇到火源，才会燃烧和发生爆炸。

(2)渗透性

瓦斯气体的渗透性极高，扩散速度快，其扩散性较空气高 1.6 倍，容易透过裂隙发达、结构松散的岩石或煤层，渗透到隧道开挖空间里。

(3)不稳定性

瓦斯气体在围岩中以游离状态和吸着状态存在。两种状态的瓦斯气体是处在不断变化的动平衡中，当温度、压力等外界条件变化时，平衡就被打破。压力升高温度降低时，部分瓦斯气体将由游离状态转化为吸着状态，反之，压力降低温度升高时，又会有部分瓦斯气体由吸着状态转化为游离状态。

(4)窒息性

瓦斯气体虽然无毒、无色、无味，但不适合呼吸。瓦斯气体浓度升高，空气中氧气浓度就急剧下降，会引起人员窒息。

6.2 不良地质应对分析

通过上节可知,TBM 施工中遇到的不良地质基本分类,由于超小曲线隧道 TBM 的特殊结构设计,因此在其施工中遇到同类型不良地质时的应对措施与常规 TBM 的应对措施存在较大差异,二者详细应对能力比较见表 6-5。

超小曲线隧道 TBM 与常规 TBM 不良地质应对能力比较 表 6-5

TBM 类型	不良地质类型						
	岩爆地层	围岩大变形	蚀变岩	断层破碎带	突(涌)水	岩溶	易燃、易爆有害气体
常规 TBM	可有效应对	可有效应对	应对较复杂,耗时长	可有效应对	无有效手段,超前处理为主	应对手段有限,需超前探测	应对措施成熟
超小曲线隧道 TBM	应对手段有限,与设备直径有关	应对手段有限,与设备直径有关	大直径应对稍差,小直径无法应对	可有效应对,需人工辅助措施	无有效手段,超前处理为主	应对手段困难,需超前探测	应对措施成熟

6.2.1 岩爆地层

无论常规 TBM 还是超小曲线隧道 TBM 遇到岩爆地层不良地质时的处理原则是完全一致的,常规 TBM 又分为敞开式与护盾式,两种类型设备的应对措施也有所区别,而超小曲线隧道 TBM 的应对方式与常规 TBM 既有相同也有区别。某水工隧道采用常规 TBM 施工中遇到的轻微岩爆如图 6-1 所示。

图 6-1 轻微岩爆

1) 岩爆段 TBM 施工原则

隧道 TBM 施工中可能发生岩爆时,应遵循以防为主、防治结合的原则。对开挖面前方的围岩特性、水文地质情况等进行预测、预报,当发现有较强烈岩爆存在的可能时,应及时研究施工应对措施,做好施工前的必要准备。

2) 常规 TBM 应对措施

(1) 敞开式 TBM 应对手段

①岩爆段地质预报。

在岩爆段隧道施工过程中,应采取以下方法进行地质预报:

a. 做好开挖面及其附近的观察预报，通过地质观察、素描，分析岩石的“动态特征”，主要包括岩体内部发生的各种声响和局部岩体表面的剥落等。

b. 采用工程地质类比法进行宏观预报。

c. 采用微震监测系统对岩爆进行现场预报。

②岩爆应对措施。

应根据岩爆强度大小进行分级，针对不同的岩爆级别采取相应技术措施。

a. 轻微岩爆地段处理措施：

a）加大刀盘喷水量，促使应力释放和调整。

b）采取锚杆钢筋网（小网格网片）加格栅拱架的支护方式。

c）做好岩爆现象记录。

b. 中等岩爆地段，除采取上述措施外，还可采取如下处理措施：

a）采用水胀锚杆，长度在3.0m以上。

b）采用加强型钢筋网和钢筋排支护。

c）采用钢拱架支护。

d）降低TBM掘进速度。

e）喷射5cm厚混凝土封闭岩面。

c. 强烈或极强岩爆地段，除采取上述措施外，还可采取如下处理措施：

a）增加锚杆长度。

b）采用柔性钢拱架支护。

c）网喷钢纤维混凝土。

d）施作超前锚杆。

e）部分范围使用吸能缓冲支护。

f）在顶部使用中空预应力锚杆。

g）按间距1.0～1.5m打2.5m深的应力释放孔，释放地应力。

h）使用双刀盘方式，提前小断面掘进，超前人工爆破释放应力。

i）向孔内喷灌高压水，软化围岩，以释放部分地应力。

j）降低掘进速度。

k）根据微震监测结果在高风险区域采用强支护。

③岩爆处理措施。

在TBM施工的隧道中，一旦发生岩爆，应立即采取下列紧急应对措施：

a. 加强对人员和设备的保护措施，如设置防护棚、戴钢盔、穿防护背心等。

b. 进行工作面观察，做好各项记录，如岩爆位置、强度、类型、数量等。

c. 安排专职人员清除岩爆后的松动石块，加强巡回检查和危石处理，杜绝崩落的岩石砸坏设备或伤害人员现象发生。

（2）护盾式TBM应对手段

护盾式TBM岩爆防控的原则、预报和处理措施与敞开式TBM一致，但是由于支护方式不同，护盾式TBM应对岩爆的具体措施有所不同。

①轻微和中等岩爆地段。

a. 加大刀盘喷水量,促使应力释放和调整。

b. 及时回填豆砾石和壁后灌浆。

c. 做好岩爆现象记录。

d. 降低掘进速度。

e. 局部区域可增强管片的配筋和混凝土强度。

②强烈和剧烈岩爆地段。

除采取上述措施外,还可采取以下措施:

a. 进一步降低掘进速度。

b. 按间距 1.0~1.5m 打 2.5m 深的应力释放孔,释放地应力。

c. 也可向孔内喷灌高压水,软化围岩,以释放部分地应力。

d. 根据微震监测结果在高风险区域采用重型管片或钢管片。

3)超小曲线隧道 TBM 应对措施

由于超小曲线隧道 TBM 的结构设计特点,其对岩爆不良地质的应对措施与敞开式 TBM 基本相同,其主要差别在设备直径上。小型 TBM 与中、大型 TBM 的区分直径以 4m 为界限,具体应对措施区别如下:

(1)直径大于 4m 级超小曲线隧道 TBM

直径大于 4m 的超小曲线隧道 TBM 主机结构空间富余,可以配备安装与同直径常规 TBM 相同的锚喷、支护设备,直径大于 7m 级 TBM 上的支护系统设备安装更为全面,支护功能更强。

地质预报与应急处理措施:在轻微、中等及强烈岩爆地段,直径大于 4m 级 TBM 与常规 TBM 的应对措施相同。直径 9.5m 级超小曲线隧道 TBM 主机支护设备如图 6-2 所示。

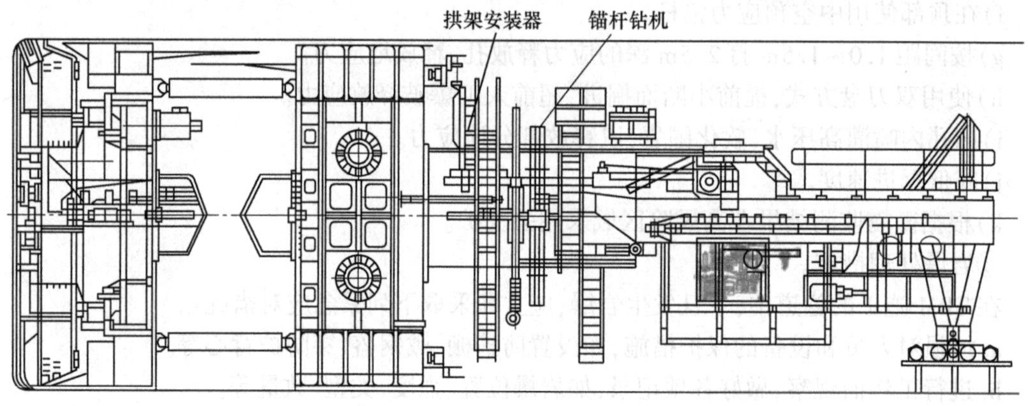

图 6-2　直径 9.5m 级超小曲线隧道 TBM 支护设备示意图

(2)直径小于或等于 4m 级超小曲线隧道 TBM

由于首先确保超小曲线段转弯功能需求,因此直径小于 4m 级的超小曲线隧道 TBM 在进行结构设计时便无法安装支护系统设备,且原本直径小于 4m 级的 TBM 设备本身的狭小空间设计就非常困难。直径 3.5m 超小曲线隧道 TBM 主机结构如图 6-3 所示。

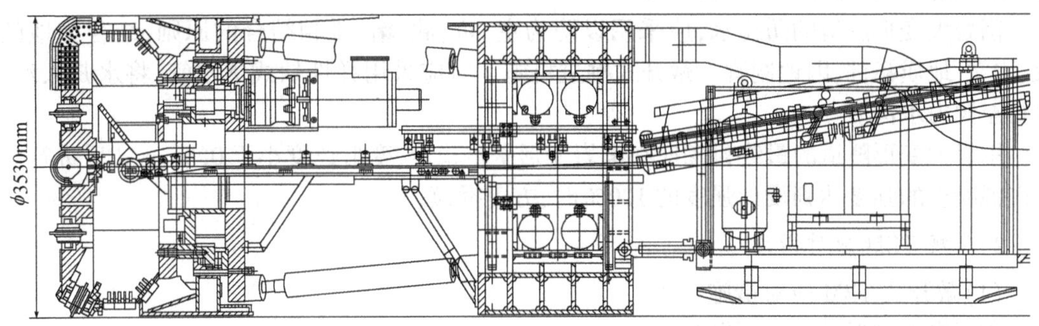

图6-3 直径3.5m超小曲线隧道TBM主机结构示意图

地质预报与应急处理措施：直径小于4m级的超小曲线隧道TBM在岩爆地段的应对措施与常规TBM相同。在轻微、中等及强烈岩爆地段中，锚杆施作、钢筋网挂设、钢拱架支护、混凝土喷射等几项需要作业空间的应对措施只能通过人工作业的方式完成，如此才能保证在狭小空间内确保支护功能的作用。

综上分析，直径小于4m级超小曲线隧道TBM在设备选型时应着重考虑选择围岩稳定的地质条件，避免岩爆地质条件，如确实需应对岩爆不良地质，应充分考虑人工辅助作业处理对工期的影响因素。

6.2.2 围岩大变形

与前文岩爆地层的应对方式相同，超小曲线隧道TBM与常规TBM应对围岩大变形既有相同也有区别。某超小曲线隧道TBM项目围岩大变形如图6-4所示。

图6-4 大变形围岩

1）围岩大变形段TBM施工原则

围岩大变形隧道的施工方法，应根据围岩膨胀、收敛的特性，并结合施工条件、围岩稳定情况、地下水活动状况等因素综合决定。

围岩大变形隧道的防排水,应采用以防为主,防、截、堵、排相结合的原则,结合当地的气象、水文、地质条件,因地制宜。敞开式掘进机施工时应采用弹性软式透水管,将水归入沟槽,引排至洞内水沟。

围岩大变形隧道的最终衬砌应在围岩变形基本稳定、变形速度小于0.5mm/d后进行。当衬砌混凝土的强度达到设计强度的100%时,方可拆模。

2)常规TBM应对措施

(1)敞开式TBM应对措施

①围岩大变形段地质预报。

在围岩大变形隧道施工过程中,应采取下列方法进行地质预报:

a.开挖面及其附近的观察预报。通过地质观察、素描,分析岩石与TBM之间的"动态特征",主要包括岩体与刀盘、盾体间隙,顶护盾液压缸行程的变化,TBM推力变化,出渣量的变化等。

b.采用工程地质类比法进行宏观预报。

c.采用超前取芯钻机现场预报。

②围岩大变形应对措施。

应根据围岩变形程度分级,针对不同级别大变形围岩采取有针对性的技术措施。

a.Ⅰ级围岩大变形地段,可采用下列措施处理:

a)刀盘扩挖,增加围岩与盾体间的间隙。

b)安装钢拱架抵御变形。

c)及时喷射混凝土封闭围岩。

d)安装钢筋网或钢筋排。

b.Ⅱ级围岩大变形地段,除采取上述措施外,还可:

a)加大刀盘扩挖量。

b)采用柔性钢拱架支护。

c)增加锚杆长度。

d)使用大刀盘驱动扭矩,使刀盘具备较强脱困能力。

e)使用大推力,使推进系统具备较强防卡脱困能力。

f)采用水胀锚杆支护。

c.Ⅲ级围岩大变形地段,除采取上述措施外,还可:

a)增加锚杆长度。

b)采用长锚索。

c)安装钢管片抵御变形。

d)通过超前钻机对围岩进行加固,减少变形量。

e)人工开挖解决刀盘或盾体被卡。

(2)护盾式TBM应对措施

护盾式TBM围岩大变形防控的原则、预报和处理措施与敞开式TBM一致,但是由于支护方式不同,护盾式TBM应对围岩大变形的具体方式有所不同。

①Ⅰ级围岩大变形地段。

在施工时,可采用下列措施处理:

a. 刀盘实现扩挖,增加围岩与盾体间的间隙。

b. 增加刀盘偏心量以增加盾体与围岩间的间隙。

c. 采用台阶形盾体设计,逐次加大盾体与围岩间的间隙。

d. 提高管片强度抵御剩余变形。

②Ⅱ级围岩大变形地段。

除采取上述措施外,还可采取以下措施:

a. 加大刀盘扩挖量。

b. 采用刀盘驱动扭矩箱设计,实现实时、任何范围的扩挖。

c. 加大刀盘驱动扭矩设计,使刀盘具备脱困能力。

d. 加大推力设计,使推进系统具备盾体防卡脱困能力。

e. 盾体设有径向润滑孔,可注入触变润滑泥浆降低盾体与围岩间的摩擦。

f. 采用钢管片抵御变形。

③Ⅲ级围岩大变形地段。

除采取上述措施外,还可采取以下措施:

a. 通过超前钻机对围岩进行加固,减少变形量。

b. 在管片衬砌内部增加二次衬砌或钢拱架提高强度。

c. 人工开挖解决刀盘或盾体被卡。

3)超小曲线隧道 TBM 应对措施

与前文分析相同,超小曲线隧道 TBM 在围岩大变形不良地质段的应对措施与敞开式 TBM 相同,小型 TBM 与中、大型 TBM 的区分以直径 4m 为界限,具体应对措施区别如下:

直径大于 4m 级超小曲线隧道 TBM,与常规 TBM 的应对方式相同。

直径小于或等于 4m 级超小曲线隧道 TBM,对地质预报及应急处理措施与常规 TBM 相同。在Ⅰ、Ⅱ级围岩大变形的应对措施中,锚杆施作、钢筋网挂设、钢拱架支护、混凝土喷射等几项需要作业空间的措施只能通过人工作业方式完成。对Ⅲ级围岩大变形的处理方式中的长锚索、钢管片安装、超前钻孔围岩加固等几项工作基本无法实施。

综上分析,直径小于或等于 4m 级超小曲线隧道 TBM 在设备选型时应着重考虑选择围岩稳定的地质条件,其次在Ⅰ、Ⅱ级围岩大变形地质条件下加以人工作业辅助应对,在Ⅲ级大变形围岩地质条件下建议不考虑使用 TBM 进行施工。

6.2.3 蚀变岩

1)常规 TBM 应对措施

(1)蚀变岩处理方案

Ⅰ~Ⅲ类强蚀变、强风化岩石,岩体破碎,表现为围岩失稳、易塌方、易挤压变形、易流砂、易突泥涌水等,造成刀盘、护盾卡机停机,支护工作量加大、工作强度增加。

针对强蚀变岩洞段掌子面和护盾位置形成大面积塌方或流砂,TBM 掘进和支护均无法施作,且存在卡机危险,处理流程如图 6-5 所示。

①对坍塌部位进行超前预注浆,待围岩固结后再开始掘进。

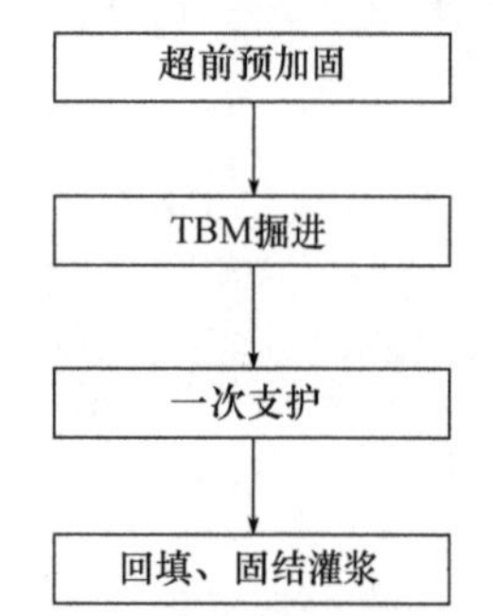

图 6-5　蚀变岩洞段处理流程图

②TBM 施工时,通过调整型钢拱架的间距、增加钢筋排和钢板、L1 区喷射混凝土来提高初期支护强度。

③在坍塌部位预埋注浆管,按回填注浆处理。

④必要时,需进行围岩变形监测。

(2)护盾部位注浆加固方案

由于护盾上方坍塌体堆积,普通注浆锚杆施作比较困难,可采用自进式中空注浆锚杆,在护盾尾部斜向上前方布设,注浆锚杆的间排距在 0.8 ~ 1m ,杆体上注浆孔孔径为 6 ~ 8mm,梅花形布设。顶拱锚杆布设及布设范围如图 6-6 所示。

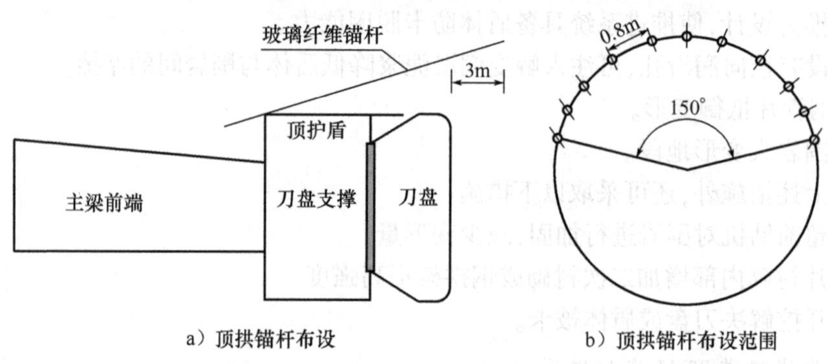

图 6-6　顶拱锚杆布设示意图

(3)掌子面注浆加固方案

①施作注浆锚杆。

由于普通自进式中空注浆锚杆在 TBM 掘进过程中会对刀盘形成严重损坏,因此掌子面注浆采用玻璃纤维自进式中空注浆锚杆,通过刀孔和人孔向掌子面施作。锚杆长度根据刀盘内空间和锚杆具体施作位置确定,间排距取 1 ~ 1.5m 为宜。刀盘前部锚杆布设如图 6-7 所示。

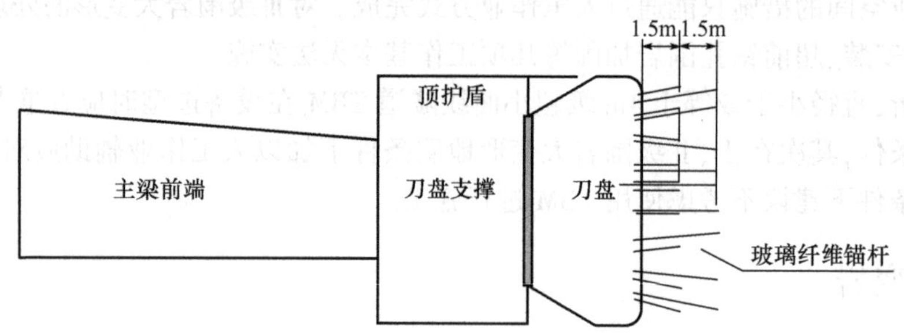

图 6-7　刀盘前部锚杆布设示意图

②化学灌浆。

采用气动注浆泵进行化学灌浆,掌子面注浆加固主要作用是固结掌子面坍塌体和堵水,因此固结强度要求不高。以坍塌体固结或无流砂涌出作为注浆控制指标,注浆压力一般控制在 5 ~ 10MPa。施作止浆墙与化学灌浆后效果分别如图 6-8、图 6-9 所示。

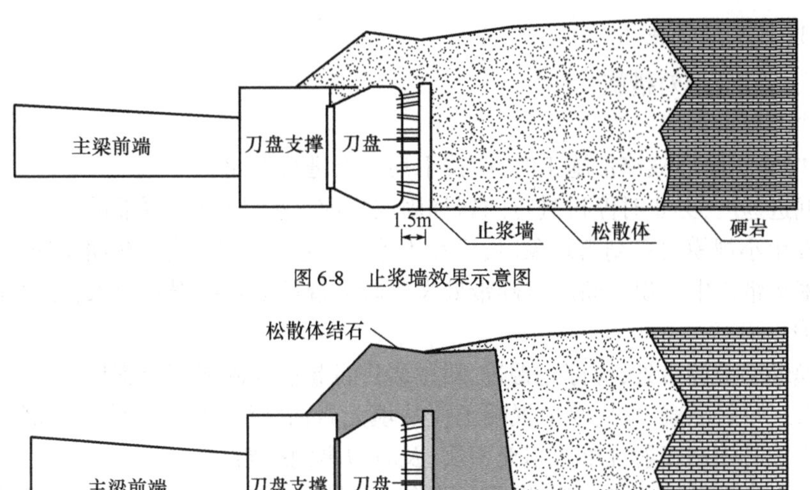

图 6-8 止浆墙效果示意图

图 6-9 化学灌浆后效果示意图

2)超小曲线隧道 TBM 应对措施

蚀变岩不良地质处理中的关键环节是超前预加固工序,其中顶拱锚杆施作需要在主机区域架设超前钻机,掌子面注浆需要使用水平钻机通过刀盘向掌子面进行锚杆施作。因此超小曲线隧道 TBM 对蚀变岩不良地质的应对能力与设备直径尺寸直接相关,具体的区别如下:

直径小于或等于 4m 级,由于设备结构限制无法进行顶拱锚杆及掌子面锚杆施作,只能依靠人工作业进行,且施作极为困难,质量较差。通过人工钻爆扩挖至 TBM 刀盘前部加固处理的方式,安全风险极大,作业效率低下,非不得已不建议实施。

直径大于 4m 小于 7m 级,由于设备空间有限,顶拱锚杆及掌子面锚杆施作时,局部及设备作业区死角会受到限制,需要采用 TBM 钻机系统结合人工钻孔辅助的方式完成超前加固处理。

直径大于或等于 7m 级,设备结构及自带的支护系统可实现超前加固作业需求。

6.2.4 断层破碎带

在断层破碎带进行隧道施工过程中,应采取下列方法进行超前地质预报:

①观察开挖面及其附近岩面进行预测、预报。

②通过掘进时 TBM 推力扭矩的变化进行预测、预报。

③通过掘进时出渣的变化进行预测、预报。

④采用工程地质类比法进行宏观预报。

⑤通过 TBM 搭载声波、地震波、电法超前探测系统进行预测、预报。

⑥采用超前钻进数据或取芯钻机进行预测、预报。

1)常规 TBM 应对措施

(1)敞开式 TBM 应对措施

①通用作业要求。

敞开式 TBM 在断层破碎带施工时,应按下列要求进行作业:

a. 减缓掘进速度,必要时停机进行围岩加固或超前支护处理后,再推进。

b. 洞壁发生小规模岩石剥落现象时,可在不停止掘进情况下,施作初期支护。

c. 节理密集带或中等规模断层破碎带处发生较大规模的岩石塌落现象,应停止掘进,及时进行初期支护。

d. 大规模断层破碎带处,应停止掘进,对围岩进行超前加固或超前支护。

e. 采用人工喷射混凝土时,喷射混凝土应从填充岩面空洞、裂缝开始。在钢拱架地段,钢架与围岩间空隙必须用喷射混凝土填充密实,及时包裹钢拱架。

f. 对富水软弱破碎围岩,应采取防排水措施。预加固施工中一般可先采用超前钻孔排水、注浆堵水措施。

g. 根据掘进参数的变化可以推断前方围岩的变化情况,合理选择和调整掘进参数。

h. TBM 施工过程中,通过各种不同的支护形式,支顶岩石,限制落石或对可能坍塌岩石进行预加固。主要支护形式有:全圆钢支撑体系支护,辅助网片和钢筋棚架;锚网喷支护体系,辅助格栅钢板和槽钢钢架。

②撑靴塌陷处理措施。

撑靴位置塌陷是在断层破碎带掘进时经常出现的情况,对 TBM 的掘进影响很大,所以在此情况下应按下列要求进行作业:

a. 由于节理或岩石破碎,造成撑靴处岩石坍塌,撑靴悬空无法提供掘进反力,此时需调整撑靴纵向位置,也可在撑靴没到达前灌注速凝混凝土或用其他材料填塞牢固。在允许的情况下可放弃一个支撑进行掘进,但需注意控制掘进推力。

b. 针对撑靴部位由于围岩抗压强度不能提供足够的撑靴反力,而易造成撑靴打滑,撑靴部位二次扰动,变形过大,在塌陷部位出护盾后立即进行铺设钢筋网喷射混凝土支护作业,增大抗压强度,提高承载力。

c. 由于围岩软弱,造成 TBM 在掘进时撑靴部位打滑,围岩二次扰动,出现更大的坍塌,对此采取的措施是:当剥落在 15cm 以内时,采取喷射混凝土封闭并喷平,以便 TBM 撑靴通过;坍腔深 15cm 以上时,先采用湿喷系统封闭围岩,再利用已架立的钢拱架立模灌注混凝土,填平坍腔,有效控制临空面的继续扩大,防止造成更大范围的坍塌,同时也可保证 TBM 的撑靴顺利通过而不挤压拱架。

d. 在软弱围岩下,撑靴压力不宜太高,否则可能压破洞壁岩石,造成坍落。撑靴压力的大小取决于洞壁岩石的完整性及饱和抗压强度。撑靴压力控制在软岩强度的 0.7 ~0.8 倍即可。撑靴至少保证一半面积撑紧洞壁。撑靴压力的大小及支撑数量的多少,决定了 TBM 推进速度的快慢。掘进过程中,若撑靴压力变小,应及时补压。

e. 在软弱围岩下,刀盘扭矩过大,易产生机身滚动、撑靴打滑。撑靴支撑面积约一半时扭矩控制在 40% 左右;撑靴面全部支撑时,扭矩控制在 75% 左右。

f. 撑靴打滑时,应立即停止掘进,重新换步或加强打滑的撑靴部位的支护强度,进行调向,然后再次掘进。

g. 在软弱围岩下,如果撑靴支撑面积约一半时,刀盘推力必须控制在额定推力的0.6~0.7倍;如果撑靴全部支撑,刀盘推力应控制在额定推力的0.8~0.85倍。否则,可能导致撑靴打滑或损坏刀具。

③前方坍塌处理措施。

掘进机在前方坍塌掘进施工时,应按下列要求进行作业:

a. 在掘进过程中,如遇皮带输送机上出渣量突然增大,渣体破碎且伴有大石块,应判断为刀盘前部出现塌体,主机室仪表显示皮带输送机上压力增高,刀盘扭矩增大,此时应减小推进速度,或原地转刀盘出渣,非紧急停机情况,不得停止转刀盘。循环结束后,不能过多地退刀盘,按正常掘进退刀盘2~3cm,以防刀盘前部出现大空隙,塌体扩大。刀盘转动停止后,应进入刀盘内部检查塌体情况,必须有专人在控制室值班,确保安全。

b. 掘进过程中如遇断层造成坍塌,形成空洞,则一方面采用全圆侧支撑体系支护,另一方面,及时在空洞中穿入钢板形成喷灌模,并喷灌速凝混凝土,防止岩石继续坍塌。

c. 刀盘启动采用液压辅助驱动,在确定刀盘能够转动起来后,采用低速溜渣或掘进,掘进速度控制在最高速度的30%以下,根据掘进速度与出渣情况的匹配程度进行调整。

d. 刀盘所有护盾处于撑出浮动状态。

e. 预测到刀盘前方石质松软破碎时,应停止刀盘喷水,刀盘不能非正常后退。空转刀盘清渣,刀盘转动后,即可向前慢速推进(半速或液压辅助驱动方式)。

f. 当坍塌发生在刀盘正前方,周边围岩稳定性较好时,可继续低速掘进。

g. 如果围岩恶性变形产生的剥落无法正常通过出渣系统排出,此时在护盾后增加一套人工辅助皮带输送机出渣系统,以缩短清渣时间、提高仰拱块的铺设速度,从而达到缩短工序时间、提高软弱围岩中的掘进速度的目的。

h. 遇坍塌时应选择合理的掘进参数,减少对围岩的扰动,减少剥落和坍塌。

i. 采取改进施工工艺、增强设备适应能力等措施加快施工进度。

j. 依托新奥法原理及时施作锚喷柔性支护,并允许围岩有一定的变形,充分利用围岩自身的承载力,达到支护和围岩共同受力的目的。

k. 采用完善的量测监控技术,进行动态施工管理。

④拱脚滑塌处理措施。

TBM在拱脚滑塌处掘进施工时,应按下列要求进行作业:

a. 先通过,通过后及时支护;对于严重破碎(剥落较多,易出现坍塌)的情况,建议采用预加固,然后掘进并及时支护。遵循宁强勿弱、一次到位的施工支护原则。

b. 针对软弱围岩的特点,通过超前小导管注浆加固刀盘前面及护盾上方围岩,提高围岩自稳能力,有效控制围岩出护盾前的变形。

c. 围岩出护盾后及时初喷混凝土,封闭围岩,将围岩的收敛变形减小到最低限度。

d. 由于围岩松动范围的扩大,使围岩的稳定性降低,施作衬砌后须及时进行固结灌浆。

(2)护盾式TBM应对措施

护盾式TBM应对断层破碎带的原则、预报和处理措施与敞开式TBM一致,但是由于支护方式的不同,护盾式TBM应对断层破碎带的具体方式有所不同。

①断层破碎带围岩自稳性较好时，施工时可采用下列措施处理：

a. 采用双护盾模式掘进。

b. 控制掘进速度，降低刀盘转速和推力，减少滚刀异常损坏和对开挖面的扰动。

c. 刀盘适当扩挖，增加围岩与盾体间的间隙。

d. 及时回填豆砾石和灌浆，稳定围岩。

②断层破碎带围岩自稳性较差时，除上面的措施外，还可采用下列措施处理：

a. 采用双护盾模式半行程掘进。

b. 采用单护盾模式正常掘进，但是保留主推进液压缸伸出一半行程。

c. 及时回填豆砾石和灌浆，稳定围岩。

③断层破碎带围岩自稳性非常差时，可采用下列措施处理：

a. 采用超前注浆、管棚、小导管加固周边围岩和前方开挖面。

b. 采用重型管片。

c. 采用单护盾模式正常掘进，但是保留主推进液压缸伸出一半行程。

d. 人工开挖导洞加固后掘进通过。

2）超小曲线隧道 TBM 应对措施

通过上文可知，TBM 在通过断层破碎带时的主要应对措施是通过设备操作和及时封闭处理的手段进行的，所以超小曲线隧道 TBM 在遇到同类型不良地质时的应对措施与敞开式 TBM 的操作基本一致，但由于超小曲线隧道 TBM 的主机调向设计更为灵活，因此在通过断层破碎带时对 TBM 操作人员的经验要求更高。

同时，超小曲线隧道 TBM 通过断层破碎带后的及时封闭作业主要依靠人工辅助实施为主，在直径大于 4m 以上的设备上才有更多空间可利用机械装置辅助实施，且直径越大的设备机械支护装置配置越多。图 6-10 所示为超小曲线隧道 TBM（ϕ6.03m）在应对断层破碎带时，主机区域的锚索、网片及拱架支护效果。

图 6-10 超小曲线隧道 TBM（ϕ6.03m）断层破碎带主机区域支护效果

综上所述，在变形、破碎等不良地质工程中，对超小曲线隧道直径小于 4m 级 TBM 进行适应性选型时应谨慎评估。

6.2.5 突(涌)水

无论是常规 TBM 还是超小曲线隧道 TBM 在掘进时遇到突(涌)水的不良地质时都无有效手段可立即处理、快速通过,其基本处理思路无外乎“封、堵、导流”几种方式,因此其控制关键还需放在超前处理环节上。某隧道 TBM 涌水如图 6-11 所示。

图 6-11 某隧道 TBM 涌水

常规 TBM 及超小曲线隧道 TBM 施工应对突(涌)水的施工原则相同,具体内容如下:

(1)超前预报,先探后掘

施工过程中,一旦误揭含水构造,再行处理的难度相对较大。因此,在施工阶段建立综合地质预测预报体系,坚持预报在前,最大限度查明地下水状态,先探后掘,以确保隧道施工安全。

(2)安全第一,确保进度

地下水处理的关键在于保证施工安全和施工进度,需做到以下几点:

①确保施工人员和关键设备、设施的安全。

②采取控制地下水的措施,阻水不影响引水隧洞的正常施工。

③剩余涌水量排出后不对周围环境造成破坏。

④确保工程进度。

(3)不同类型,先控后堵

根据地质预报结果,制订施工策略,根据地下水活动规律、压力,确定地下水处理的具体时间。

(4)预案在先,规避风险

当开挖工作面前方有承压水危及施工安全时,应制订详细的超前钻探与灌浆施工技术方案,采取“探、控、堵”措施,确保隧道安全,快速施工。

针对拟建工程地质特点,TBM 在设计时须充分考虑突(涌)水对设备的影响。如:底部主驱动电机应尽最大可能安装在设备允许安装的高位,隧道拱部的突(涌)水可通过安装钢瓦片或排水管将水引排至隧道边墙;TBM 后配套上的设备全部布置在设备区域一般过水断面水位线以上,后配套顶部须全部安设防水棚,超小曲线段小直径 TBM 下坡掘进过程中机器自身排水能力的安全系数放大,以保证 TBM 设备在富水段的安全运转。

TBM 在富水段采取以下措施组织掘进施工:

①开挖过程中在围岩稳定、能安全通过时尽量维持突(涌)水的排水通路,严禁随意封堵。通过后采用分流导水洞或底板封堵措施对集中的突(涌)水进行封堵,并采用固结灌浆对围岩进行加固。

②围岩滴水和线状渗水,TBM 正常掘进。掘进过程中利用 TBM 自带锚杆钻机对出水点施工排水孔,埋设导管排水,导水效果不好时设盲沟或截水圈排水。

③遇掌子面出水量在 5000L/s 以内的集中突(涌)水,当围岩稳定性较好时,TBM 正常掘进,采用钢瓦片将地下水引至隧道边墙上,待 TBM 通过后进行堵水灌浆处理。

④掌子面突(涌)水流量大于 5000L/s 时,采取超前灌浆封堵处理。待出水量明显减小、具备掘进条件时再行掘进。与此同时,在后配套后增设横向排水洞提高排水能力。

6.2.6 岩溶

TBM 掘进通过岩溶地段时,会造成突泥涌水地质灾害、软弱破碎围岩工效降低、姿态控制困难等问题,因此对于任何 TBM 通过此类地质时都需要考虑多措并举,使用超前地质预报手段以及混凝土回填加固、注浆堵水等加强支护施工措施,配合 TBM 设备自身掘进支护系统,缓慢通过。在遇到大规模突泥涌水地质灾害时,考虑采用冷冻法协助 TBM 脱困。

(1)加强超前地质预报

在日常的超前地质预报基础上,对不良地质段的超前地质预报采用长、短距离相结合的方式,其中长距离探测采用超前地质预报(Tunnel Geological Prediction,TSP)系统探测方式,准确预测出破碎段围岩里程及长度;短距离地质探测采用钻孔电子计算机断层扫描(Computed Tomography,CT)、超前地质钻机钻孔探测结合地质素描、地质展示图,综合分析掌子面前方围岩的岩性、结构、构造和地下水情况,判断断层破碎带的位置、宽度、产状、性质、充填物的状态、是否为充水断层,并判断其稳定程度,预报掌子面前方一定范围内有无突泥涌水、溶洞、塌方等施工风险;及时反馈信息,做好施工风险源的辨识,及时调整掘进参数,编制不良地质段施工技术交底及应急预案,指导后续施工。

(2)无填充物溶洞的回填加固

出现无填充物溶洞时,在溶洞露出 TBM 护盾后及时对溶洞进行封堵处理。主要采取钢筋排、钢筋网、钢拱架作为结构骨架,预埋注浆管路接口,再以湿喷混凝土喷射封闭,最后注浆填充空腔加固。此类情况时,超小曲线段直径不大于 4m 级 TBM 主要依靠人工作业完成,且空间狭小施作困难并具有一定危险性;直径大于 4m 级以上设备与常规 TBM 的支护处理措施基本相同,但仍需一定的人力辅助作业配合。

(3)有填充物溶洞的注浆封堵

有填充物溶洞出现时,一般会伴随着大量的突泥涌水。施工过程中,需及时根据溶洞填充物的性质及地下水出流量和补给通道走向,提前制订专门的封堵方案。

对空腔进行封堵处理时,为避免大量涌水造成地表水损失及环境破坏,对涌水溶洞采取"以堵为主、堵排结合、综合治理、保护环境、不留后患"的原则进行综合治理。

根据工程实际情况,遵循"技术先进、科学合理、经济适用"的原则,以确保施工及运营安全为目的,采取多种措施,综合治理,以期快速处理涌水段涌水,保证二次衬砌质量,保护周边生态环境,不给隧道运营留下质量和安全隐患。

根据岩溶的不同规模及填充情况,建议参考以下方案处理:

①对半填充的溶洞采用水泥砂浆进行填充。

②对全填充的溶洞采用水泥浆进行加固或采用水泥—水玻璃双液浆进行注浆加固、堵水。

③对溶孔、小溶腔采用水泥浆进行加固或采用水泥—水玻璃双液浆进行注浆加固、堵水。

④对出水量较大、水泥—水玻璃双液浆注浆效果差的岩溶出水点,采用化学浆液进行补注浆堵水。

⑤对 TBM 掘进过程中未揭露出来的溶洞,可根据超前地质预报手段探测到的溶洞性质及大小,对距离隧道开挖轮廓线 1 倍洞径以内范围的溶洞,采取超前钻孔方法,再采用灌注 C20 细石混凝土的方法进行钻孔超前回填,以确保 TBM 安全通过。

⑥堵水注浆总体方案分三个步骤:隧道周边水泥—水玻璃双液浆径向注浆加固;水泥—水玻璃双液浆顶水注浆;采用水泥—水玻璃双液浆注浆效果达不到预期效果时,采用化学浆液进行径向注浆堵水。

6.2.7 易燃、易爆有害气体

在含易燃、易爆有害气体隧道进行 TBM 施工时,必须通过安全施工管理、瓦斯监测、加强隧道通风、隧道电气防爆处理等措施避免事故的发生。

(1)瓦斯隧道安全施工管理

瓦斯隧道施工应坚持"安全第一、预防为主、综合治理"的方针,制订完善的安全保障体系和制度体系,强化各参建单位的安全质量主体责任,大力开展安全教育和培训,加强安全质量管理。应做到:

①瓦斯工区施工应按该隧道实测瓦斯最高值进行安全施工管理,建立完善的施工通风与瓦斯检测管理制度。

②加强施工人员管理。瓦斯隧道开工前必须对施工作业及管理人员进行安全技术培训。爆破、电工、瓦斯检测等特种作业人员必须持证上岗。

③瓦斯工区施工中应严格落实"加强通风、勤测瓦斯、严控火源"的原则。

④瓦斯隧道施工应建立专门机构进行通风、瓦斯检测、瓦斯监控以及防突、防爆管理。设置消防设施,配备应急救援物资。

⑤编制电气设备和机械作业管理规章制度。

⑥实施出入管理制度,进出洞人员应登记,严禁饮酒,严禁穿化纤衣服。

⑦制订事故预防及应急救援预案。

⑧制订瓦斯防治工作计划和实施细则,配置专职瓦斯监督管理人员。

(2)瓦斯监测

在 TBM 施工作业期间,应随时对隧道内瓦斯浓度进行监测,尤其是隧道拱顶、TBM 及后配套台车的死角等易于形成瓦斯积聚且风流不易到达的地方。一旦有异常情况,按照安全施工管理规定执行。

TBM 设备配置瓦斯电闭锁监控系统,采用防爆设计,自带应急电源,断电情况下可维持辅助系统正常工作。TBM 及后配套台车根据实际情况,配置若干防爆型甲烷传感器、硫化氯传感器、一氧化碳传感器、氧气传感器、二氧化碳传感器等。一般必须在主机区域、皮带输送机转渣点、主控室附近、除尘风机出口布置甲烷传感器(成型隧道内每 100m 布置一台),这些传感器可以实现隧道内瓦斯浓度的实时测量,具有就地显示和超限声光报警等功能,并且能够连续、自动地将隧道内瓦斯浓度转换成标准电信号输送给瓦斯监控中心,以达到控制 TBM 供电的目的。当任一甲烷传感器达到报警值,监测控制系统发出报警信号和关联设备的控制指令,可紧急停止 TBM 掘进,紧急制动刀盘和皮带输送机,并启动闭锁应急功能。TBM 常用的固定式和手持式气体检测仪如图 6-12 所示。

a)固定式　　b)手持式

图 6-12　TBM 瓦斯检测设备

人工检测采用便携式瓦斯检测仪和光感式瓦斯检测仪,对作业区瓦斯易聚集处、隅角、回风流中的瓦斯浓度进行检测,以确保施工安全。每作业班安排瓦斯检测员以 30min/次的频率 2h 连续平行检测,检测应及时上报并做好存档记录。检测的位置主要包括:TBM 主机区域,设备桥、台车顶部,成型隧道顶部(每 50m 一次)。

当 TBM 施工中进行瓦斯监测后,对监测结果按照以下要求进行反馈:

①当瓦斯的体积分数达到 0.5% 的警戒值时,通知作业班组负责人员,并立即汇报项目管理部门,及时加强通风;瓦斯的体积分数每上升 0.1%,向项目生产管理部门汇报一次,并做好相关记录。

②瓦斯的体积分数达到 1% 的警戒值时,应立即通知作业班组负责人,停止施工,除防爆照明和防爆风机开启外,关闭所有电气设备;启动应急照明,撤离作业人员,同时汇报项目部,并做好相关记录。

③瓦斯的体积分数达到 1.5% 的警戒值时,除开启防爆照明和防爆风机外,关闭其他所有设备,施工人员(包括瓦斯检测人员)全部撤离隧道。

第7章　超小曲线隧道TBM施工组织及设备管理

施工风险管控是企业经营管理和隧道工程建设中的重要组成部分，现场施工风险管控是重中之重，而超小曲线隧道 TBM 施工技术则需要在专业、系统、稳定的现场管理之上不断创新才能实现更高效率。

7.1　施工组织管理

超小曲线隧道 TBM 施工成功与否，除 TBM 设备适应性的关键作用外，也与施工组织管理直接相关，其与常规 TBM 的施工组织管理既有相同的地方，也有更多自有特点，本节将做具体介绍。

7.1.1　施工组织指导思想

超小曲线隧道 TBM 施工采用项目制管理，其施工组织管理原则和指导思想应遵循“机构精干、技术专业、科技先行、设备先进、保障有力、管理规范、施工科学、保护环境、保障安全、保证工期、确保质量”的原则。

施工总体布置按以下原则及指导思想开展：

(1)总体协调、紧抓重点原则。

重点施工组织以整个隧道工程建设为中心点，超小曲线段 TBM 掘进施工是该隧道工程建设的重心，同时放眼整个工程合理科学地控制超小曲线段的管理投入。

(2)满足总工期要求原则。

按“统筹规划、均衡生产、重点先行、分段展开、突出难点、兼顾一般、合理投入、有序推进”的原则统筹安排施工进度及各专业工程工期，优先考虑连续曲线段且大坡段的工期安排，满足整体建设工期。

(3)遵循安全质量为核心的原则。

通过优化资源配置和加强技术管理确保施工安全与质量。一是高风险区安全专项方案未经批准不开工;二是既有施工方案未经批准、各程序未履行不得开工;三是隧道曲线段施工安全边界条件超标不施工。严格遵守隧道设计和施工质量管理的原则。

(4)运用科学手段组织施工的原则。

运用平行、交叉、流水等科学手段组织施工;工期安排遵循“技术领先、合理可行、留有余地”的原则,积极谋划,超前运作。以曲线段施工为重点,直线段施工相结合,确保总工期和节点工期满足要求。

(5)隧道施工安排原则。

快速掘进,设备高效精良,工序紧凑合理,地质预报准确,工序紧凑平行,措施及时可靠,安全优质高效。

(6)围绕核心问题,TBM 设备适应性和与超小曲线施工关键技术精准实施,提升施工效率。

(7)抓好专业接口衔接与配合的原则。

重视各专业间的接口组织,落实责任主体,抓好施工与设备维护管理之间的衔接与配合,尤其是抓好站前与站后各专业间衔接与配合的落实。充分考虑施工现场的复杂情况及施工中不可避免的相互干扰和影响,施工进度及工期安排要同具体实际相结合,具有可操作性。

(8)推行标准化管理的原则。

坚持管理制度、人员配备、现场管理和过程控制标准化,以工厂化、专业化、机械化、信息化作为支撑手段,推进标准化管理。

(9)提高对施工准备期的重视程度,从实施性施工组织编制、“四通一平”、复测、图纸审核、原材料进场的检验和试验、TBM 设备调试等多角度、全方位的统筹考虑,提早安排,缩短施工准备期时间。

(10)组织有类似项目施工经验的管理人员和技术工人加强现场管理力量,合理调配资源,确保大型设备投入,为大规模施工生产创造条件。

(11)选择安全、可靠、经济、合理的施工方案,优化资源配置,实现快速、连续、均衡生产。充分重视隧道不良地质地段处理的施工难度,将超前地质预报、监控量测作为工序管理,根据超前地质预报、监控量测数据反馈信息,合理安排施工进度。

(12)积极开展科研攻关,结合工程实际情况,对影响 TBM 掘进效率的各种不良因素深入开展科研攻关活动,为工程快速、顺利施工提供技术保证。

(13)遵循青山绿水就是金山银山理念,把环境保护放在日常工作的重要位置,常抓不懈,确保对工程环境保护的要求。

7.1.2 施工组织机构设置

TBM 施工之前必须先将组织机构设置完成才能有序开展各项工作,项目组织机构设置原则:全面覆盖,系统管理,重点突出,精干高效,分工明确,职责到位,全面覆盖超小曲线 TBM 施工管理的各个方面。采用矩阵式组织机构,项目领导、业务部门、作业班组实行系统管理。超小曲线 TBM 施工组织结构如图 7-1 所示。

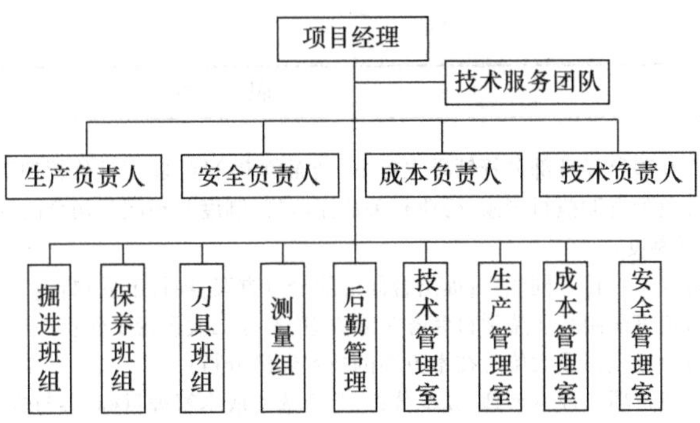

图7-1 超小曲线TBM施工组织结构图

按照上图中组织结构进行超小曲线隧道TBM施工的现场管理，主要管理人员和各机构职责见表7-1。

管理人员及各机构职责表 表7-1

序号	岗位	职责
1	项目经理	超小曲线隧道TBM施工项目管理的第一责任人，全面领导项目管理工作
2	生产负责人	(1)负责贯彻和执行国家、行业相关法律、法规和标准、规范、规程、制度，建设单位的管理文件； (2)负责项目的日常生产管理工作，对工程质量、安全、工期、成本负责；负责项目内部行政管理工作； (3)负责督促、检查项目管理工作，及时消除各种隐患； (4)负责及时如实报告安全、质量和环境等事故； (5)负责落实项目职业健康安全、质量和环境设施的投入
3	技术负责人	(1)协助项目经理工作，全面负责项目工程、机械技术和质量管理； (2)负责组织制订测量、量测、试验和超前地质预报等制度，并验证其实施效果； (3)负责组织编制实施项目实施性施工组织设计和创优规划； (4)负责工程施工记录和技术文件的管理； (5)负责组织编制竣工资料和技术总结； (6)负责对关键部位和重点工序的施工进行全过程监控； (7)负责工程产品的合格评定； (8)负责组织重点科技攻关活动，并组织执行项目科研任务，对“攻关”“开发”中的技术问题做出处理决定； (9)负责组织技术标准、规范和相关技术文件的培训；督导技术人员的业务，并评价其业务水平； (10)负责全面督促、检查和整改项目技术管理和实施过程中存在的质量问题； (11)负责进行专业服务单位和专业合作单位的监督管理
4	安全负责人	(1)协助项目经理建立本项目安全保证体系，对项目安全生产监督管理工作负综合领导责任； (2)负责统筹协调和综合管理安全工作，总体策划与组织实施安全生产监督管理工作； (3)参与项目施工组织、专项施工方案、安全措施的编制、论证； (4)负责项目安全技术交底资料的审核； (5)根据安全生产和质量监督管理规章制度要求，组织项目安全生产督查工作，对督查中发现的重大问题，有权下令停工整改； (6)按照国家伤亡事故的处理规定，负责上级企业、地方政府对本项目所发生的伤亡事故调查处理时的业务配合工作； (7)负责职责内职业健康安全技术管理； (8)负责项目安全人员的业务指导

续上表

序号	岗位	职　责
5	成本负责人	(1)在项目经理部分管领导主持下,全面负责合同、验工计价管理工作; (2)负责贯彻执行国家、行业有关法律法规、制度和集团公司合同管理制度,并拟制项目相关合同管理制度; (3)参与项目合同谈判;提出合同价款分劈方案,经批准后执行; (4)负责编制并实施项目商务策划方案,参与二次经营工作; (5)负责项目重大施工技术方案的技术经济分析; (6)负责项目成本管理、成本分析,分解落实成本管理目标,参与成本控制、核算; (7)负责项目分包管理,组织评审分包合同,监督检查分包管理制度执行情况; (8)负责监督有关安全责任、安全费用等合同约定内容的合法合规性
6	掘进班组	(1)在生产负责人领导下,进行安全高效的掘进生产; (2)负责超小曲线隧道TBM施工时洞内轨道、管线、电缆、照明延伸,支护作业,保证隧道内文明施工; (3)负责施工过程中的洞内水平运输作业,材料、渣土运输作业
7	维保班组	负责TBM设备的日常巡查、保养、故障处理,曲线段掘进时的关键部件保障工作等
8	刀具班组	负责刀盘刀具的日常检查、更换、刀具修复,刀具消耗分析,协助生产负责人进行刀具成本管理
9	测量组	负责超小曲线隧道TBM施工中的测量管理,保证其测量放线准确、精度满足规范要求,保管各种内、外业测量资料,曲线段施工时的TBM姿态控制和关键技术指导工作,施工后的曲线段质量控制工作
10	后勤管理	负责整个施工项目及施工团队的后勤管理工作
11	技术管理室	(1)负责工程的技术管理工作,主管图纸审核、岗前培训、技术交底,进行临时工程设计,编制施工组织设计方案,制订施工技术方案、工艺细则及应急方案等。参与工程质量的评定验收和竣工交验,对各种工程技术问题的准确性、完整性负责; (2)负责本工程的科研管理及"四新技术"的推广应用; (3)负责设备配件管理工作,负责工程实施过程中的三电管理,满足施工正常生产需要,保证施工安全; (4)负责按隧道设计的监测方案做好各项监测工作,收集和整理各项监测数据,并将信息及时反馈到相关部室; (5)负责日常工程技术资料、检验资料及验收资料的收集、整理、归档和保管等工作,并兼管工程调度工作
12	生产管理室	(1)负责编制项目部所需施工的年、季、月施工生产计划; (2)根据施工组织设计年、季、月施工计划,切实掌握施工进度和存在的问题,督促检查计划执行情况; (3)掌握劳动力、主要机械设备、施工机具、材料供应情况,配合有关部门做好调配工作,使施工生产正常进行; (4)编制能反映施工生产任务和生产情况的各种图表、台账,负责收集、整理各种统计资料,并按时上报; (5)负责项目现场施工工作,协助生产负责人工作,负责项目施工生产管理; (6)负责项目生产进度控制,确保各作业班组严格遵守施工纪律,保证按时完成各项生产指标

续上表

序号	岗位	职责
13	成本管理室	(1)负责工程合同的保管,完善内部合同管理; (2)负责按合同进行工程计量与支付工作; (3)负责项目责任成本核算的实行; (4)负责资源成本体系,成本预算,实际成本跟踪,成本分析
14	安全管理室	(1)负责工程施工中自然生态环境、水土保持、文物保护及施工环境(扬尘、噪声)和生活环境的保护和整治等工作,负责文明施工及文明工程现场的检查工作; (2)负责工程的安全管理工作,主管施工安全保障计划的编制并检查落实; (3)进行岗前安全教育培训、日常安全检查及事故分析,严格执行安全操作程序,督促检查和管理作业人员安全防护品的佩戴和使用; (4)负责编制预防职业健康病的规章制度和日常检查

除了以上管理人员及各部室职责明确外,对现场执行层关键岗位的选择也至关重要,具体要求可扫描二维码了解。

扫 码 下 载

7.1.3 资源配置

1)人力资源配置

(1)劳动力计算

①依据工程施工计划,分月对照工程任务按每个作业流程内容确定实施作业人员数量,测算施工人员需求数量。

②将超小曲线隧道 TBM 项目全体人员,按照组织机构划分系统人员分类管理。

③因超小曲线隧道 TBM 施工为新工法、新工艺,目前还未有相应定额,以下为劳动力计算反推工程劳动力测算公式:

$$p = W_r \times \frac{q}{T_z} \times S_1 \times S_2 \times S_3 \times S_4 \tag{7-1}$$

式中:p——相关工程劳动力;

W_r——工程数量;

q——工程劳动定额;

S_1——不同定额之间的幅度差；

S_2——不同时间的定额幅度差；

S_3——企业当时当地与统一定额的幅度差；

S_4——不可预见因素修正系数；

T_z——日历施工期内的实际工作天数(按8h计)。

其中，T_z 等于日历天数 T_e 乘以工作日系数0.7[除去星期日和国家法定假日，即：$(365-104-10)/12\times30=0.7$]，再乘以气候影响系数 K、出勤率 c 及作业班 n，即：$T_z=T_e\times0.7\times K\times c\times n$，当地气候影响系数为1，出勤率按100%计。

(2)作业模式配置

根据具体超小曲线TBM隧道工程的规模大小，对掘进施工班组采取两班制或三班制。规模较小且整体施工长度短于4km内的隧道工程，可考虑采用两班制配置，每班工作12h，每天白班执行强制停机保养4h。规模较大、作业强度大且施工长度大于4km以上的隧道工程，建议采用三班制配置，每班工作12h，休息24h，且每天白班执行强制停机保养4h。

(3)劳动力保证措施

超小曲线隧道TBM施工时需要组织精干、高效、富有创造力的专业团队，主要管理人员和施工人员需具有丰富的隧道TBM隧道施工经验，施工的主要管理人员需具有类似项目施工经历。

2)设备配置

超小曲线隧道施工的设备配置首先以超小曲线隧道TBM为主，以及配套施工配置的出渣、运输、供电、供水、供风等设备，首要满足适应超小曲线隧道施工需要。除TBM之外的掘进配套设备外，结合超小曲线隧道TBM施工的小转弯、大坡度的特点，对渣土物料运输的机车、矿车、材料车等及材料加工设备的选型及配置应根据工程施工特点做针对性分析。

3)材料配件

与常规TBM施工基本相同，超小曲线隧道TBM施工时的材料配件供应管理应遵循原则如下：

①施工时按专人计划、专人落实原则，做到施工材料配件按时适量供应，规避因物资供应影响施工进度的原则进行TBM施工材料配置管理。

②加强物资管理，做到库存量合理，确保材料配件质量在库存阶段不发生变化，已损坏或达不到设计要求的材料绝不用于工程施工。

③材料、配件采购有计划、有组织地进行，根据施工的实际进度及理论进度计划结合方式进行材料配件采购管理。按照不同阶段侧重点不同原则进行机动管理，例如，施工前期加强对TBM组装材料配件供应管理，正常掘进阶段应加强对刀具、油脂油料的管理，曲线转弯段需加强对皮带输送机系统、轨线材料的供应管理。

④及时掌握和追踪目前的材料动向和发展状况，追踪新材料、新技术、新工艺的信息，提高材料管理水平。

⑤合理进行材料配件库及材料堆放场的布置，材料分批进场，分期库存，确保库存量合理。

7.2　安全风险管理

超小曲线隧道 TBM 施工时具有现场环境条件复杂、施工难度大、技术质量要求高的特点，是一项较为复杂的高风险性系统工程，一旦发生安全事故，将会造成重大的人员伤亡和财产损失，对建设单位和施工企业造成严重影响。

7.2.1　安全管理原则

安全管理是施工管理的重要组成部分，遵循管理的普遍规律，服从管理的基本原理与原则。安全管理的根本目的在于防止伤亡事故和职业健康伤害发生，因此需要遵从事故预防的基本原理和原则，采取预防和控制措施，防止事故发生。

工程施工安全管理系统由人、机、环境和管理等四个要素组成，这些要素之间相互作用和影响。事故综合原因论认为，事故的发生绝不是偶然的，而是有其深刻原因的，包括直接原因、间接原因和基本原因。事故乃是社会因素、管理因素和生产中的危险因素被偶然事件触发所造成的结果。事故致因的综合模型结构如图 7-2 所示。

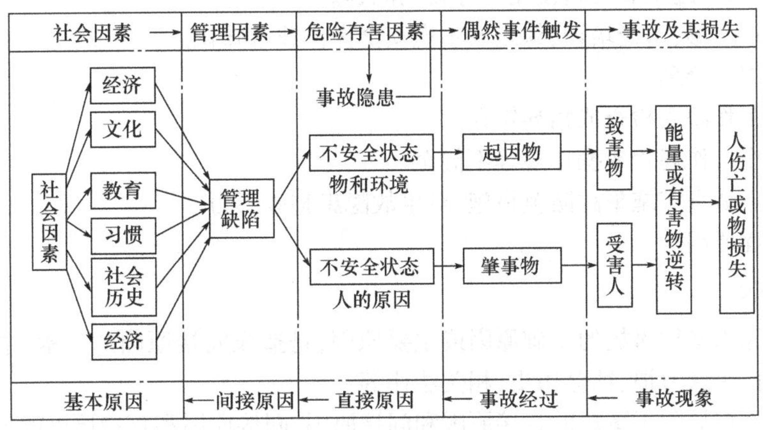

图 7-2　事故致因综合模型结构

1) 直接原因

事故的直接原因是指不安全状态(条件)和不安全行为(动作)。这些物质、环境以及人为的原因构成了生产中的危险因素(或称为事故隐患)。施工生产中不安全行为和不安全环境主要表现为两个方面：

(1)不安全行为是指在施工作业过程中存在违章指挥、违章作业以及其他引起和导致生产安全事故的行为。例如在超小曲线 TBM 施工过程中，操作 TBM 的速度不当、推力超负载、设备操作人员不合格、设备误操作、设备缺陷、安全装置未起作用、作业人员没有注意需重点保护的设备、水平运输设备操作维护不当、设备维护时搬运重物的姿势不对、在设备运行维护时酗酒等均为不安全行为。

(2)不安全状态是指施工场所和项目作业中存在引起事故的物体、物质和致害物或能使起因物和致害物造成事故的状态,是危害因素发展的结果。例如在超小曲线隧道 TBM 施工中,危险的大气环境(如含有瓦斯、煤尘、烟雾蒸汽等),支护或相应的保护装置不合格,工具、设备或材料有缺陷,工作场所拥挤,报警系统出现问题,水平运输设备带病作业,缺少合格的作业人员,TBM 内噪声过大,洞内照明不良,通风不良和热辐射等均为不安全状态。

事故的间接原因,是指管理缺陷、管理因素和管理责任。事故的间接原因即导致不安全行为、不安全状态产生的深层次原因、管理缺陷以及一些个人原因。

2)间接原因

间接原因可分为以下几方面:

(1)对物管理的缺陷。包括:技术、设计、结构上有缺陷,或设备、材料缺陷等。

(2)对人管理的缺陷。包括:教育、培训、指示,或对作业任务和作业人员安排等方面的缺陷或不当。

(3)对作业程序、工艺过程、操作规程和方法等方面的管理问题。

(4)安全监察、检查和事故防范措施等方面的问题。

根据以往对企业事故调查分析的间接原因如下:

①技术和设计上有缺陷,指工业构件、建筑物、机械设备、仪器仪表、工艺过程、操作方法、维修检验等的设计、施工和材料使用中存在的问题。

②教育培训不够,未经培训,缺乏或不懂安全操作技术知识。

③劳动组织不合理。

④对现场工作缺乏检查或指导错误。

⑤没有安全操作规程或操作规程不健全。

⑥没有或不认真实施事故防范措施,对事故隐患整改不力。

⑦其他方面原因。

3)基本原因

事故基本原因又称事故的基础原因或主要原因,是造成间接原因的因素,主要包括经济、文化、学校教育、民族习惯、社会历史、相关法律等。

事故致因不仅局限于事故的直接原因和间接原因,间接原因和直接原因的形成,更有其内在的因素,即事故基本原因。通常整个地区,甚至行业,对于超小曲线隧道施工事故发生的基本原因往往相同。因此,只有在对事故的基本原因作出正确的辨认和纠正后,才可能在大范围内安全状况得到全面、切实、最终的改善。

4)偶然事件触发

所谓偶然事件触发,系指由于起因物和肇事人的作用,造成一定类型的事故和伤害的过程。这个理论综合地考虑了各种事故现象和因素,因而有利于各种事故的分析、预防和处理,是当今世界上最为流行的理论。

综上所述,事故的发生过程是:由“社会因素”产生“管理因素”进一步产生“生产中的危险因素”,通过偶然事件触发从而造成事故和伤害。

因此对安全事故的管理主要遵循预防为主的原则,在安全事故发展的不同阶段对其进行控制,在事故发展前期采取“四消除一保护”,即消除不安全状态、不安全行为、起因物、致害物,对伤害方式进行保护;在发展过程中采取“两消除一制止”,即消除存在的不安全状态,消除存在的起因物,制止存在的不安全行为;在最后采取“两阻止一撤离”,阻止起因物继续作用,阻止事态发展和撤离人员。

7.2.2　安全方针与目标

安全生产方针是确定超小曲线隧道 TBM 安全施工的方向和原则,确定安全责任和目标,是表明有效安全管理的正式承诺。超小曲线隧道 TBM 施工的安全方针应包括:承诺遵守法律法规,承诺工作改进,以人为本、安全第一、预防为主。安全管理目标是安全方针的具体量化预期结果,包括工作目标和控制指标。

超小曲线隧道 TBM 施工应全面贯彻执行《中华人民共和国安全生产法》《建设工程安全生产管理条例》等法律法规,结合超小曲线隧道 TBM 的施工特点,应确保达到以下安全生产目标。

①控制一般责任事故,杜绝重伤及死亡事故。

②杜绝爆炸事故。

③杜绝五级及以上施工机械设备事故。

④不发生有人员责任的一般火灾事故,杜绝重大火灾事故。

⑤不发生本单位有责任的重大交通事故。

⑥不发生六级及以上基建信息安全事故。

⑦杜绝违章指挥、违章作业、惯性事故。

⑧全员安全教育及风险源辨识培训率 100%。

7.2.3　安全组织保障体系

超小曲线隧道 TBM 施工的安全组织保障体系包括机构设置、人员配备和工作机制。机构设置一般包括施工企业的安全生产最高决策机构、安全专职管理机构;人员配备包括单位及项目主要负责人、专职安全管理人员、部门负责人、班组长及专职安全员等。超小曲线隧道 TBM 施工安全组织保障体系如图 7-3 所示。

施工安全组织保障体系的有效运行需做到以下几点:

(1)组织的结构合理

合理地设置横向安全管理部门,划分纵向安全管理层次,做到“横向到边、纵向到底”。

(2)责任与权力明确

组织体系内各部门、各层次及各岗位均明确安全责任,主线明确,运作合理,确保不出现多头领导和职责交叉或职责空白等问题。

(3)人员及素质匹配

相关管理人员的安全工作素质符合要求,施工负责人、项目负责人及专职安全管理人员应经过主管部门考核取得安全管理资格,安全管理人员配备满足相关法律法规要求,并满足工程施工安全管理需要。

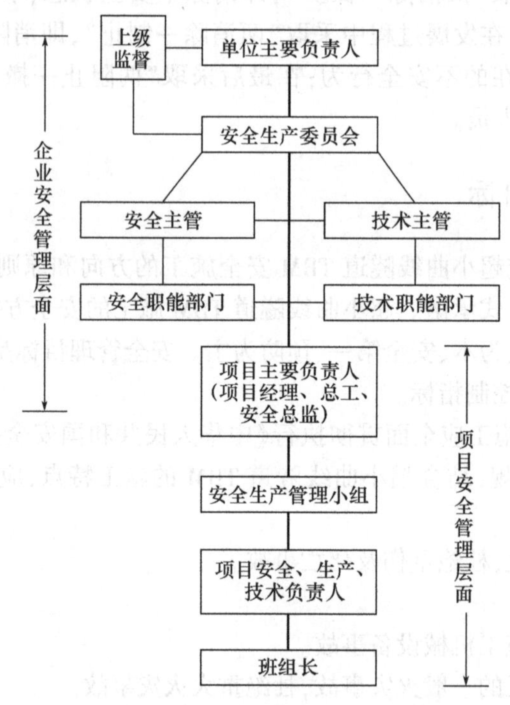

图7-3　超小曲线隧道TBM施工安全组织保障体系

(4)规章制度的保证

制订及落实各种规章制度,确保安全组织有效运行。

(5)信息的相互沟通

施工安全组织保障体系内部应建立有效的信息沟通模式,确保安全信息及时、正确的传达。

(6)组织的自适应性

施工安全组织应能适应突发事态的应对处置与外部环境变化的应对需要。

(7)安全文化的宣传

通过安全文化的宣传将"安全第一"的理念转化为作业人员的安全行为。

7.2.4　重大危险源辨识与预防

在常规TBM正式施工之前,作业项目部需针对本项目的工程特点,对施工活动的危险源进行识别,可采用专家评价打分法或危险性评价法(LEC法,L:事故发生的可能性,E:人员暴露在危险环境中的频繁程度,C:发生事故可能造成的影响),并建立重大/一般危险源统计表,根据重大危险源的特点制订重大危险源管理方案。无论专家评价打分法还是LEC危险性评价法,对危险等级的划分仍是按照经验划分的,难免存在偏差,因此往往需要结合具体项目工况进行调整。在常规TBM施工过程中,重大危险源(LEC法)统计见表7-2。

常规 TBM 危险源(LEC 法)统计表　　表 7-2

<table>
<tr><th>序　号</th><th>部　位</th><th>重大危险源名称</th><th>备　注</th></tr>
<tr><td>1</td><td>施工场地和生活区</td><td rowspan="10">触电高空坠落</td><td></td></tr>
<tr><td>2</td><td>隧道开挖</td><td></td></tr>
<tr><td>3</td><td>装渣运输</td><td></td></tr>
<tr><td>4</td><td>混凝土浇筑</td><td></td></tr>
<tr><td>5</td><td>施工变电站</td><td></td></tr>
<tr><td>6</td><td>空气压缩机室</td><td></td></tr>
<tr><td>7</td><td>TBM 组装</td><td></td></tr>
<tr><td>8</td><td>TBM 掘进</td><td></td></tr>
<tr><td>9</td><td>TBM 拆卸</td><td></td></tr>
<tr><td>10</td><td>生活区澡堂</td><td></td></tr>
<tr><td>11</td><td rowspan="2">TBM 掘进</td><td>隧道坍塌</td><td></td></tr>
<tr><td>12</td><td>突泥涌水</td><td></td></tr>
<tr><td>13</td><td>装渣运输</td><td>机械伤害</td><td></td></tr>
<tr><td>14</td><td>混凝土管片生产</td><td>机械伤害</td><td></td></tr>
<tr><td>15</td><td>TBM 组装</td><td>起重伤害</td><td></td></tr>
<tr><td>16</td><td>有轨运输</td><td>溜车</td><td></td></tr>
<tr><td>17</td><td>压力容器</td><td rowspan="2">爆炸</td><td></td></tr>
<tr><td>18</td><td>火工品</td><td></td></tr>
</table>

超小曲线隧道 TBM 施工的危险源辨识及防范措施与常规 TBM 有诸多不同,ϕ3.5m 超小曲线隧道 TBM 施工危险源辨识及预防措施可扫描二维码了解。

扫　码　下　载

与危险源辨识表对应的风险评估矩阵见表 7-3,现场生产部门对于初始风险评估等级按下表中从极端到低风险的顺序采取风险预防措施,现场安全管理部门则按照采取措施后的剩余风险评估等级进行监督检查。

风险评估矩阵　　表7-3

结果					
可能性	无关紧要的	小的	一般的	主要的	灾难性的
罕见的	低(1)	低(2)	低(3)	低(4)	中(5)
不太可能	低(2)	低(4)	中(6)	中(8)	高(10)
可能的	低(3)	中(6)	中(9)	高(12)	高(15)
可能	低(4)	中(8)	高(12)	极端(16)	极端(20)
几乎可以肯定	中(5)	高(10)	高(15)	极端(20)	极端(25)
低风险	按日常程序管理				
适度的风险	必须向安全员或当班带班班长指定管理职责				
高风险	需要项目管理人员的注意				
极端的风险	需要项目管理人员的注意				

在日常隧道掘进施工时,对各个工作面的风险源辨识预防管理可以工作安全分析表的形式呈现,具体可扫描二维码了解,由工作面的作业人员对当日作业中的风险源及防范措施图片进行勾选,简化风险辨识难度,提升安全管理效率。

扫　码　下　载

7.3　TBM 管理与维护

超小曲线隧道 TBM 设备性能与常规 TBM 存在本质区别,因此其设备管理也有别于常规 TBM,尤其刀盘刀具管理对超小曲线隧道 TBM 的施工效率及成本消耗至关重要。

7.3.1　TBM 设备管理

超小曲线隧道 TBM 设备管理范围包括 TBM 设备、出渣运输设备及施工辅助的设备设施、配件、材料、人员的综合管理。

超小曲线隧道 TBM 设备管理的组织机构以施工组织机构为基础,按其各岗位及部门职责划分为 TBM 使用管理与 TBM 维修保养(维保)管理两部分,如图 7-4 所示。在项目层面 TBM 设备管理的总负责人为项目经理,TBM 使用管理由生产负责人带领生产管理室及掘进班组主要负责，TBM 维护保养管理由技术负责人带领技术管理室及保养班、刀具班主要负责，在 TBM 使用与维保管理过程中成本管理系统必须全部参与核算相关成本。

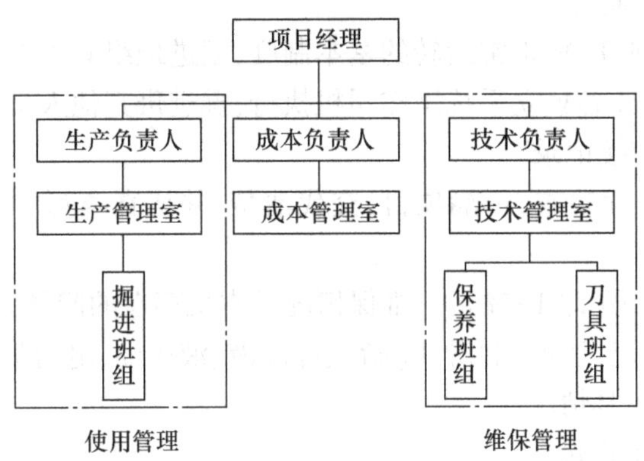

图 7-4 超小曲线隧道 TBM 设备管理组织机构

7.3.2 TBM 使用管理

超小曲线隧道 TBM 的使用管理涉及 TBM 法作业全过程，包括以下内容。

(1)明确基本职责

①生产系统负责 TBM 使用，保持机况良好，严格执行上级单位对 TBM 的管理规定。

②整理上报所使用 TBM 的掘进周报、月报和 TBM 整修报表。

③负责 TBM 的现场管理、使用、保养、修理、保管、机械状况分析、成本核算、技术资料总结与存档工作，制订安全技术操作规程和保养计划，并负责实施。

④负责制订和实施 TBM 运输、组装、始发、过站、到达、拆卸以及使用过程中有害气体检测等专项方案和技术交底。

⑤负责 TBM 退场整修实施管理工作。

⑥负责 TBM 各系统运行、维修、保养情况的信息收集工作，对 TBM 掘进生产记录资料进行管理。

⑦负责 TBM 的使用经济分析，加强配件、材料及施工组织管理。

⑧负责组织技术讨论，进行技术培训，负责 TBM/盾构使用、维护和保养的新工艺、新技术的推广和应用。

(2)明确岗位责任

①TBM 及其各系统必须实行“三定三包”责任制（即定人、定岗、定机；包使用、包保管、包养修），超小曲线段的 TBM 掘进要求极高，TBM 操作手必须要保证姿态稳定，避免随意调整。

②TBM 各系统操作人员作业期间必须坚守岗位，不得擅离职守，确保设备正常运行。

③TBM 各系统操作人员要做到班前检查机况、班后擦拭机体，使 TBM 外观整洁，达到“三无”和“四不漏”（即无污垢、无碰伤、无锈蚀；不漏水、不漏油、不漏气、不漏电）。

④各独立系统操作人员要做到三懂(懂构造、懂原理、懂性能)四会(会使用、会保养、会检查、会排除故障),从而达到正确使用TBM,按规定保养,严格执行安全技术操作规程。

(3)严格履行交接班制度

①交接班制度是保证TBM正常运转的基本制度,掘进班组必须严格执行。

②交接班制度由TBM各独立系统操作司机执行,掘进班其他人员及操作司机应进行全面交接并填写"TBM运转交接记录"。

③TBM交接时,要全面检查,不漏项目,交代清楚,并认真填写"TBM运转交接记录",严格做到"五交清",即:

a.交清TBM技术状况(即TBM运行维保情况及本班存在的问题)。

b.交清TBM运转情况,燃油、润滑油(脂)、冷却液、液压油、电力消耗和备用情况。

c.交清备品、附件、工具情况。

d.交清本班完成的工作量。

e.交清为下一班的生产准备及注意事项。

7.3.3 TBM维保管理

TBM设备维保管理须贯彻"预防为主,养修并重"的原则,依照超小曲线隧道TBM设备特性及具体作业环境,有计划地做好设备定期保养工作。设备保养分为日常保养、定期保养和特殊保养,保养实施情况应及时做好记录,并具有可追溯性。在进入冬季施工前,要严格进行设备的换季保养,采取有效的防冻、防寒措施。

1)维保类别及内容

(1)例行维保

设备在每班作业前后及运转中的检查、维保。例行保养由各系统操作司机按规定的作业内容认真对设备进行清洁、紧固、调整、润滑、防锈(腐)"十字"作业,消除故障隐患。

尤其设备机貌——"清洁"工作是展示设备管理水平和单位形象的窗口之一,作业人员应高度重视,切实、认真、有效地保证例行维保工作质量。

(2)定期维保

按"TBM出厂使用说明书"或"维修保养手册"的规定进行保养,保养可与设备油水分析、状态检测结合实施。

(3)特殊维保

①停放维保。

设备停放期超过一个月以上,应每周进行一次的检查保养,按规定进行"清洁、润滑、防锈(腐)"等工作,一般由维保工负责,设备电气系统由电工进行系统检查。

②试掘进维保。

新设备试掘进或大修出厂的设备走合期内及走合期满后进行的保养,按照"设备走合期相关规定"执行保养。

③换季维保。

主要是入夏、入冬前的保养,例如更换油料、电机循环降温系统、防寒措施、电气系统防潮等,此项维保可结合定期保养进行,主要针对高寒、高热、高海拔等特殊施工区域。

④转场退场保养、整修。

因施工需要进行转场或施工结束退场前应进行设备的全面检查、维修、保养,维保作业标准依照TBM机况不同,以通过维修、保养达到二类及以上机况为目标。

2)维保计划

TBM各设备必须根据工程任务、设备使用情况,按设备保养的规定,由技术管理室每月编制TBM维保计划随同施工生产计划同时下达,由维保班组严格组织实施。

(1)维保计划的编制

①年度维保计划:制订本计划的目的在于统筹各级维保次数,按季平衡高级维保次数和一般维保次数,协调平衡施工生产计划,安排维保力量、制订年度配件和材料计划。

②季度维保计划:制订本计划的目的在于明确具体保养次数,按月平衡高级维保项目和一般维保次数,进一步协调施工生产计划,调整维保力量,预测计划好配件和材料,以保证施工计划可按节点进行。

③月维保计划:主要目的在于确定各级维保进行的日期和停机日,以便调整施工生产计划,落实配件材料供应,安排维保人员。

以上维保计划应由技术负责人总体负责,技术系统统一制订、统一掌握、分步实施。

(2)制订维保计划的依据

①TBM的年度、季度、月份施工任务工程量或运转时间。

②TBM的各级维保间隔期。

③TBM的技术状况及维保情况。

④TBM作业现场现有维保条件。

⑤TBM出厂操作手册。

⑥项目施工现场的配件储备和供应情况。

3)维保实施

(1)TBM维保主要以计划停机维保及日常强制维保为主。

(2)维保日常实施时应以定部位、定人员、定设备、定进度、定质量的“五定”责任制度开展,采用综合作业方式时,应视情况制订必要的责任考核制度。

(3)TBM各设备运转到保养周期时,技术工程师依照计划将任务下达给操作人员及保养班组,当生产任务和维保工作发生矛盾时,工程师应尽量协调确保按规定进行强制维保。

(4)保养计划完成后,经检验合格,应将保养类别、起止时间、保养班组、主修人、保养内容和质量检验情况详细在TBM设备履历簿和工作日志中记录,记录的内容应齐全、准确。

4)维保质量监控

为保证保养的作业质量,必须贯彻执行保养时间检查、施保过程检验和保养后检查验收的“三检制度”。三检制度主要执行人为TBM技术工程师及技术负责人。

5)巡回检查

(1)为加强TBM维修保养,消除隐患,保持TBM良好的技术状态,必须坚持巡回检查制度。

(2)TBM 使用前后,办理交接班时,均应由操作人员按规定路线对该台 TBM 的各个部分进行一次详细、全面的巡回检查;正在使用的 TBM,也应利用休息停机间隙进行巡回检查。检查中发现的问题,应采取有效措施予以纠正,并记人运转记录中,重大问题要向 TBM 工程师及管理部门报告。

(3)技术负责人应对作业现场管辖的 TBM 有重点地进行巡视检查,对操作人员填写的运转记录和交接班记录进行复核确认。

6)备品、备件及工具管理

(1)TBM 施工中各类工具的管理,除掘进生产必须使用的工具由掘进班自行保管,其他 TBM 专用的工具则由维保班进行保管。保证设备正常运行的常用损耗配件由保养班进行保管与管理,由技术工程师进行监督。

(2)非常用的备品、备件及工具等要由材料库房进行集中管理,其使用管理应按照材料工具管理规定执行。

为有效保证超小曲线隧道 TBM 施工,因此在 TBM 的使用管理和设备管理中都应使从业人员养成良好的职业习惯,在工作中遵循“6s 管理”即:整理、整顿、清扫、清洁、素养、安全。

7.3.4 TBM 刀具管理

由于超小曲线隧道为非线性隧道,尤其在曲线段 TBM 施工时对刀具的管理直接关系 TBM 的施工效率及刀具消耗成本。

1)刀具管理内容

超小曲线隧道 TBM 掘进施工中,刀盘和刀具区别于常规直线段掘进施工的受力状况,刀盘、刀具在受径向力的同时也会受到轴向力的作用,因此会加速刀盘、刀具的异常磨损,是影响施工效率的主要因素之一。在围岩强度较高及曲线段掘进双重条件时刀具磨损最严重,因此刀盘、刀具的科学管理是施工过程的管理关键。

超小曲线隧道 TBM 施工过程中需每日进行刀具检查及更换,尤其曲线段施工需将检查频率增加为 2 次/循环。设专职刀具班组进行刀具管理,负责日常刀具检查、更换、维修工作,执行相关管理流程。日常检查中,需对刀盘格栅、进渣口、耐磨保护块等磨损情况,对滚刀、刮刀、中心刀等刀具磨损情况,对刀具的螺栓完整性和紧固扭矩等进行严格检查。超小曲线隧道 TBM 的刀具检查更换标准与同类型常规 TBM 有所不同,中心刀、面刀的刀圈磨损区间为 20 ~ 25mm,曲线掘进段的边刀磨损极限区间为 10 ~ 20mm,还需结合现场地质情况进行综合观察判断,刀具磨损检查及更换记录,分别如图 7-5、图 7-6 所示。

检查后当刀具磨损至极限或出现弦磨、崩刃、漏油等异常情况时,需进行刀具更换工作。换刀准备工作前,刀盘需要后退 10 ~ 30cm,以方便刀盘的空载旋转和刀具的更换安装。刀盘每日需要检查维护的主要部件有:刀盘结构、滚刀、刮板、喷水、磨损保护装置、管路装置。当出现刀盘焊缝开裂、耐磨合金条磨损严重、刀盘保护块磨损、刮渣板磨损后需进行刀盘的维护维修。

刀具检查期间如果存在不规范操作,有可能危及人员生命,故刀具检查必须建立规范的检查操作安全流程,以免发生安全风险。刀具检查流程如图 7-7 所示,刀盘刀具检查更换作业控制要点见表 7-4。

文登中铁776号TBM设备刀具检查报表

日期	2020.1.3	2020.1.4	2020.1.5	2020.1.6	2020.1.7	2020.1.8	2020.1.9	2020.1.10	2020.1.11	2020.1.12
进尺(m)	346.083	355.788	365.335	373.278	383.771	404.319	417.066	426.899	436.019	447.889
掘进长度(m)	9.559	9.702	9.547	7.943	10.493	20.548	12.747	9.833	9.12	11.87
刀盘推力(kN)	6355-6880	6812	6400-7023	6884-7542	4880-6885	3856-6901	3744-6767	4200-6805	4600-6752	5304-6510
掘进速度(mm/min)	25-42	23-32	20-35	10-36	13-72	26-62	35-60	34-67	26-43	19-39
刀盘扭矩(kN·m)	227-360	263-370	216-341	133-602	187-604	208-560	172-460	212-681	251-407	207-407
刀盘转速(r/min)	10.5-11.2	10.7-11.1	10.0-11.3	10.8-11.5	8.0-11.4	7.0-11.1	7.6-10.5	8.0-10.7	7.8-10.6	9.8-11.0
刀盘运行时间(min)	475	577	638	574	559	573	346	285	425	462
贯入度(mm/r)	1-3	1-3	1-3	1-3	1-3	1-3	1-3	1-3	1-3	1-3
地质情况	二类岩石	二类岩石	二类岩石	二类岩石	二类岩石	二类岩石	二类岩石	二类岩石	二类岩石	二类岩石
渣石形状	块状	块状	块状	块状	块状	块状	块状	块状	块状	块状

刀具名称	刀具号	极限值(mm)	当日磨损值	剩余磨损值	当日磨损值	剩余磨损值	当日磨损值	剩余磨损值	当日磨损值	剩余磨损值	当日磨损值	剩余磨损值	当日磨损值	剩余磨损值	当日磨损值	剩余磨损值	当日磨损值	剩余磨损值	当日磨损值	剩余磨损值	当日磨损值	剩余磨损值
正刀	1	25	6	19	7	18	8	17	9	16	10	15	11	14	0	25	1	24	1	24	1	24
	2	25	7	18	8	17	9	16	11	14	12	13	13	12	0	25	1	24	1	24	1	24
	3	25	13	12	13	12	13	12	14	11	14	11	15	10	16	9	17	8	17	8	17	8
	4	25	15	10	15	10	16	9	19	6	19	6	19	6	19	6	19	6	19	6	20	5
	5	25	17	8	18	7	18	7	19	6	20	5	22	3	22	3	23	2	23	2	24	1
	6	25	17	8	18	7	19	6	20	5	22	3	23	2	24	1	25	0	13	12	14	11
	7	25	19	6	19	6	21	4	22	3	22	3	24	1	24	1	24	1	24	1	25	0
	8	25	17	8	18	7	19	6	21	4	21	4	21	4	21	4	22	3	23	2	24	1
	9	25	15	10	17	8	17	8	17	8	20	5	20	5	21	4	22	3	22	3	23	2
	10	25	13	12	14	11	15	10	16	9	19	6	19	6	21	4	23	2	23	2	23	2
	11	25	14	11	14	11	16	9	17	8	19	6	20	5	20	5	21	4	21	4	22	3
	12	25	13	12	13	12	15	10	17	8	18	7	20	5	20	5	21	4	21	4	22	3
边刀	13	20	13	7	15	5	16	9	16	4	19	1	20	0	14	6	11	9	12	8	13	7
	14	20	14	6	15	5	18	7	19	1	20	0	21	0	12	8	14	6	15	5	16	4
	15	15	14	1	15	0	16	0	17	0	13	2	15	0	16	0	18	0	10	5	11	4
	16	15	14	1	15	0	16	0	18	0	13	2	13	2	15	0	17	0	0	15	1	14
	17	10	3	7	6	4	8	17	10	0	4	6	6	4	7	3	9	1	0	10	1	9
	18	10	4	6	6	4	8	17	10	0	3	7	6	4	7	3	9	1	0	10	1	9
	19	10	4	6	6	4	8	17	10	0	3	7	6	4	7	3	9	1	0	10	1	9
	20	10	4	6	6	4	8	17	10	0	3	7	6	4	7	3	9	1	0	10	1	9
中心刀	1	25	11	14	13	12	13	12	16	9	16	9	17	8	0	25	2	23	3	22	4	21
	2	25	7	18	8	17	8	17	9	16	11	14	11	14	1	24	2	23	2	23	3	22
	3	25	4	21	5	20	5	20	7	18	8	17	8	17	0	25	1	24	1	24	1	24
	4	25	4	21	5	20	5	20	7	18	8	17	8	17	0	25	1	24	1	24	1	24
	5	25	4	21	5	20	5	20	7	18	8	17	8	17	0	25	1	24	1	24	1	24
	6	25	4	21	5	20	5	20	7	18	8	17	8	17	0	25	1	24	1	24	1	24
检查人：			张良		张良		张良		张良		张良		张良		张良		张良		张良		张良	
备注：																						

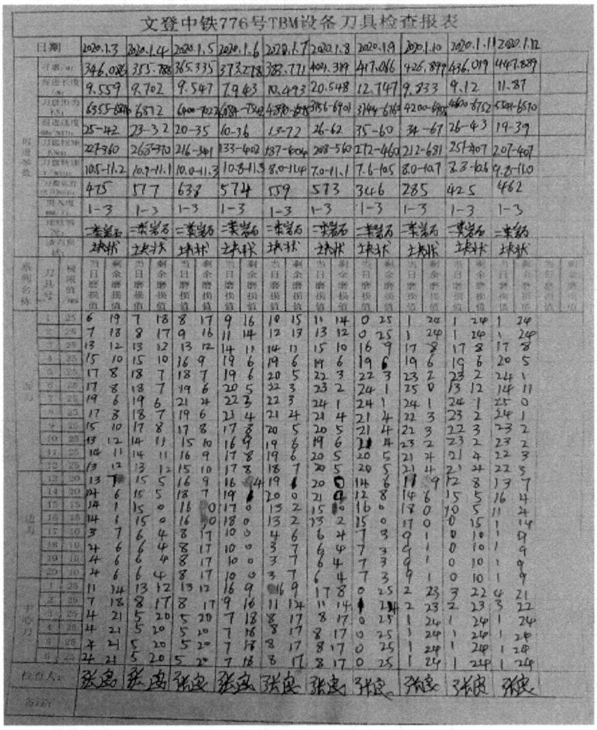

图 7-5　刀具磨损检查记录表

文登中铁776号TBM设备刀具检查报表								日期:		桩号:	
刀具位置	磨损值	移除原因	移除刀号	安装刀号	新装刀具状态	刀具位置	磨损值	移除原因	移除刀号	安装刀号	新装刀具状态
1	2mm					14	1mm				
2	2mm					15	10mm	正常	205	4	新刀圈
3	9mm	正常	6	12	4mm	16	10mm	正常	206	16	新刀圈
4	16mm	正常	22	25	7mm	17	5mm	正常	11	21	新刀圈
5	15mm	正常	23	5	8mm	18	5mm	正常	12	17	新刀圈
6	19mm	正常	24	26	8mm	19	6mm	正常	9	10	新刀圈
7	20mm	正常	25	6	8mm	20	7mm	正常	10	9	新刀圈
8	19mm	正常	26	11	6mm	中心刀具位置 1	6mm				
9	21mm	正常	27	14	4mm	中心刀具位置 2	5mm				
10	9mm	正常	5	18	3mm	中心刀具位置 3	2mm				
11	3mm	正常				中心刀具位置 4	2mm				
12	3mm	正常	18	20	新刀圈	中心刀具位置 5	2mm				
13	3mm	正常	14	19	新刀圈	中心刀具位置 6	2mm				
开累进尺:	221.798		m	刀盘扭矩:	0		kN·m	备注:			
日进尺:	0		m	掘进速度:	0		mm/min				
刀盘推力:	0		kN	刀盘转速:	0		r/min				
贯入度:	0		mm/r	工程地质情况：二类花岗岩							
刀盘运行时间:			h	渣石形状：块状							
签字:											

图 7-6　刀具更换检查记录表

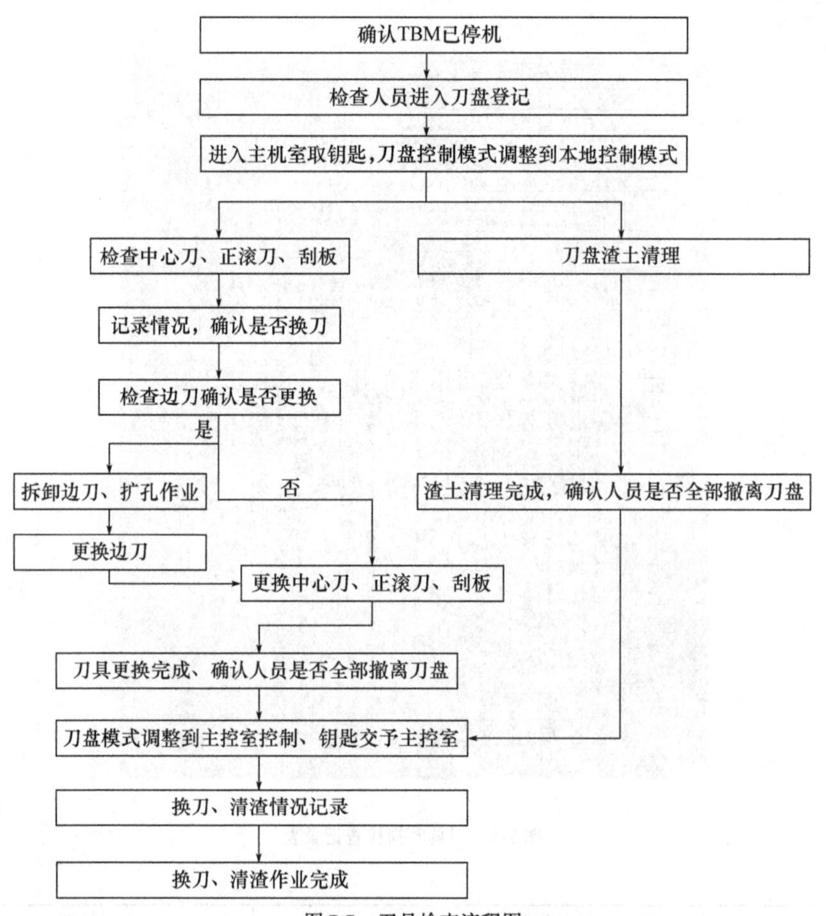

图 7-7　刀具检查流程图

刀盘刀具检查更换作业控制要点　　　表 7-4

序号	作业项目	控制要点	备注
1	刀具检查	(1)检查刀盘上所有刀具螺栓是否有脱落现象; (2)检查滚刀挡圈是否断裂或脱落,还应检查刀圈是否发生移位; (3)检查滚刀刀圈是否完好,有无断裂及偏磨现象; (4)检查滚刀刀体是否存在漏油或轴承损坏现象; (5)滚刀在没有断裂和损坏的前提下,正确地测量滚刀刀圈的磨损量,并作好记录	
2	刀具更换	(1)当检查完刀盘刀具后,按照换刀计划,从中心刀位置开始依次向外圈更换刀具; (2)换刀时如进行动火作业,必须先对动火区域内的气体进行检测,得到安全生产管理人员动火批准后方可进行,同时确保刀盘内通风良好	
3	清理	刀具处理完后进行全面检查,避免工具、杂物遗落在刀盘内	

2)刀具维修

刀具更换后运出隧道外部,由专业修理人员在刀具修理间进行刀具维修,刀具的维修质量直接关系到刀具消耗成本,而刀具消耗成本也是决定 TBM 施工成本高低的重要指标。

(1)维修准备

清洁刀具,检查刀圈磨损状态,刀具油脂、密封及扭矩状态,填写刀具翻新检测报告。

(2)维修流程

如达不到以下检测标准,则需对刀具进行拆解。

①测试扭矩在 20 ~ 60N · m 范围内是否转动正常。

②刀具密封不漏油,油脂中无可见大的金属颗粒。

③加压到 5 ~ 10psi(1psi = 6.895kPa),保持 5min 以上,压力无泄漏。

若检测后判断刀具无须拆解,可调整为过渡刀使用,若更换新的刀圈则须重新加注新油脂,并检测扭矩及气密性。并对检修情况进行进行记录存档。刀具维修过程如图 7-8 所示。

a）刀具冲洗

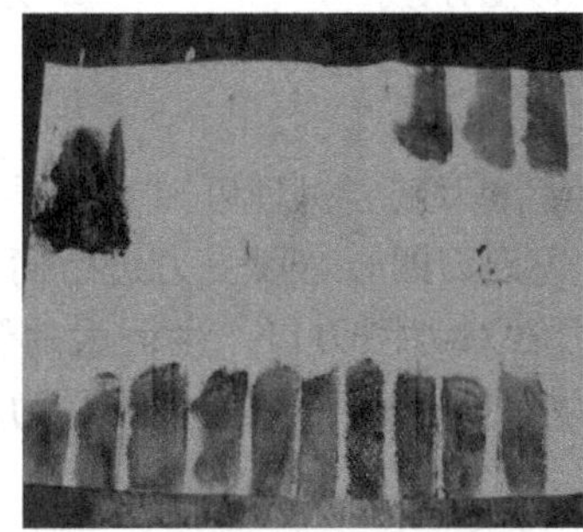

b）油脂状态比较

c）刀具拆检

d）磨损测量

e）密封加压检测

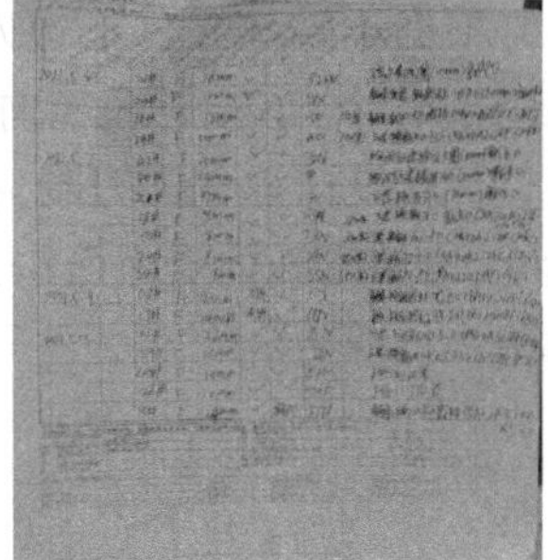

f）刀具检修台账

图 7-8　刀具维修过程

刀具更换及刀体拆解按照刀具换件的通用工艺要求进行。

3)刀具管理实例

某超小曲线隧道 TBM 项目中对刀具日常管理成效显著,使 TBM 取得了较高的利用率,其刀具管理中边刀磨损快与刀盘修复是较有代表性的两个问题。

(1)边刀磨损快

①边刀工况分析。

在工程曲线段掘进时发现边刀磨损加剧,经过项目现场设备管理团队分析后采用中铁装备生产的偏刃刀具解决了边刀磨损过快的问题。

边刀磨损分析如下：首先边缘滚刀安装在刀盘最外侧采用斜装方式，如图 7-9a）所示；边缘滚刀受载特殊，存在较大偏心荷载，如图 7-9b）所示；边刀在切削破岩过程中失效形式一般存在偏磨，其失效特征及磨后形貌分别如图 7-9c）和图 7-9d）所示，这都不同于中心滚刀和正面滚刀。

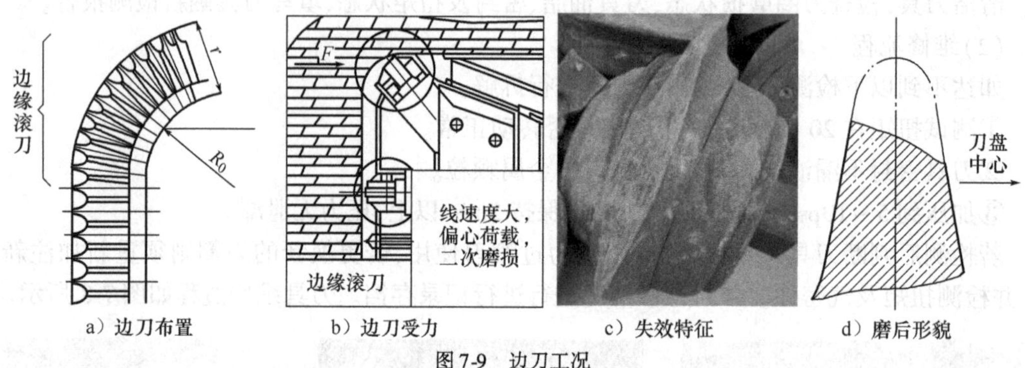

a）边刀布置　b）边刀受力　c）失效特征　d）磨后形貌

图 7-9　边刀工况

②曲线段边刀受力分析。

由刀圈侧边受力模型和边缘滚刀破岩机理可知，转弯段边刀内侧受力可能更大，因为刀圈内侧接触的岩石面积更大。对边刀刀圈转弯段受力进行简要分析，发现受力主要为岩石作用在滚刀上的正压力，及转弯时岩石对刀圈刃口产生巨大的侧向力，由图 7-10 可以看出边缘滚刀刀圈受力严重偏离了正压力方向。刀圈内侧为主要受力面，此现象将导致刀圈内侧磨损严重，减少刀圈使用寿命。

③偏刃刀圈结构优化。

根据小转弯条件下边刀受力情况和滚刀破岩机理可得出如下结论：在刀圈半径和贯入度固定时，减小接触区径向角度，有利于减小接触区应力，可能有利于减少刀圈磨损；以此原理优化设计出偏刃刀圈，在常规刀圈基础上增加边刀主要受力一面的厚度，减小接触区径向角度，增加刀圈的受力面积，可减小接触区应力，有利于提高刀圈的使用寿命。偏刃刀圈示意如图 7-11 所示。

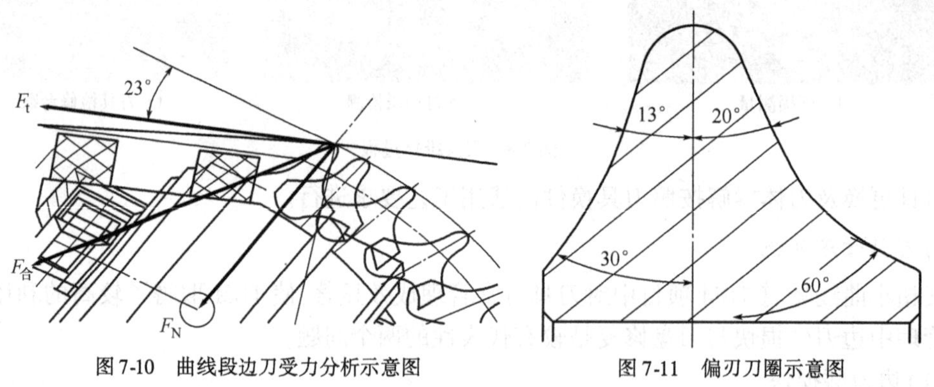

图 7-10　曲线段边刀受力分析示意图　　图 7-11　偏刃刀圈示意图

④应用效果。

根据上述分析结果设计并生产偏刃刀圈，在超小曲线段中进行应用。工程沿线地层主要岩石类型为Ⅰ、Ⅱ类二长花岗岩和石英二长岩，岩石最高抗压强度225MPa，石英含量40%左右，以19号和20号两个边刀刀位的刀圈为研究对象（图7-12），选择常规刀圈2件，记为编号C1和C2，选择偏刃刀圈2件，记为编号P1和P2。

将C1和P1安装到19号刀位进行使用，将C2和P2安装到20号刀位进行使用，C1、C2、P1和P2刀圈的硬度、韧性等基础属性均相同。因整条廊道岩石情况无变化，因此无须考虑地质条件的选择。

常规刀圈和偏刃刀圈分别掘进145.43m，C1、C2、P1和P2刀圈的磨损量和磨损速率见表7-5，由表7-5可知，当磨损量相同时，偏刃刀圈可掘进更远的距离，P1刀圈较C1刀圈磨损速率降低7.4%，P2刀圈较C2刀圈磨损速率降低17.5%。实际试验结果与磨损量预测结果相符合。

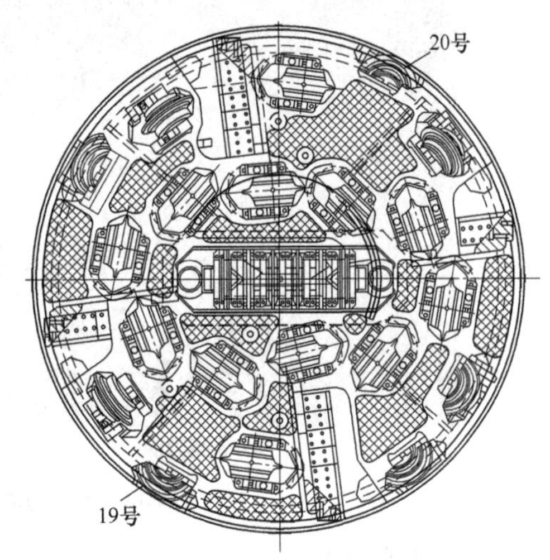

图7-12 TBM刀盘示意图

C1、C2、P1和P2刀圈的磨损量、磨损速率表 表7-5

刀　圈	刀　位　号	掘进距离(m)	磨损量(mm)	磨损速率($\times10^{-3}$)
C1	19号	145.43	21	0.1444
C2	20号	145.43	24	0.1650
P1	19号	145.43	19	0.1337
P2	20号	145.43	20	0.1361

图7-13为常规刀圈和偏刃刀圈掘进一段时间后刃口磨损情况，常规刀圈刃口变钝且偏向一侧，偏刃刀圈刃口磨损无明显偏向性，常规刀圈和偏刃刀圈刃口实际磨损形态与仿真结果相一致。图7-14为常规刀圈与偏刃刀圈在超小曲线段隧道掘进的效果比较，更换为偏刃刀圈后明显在超小曲线段的掘进轨迹更为平滑，隧道岩壁错台更小。

a）常规刀圈

b）偏刃刀圈

图7-13 常规刀圈和偏刃刀圈刃口磨损情况

a）常规刀圈

b）偏刃刀圈

图7-14　常规刀圈和偏刃刀圈超小曲线段掘进效果

(2)刀盘修复

硬岩地质下TBM在超小曲线转弯段掘进过程中刀盘受轴向力作用，刀盘磨损较常规工况有所加剧，连续经过10个超小曲线转弯段或连续转弯段掘进800～1000m时，建议对刀盘进行一次专项修复；累计超过15个以上超小曲线转弯段或连续转弯段掘进2000m以上时应进行一次全面修复。

①刀盘面板修复。

TBM刀盘开口率一般较小，在遇硬岩掘进时掌子面出现渣土滞留，加速刀盘面板磨损，磨损严重时会出现结构承载力减弱或刀盘面板开裂等情况，同时在曲线转弯段掘进时也会加速刀盘边缘刮板磨损。

刀盘面板修复时根据设计图纸及面板参考基准进行磨损尺寸测量标注，采用氧焊及气刨工具对面板磨损部位水、油、锈斑进行清理，做好焊接准备。刀盘材质为Q345结构钢，故修复时应采用耐磨焊丝进行堆焊处理，填补磨损部分空间并增加其耐磨性，焊缝要饱满、连续，保证无焊渣、起泡及空洞。刀箱保护块修复时根据参考基准及刀盘图纸进行刀具保护块磨损部分尺寸定位，确保保护块与刀盘的相对位置，保证刀刃相对于刀盘的高度一致。修复前后效果对比如图7-15～图7-17所示。

a）修复前

b）修复后

图7-15　刀盘面板修复前后对比

a）修复前

b）修复后

图7-16　耐磨条前后对比

a）修复前

b）修复后

图7-17　刀箱保护块修复前后对比

②设备材料。

刀盘修复时作业人员必须在做好个人防护的前提下，严格按照动火作业标准进行焊接修复作业，所需设备材料见表7-6。

刀盘修复材料工具清单　　表7-6

名　称	规　格	单　位	数　量	备　注
二氧化碳（CO_2）气体保护焊机	NBC-500	套	2	—
手工弧焊机	ZX7-630	台	2	用于碳弧气刨
焊丝	ER50-6/ϕ1.2	kg	若干	—
焊条	J507/ϕ3.2	kg	若干	—
耐磨焊丝	GEH-80	kg	若干	—
CO_2 气体	40L/瓶	瓶	10	用于 CO_2 气体保护焊机
氧气	40L/瓶	瓶	10	—
乙炔或丙烷	40L/瓶	瓶	5	—
碳棒	8×355mm	根	30	—
红外测温枪	—	把	1	—

续上表

名　称	规　格	单　位	数　量	备　注
手割枪	G01-300	把	1	配备相应气管和枪嘴
烤枪	1m	把	1	配备相应气管和枪嘴
角磨机	125mm 或 150mm	件	2	配适当角磨片
保温棉	—	kg	20	—
清洗剂	—	瓶	30	—
渗透剂	—	瓶	5	—
显像剂	—	瓶	5	—

通过多个项目应用验证,超小曲线隧道 TBM 在Ⅱ类围岩条件下掘进的刀具消耗成本约占 TBM 开挖总成本的 9% ~12%,在Ⅲ类围岩条件下掘进的刀具消耗成本约占 TBM 开挖总成本的 7.5% ~9%,希望可以为类似工程提供借鉴参考。

第8章 应用案例

国家电网有限公司(以下简称“国家电网”)文登抽水蓄能电站排水廊道 TBM 试验项目(以下简称“文登试验项目”)是我国首个超小曲线隧道 TBM 施工项目,也是世界上首个实现 R30m 超小曲线转弯的 TBM 硬岩掘进项目,其项目应用也可为其他超小曲线隧道 TBM 施工提供参考。

8.1 工程概况

文登抽水蓄能电站位于山东省威海市文登区界石镇境内,规划装机容量 1800MW,安装 6 台单机容量为 300MW 可逆式水泵水轮机组,设计年发电量约 27 亿 kW·h,其主要功能是承担山东电网调峰、调频、调相、负荷备用与紧急事故备用等任务。文登超小曲线 TBM 试验项目在其排水廊道分项工程中进行,试验掘进段总长 2375m,分为上层及中下层两部分。

8.1.1 施工设计

试验段Ⅰ:高压管道上层排水廊道为环形布置,与 2 号施工支洞、2 号高压管道中平段相交,排水廊道上下游侧采用半径为 30m 的转弯段将直线段廊道进行连接,转弯段与直线段的倒角半径为 50m,上层(含组装洞 35m)总长 927.8m。设计如图 8-1、图 8-2 所示。

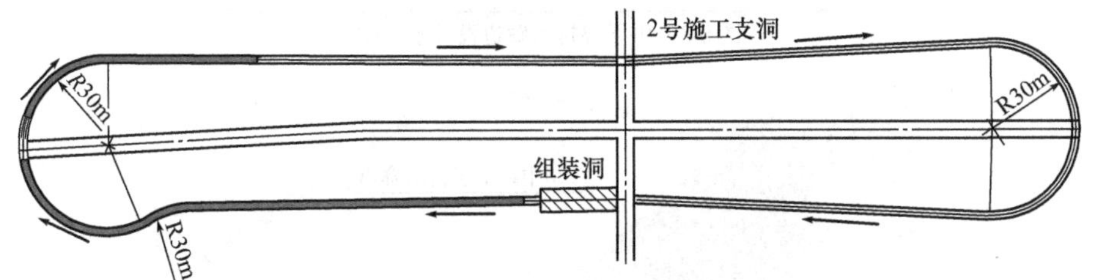

图 8-1 上层排水廊道设计示意图

试验段Ⅱ:厂房中下层排水廊道 TBM 始发段长 8m,始发段起点位于 5 号排水廊道处,最大坡度为 4%,平均坡度为 2.1%,共有 7 处半径为 30m 的转弯,中下层排水廊道(含组装洞 35m)总长 1447.8m,设计如图 8-3、图 8-4 所示。

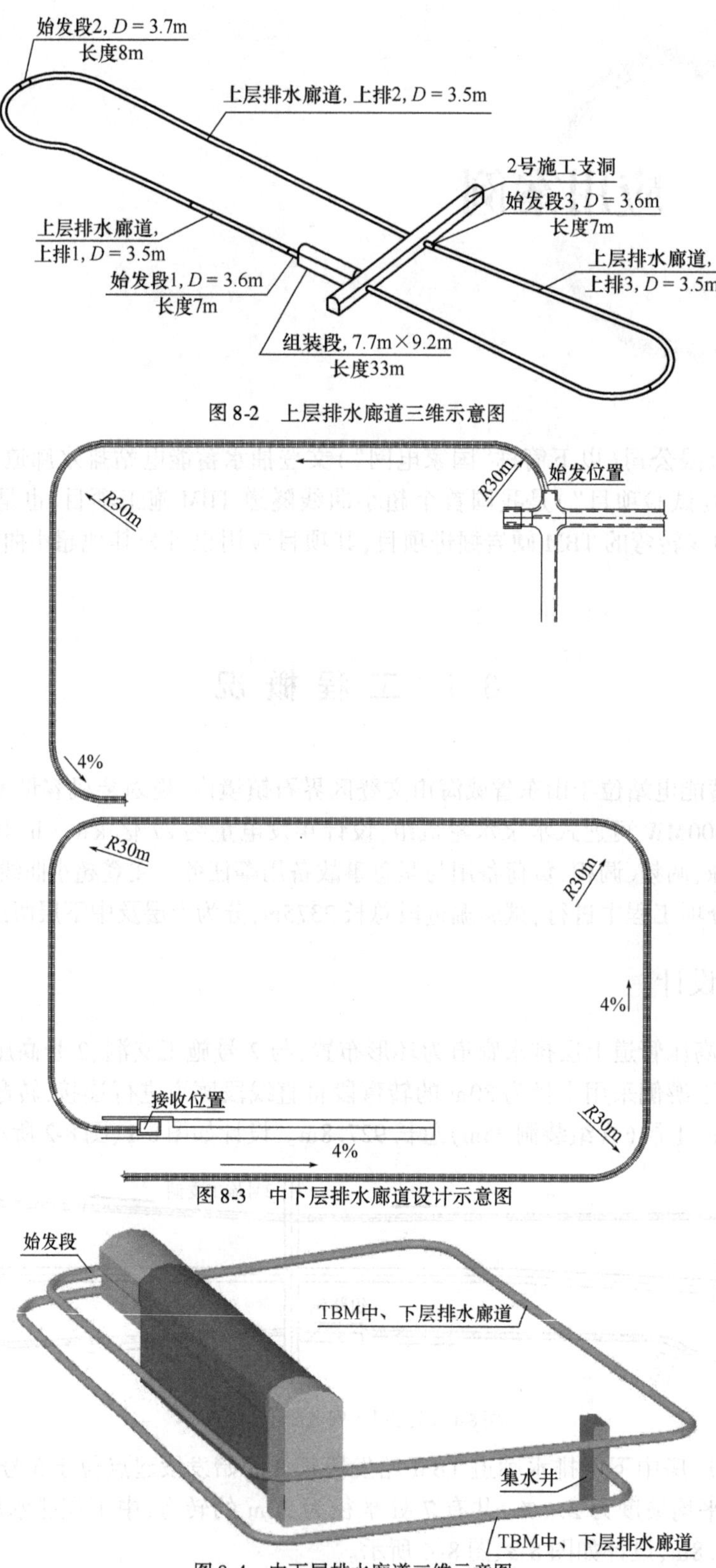

图 8-2 上层排水廊道三维示意图

图 8-3 中下层排水廊道设计示意图

图 8-4 中下层排水廊道三维示意图

8.1.2 工程地质条件

试验段Ⅰ:上层排水廊道上覆岩体厚度170~280m,揭露岩性主要为石英二长岩和二长花岗岩,微风化~新鲜岩体。节理裂隙不发育,断层走向与洞室大角度相交,对稳定影响较小,主要发育两条断层 $f_{11\text{-}23}$ 和 $f_{11\text{-}17}$,①$f_{11\text{-}23}$,产状:NE80°、SE∠88°,断层宽10m,主要由煌斑岩脉及蚀变碎裂岩组成,带内岩体较破碎;②$f_{11\text{-}17}$,产状:NW280°~300°、SW∠88°,断层宽3~5m,主要由碎裂岩组成,呈碎块状,局部渗水,断层部位围岩完整性较差。主要发育两组裂隙,产状:NW280°~300°、SW∠75°~85°裂隙发育为主。多闭合、无充填。受断层及上述裂隙切割,洞段围岩岩体多为块—次块状结构,围岩稳定性较好,该洞段揭露围岩类别以Ⅱ类为主,断层部位为Ⅲ~Ⅳ。洞壁以渗水、滴水为主。

试验段Ⅱ:地下厂房排水廊道位于苇夼沟和六度寺沟所夹山体内,布置在水道线路中部,距离地下水库的水平距离约1640m。分布高程为22~75.5m,上覆岩体厚度约350m。地下厂房区排水廊道岩性以晚元古代晋宁期黑云角闪二长花岗岩和中生代印支期黑云角闪石英二长岩为主,二者呈混熔状态,岩性界线不是很明显,以二长岩占多数。均属坚硬、微新岩体,单轴饱和抗压强度为74.5~238.8MPa,平均值为141.5MPa;弹性模量为39.7~68.8GPa,平均值为52.5GPa;变形模量为9.1~53.2GPa,平均值为36.8GPa。地下厂房排水廊道主要发育断层有:f_{202}、f_{203}、$f_{1\text{-}55}$、$f_{1\text{-}56}$断层走向与环形排水廊道洞室大角度相交,以Ⅳ级结构面为主,对稳定性影响较小。断层走向与廊道轴线交角为35°~51°。

本项目整个TBM掘进试验段以Ⅱ类围岩为主,占80%~85%,各类围岩占比如图8-5所示。

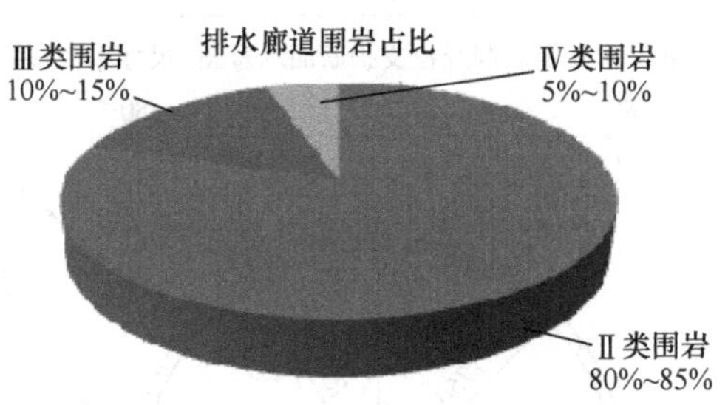

图8-5 排水廊道各类围岩占比情况

8.2 设计概况

由于该项目是国内首次在抽水蓄能工程中使用TBM施工,TBM掘进段开挖直径为3.5m,而其隧道设计也是在以往钻爆施工基础上进行了优化和改进设计。TBM组装洞开挖支护断面如图8-6所示,开挖断面如图8-7所示。

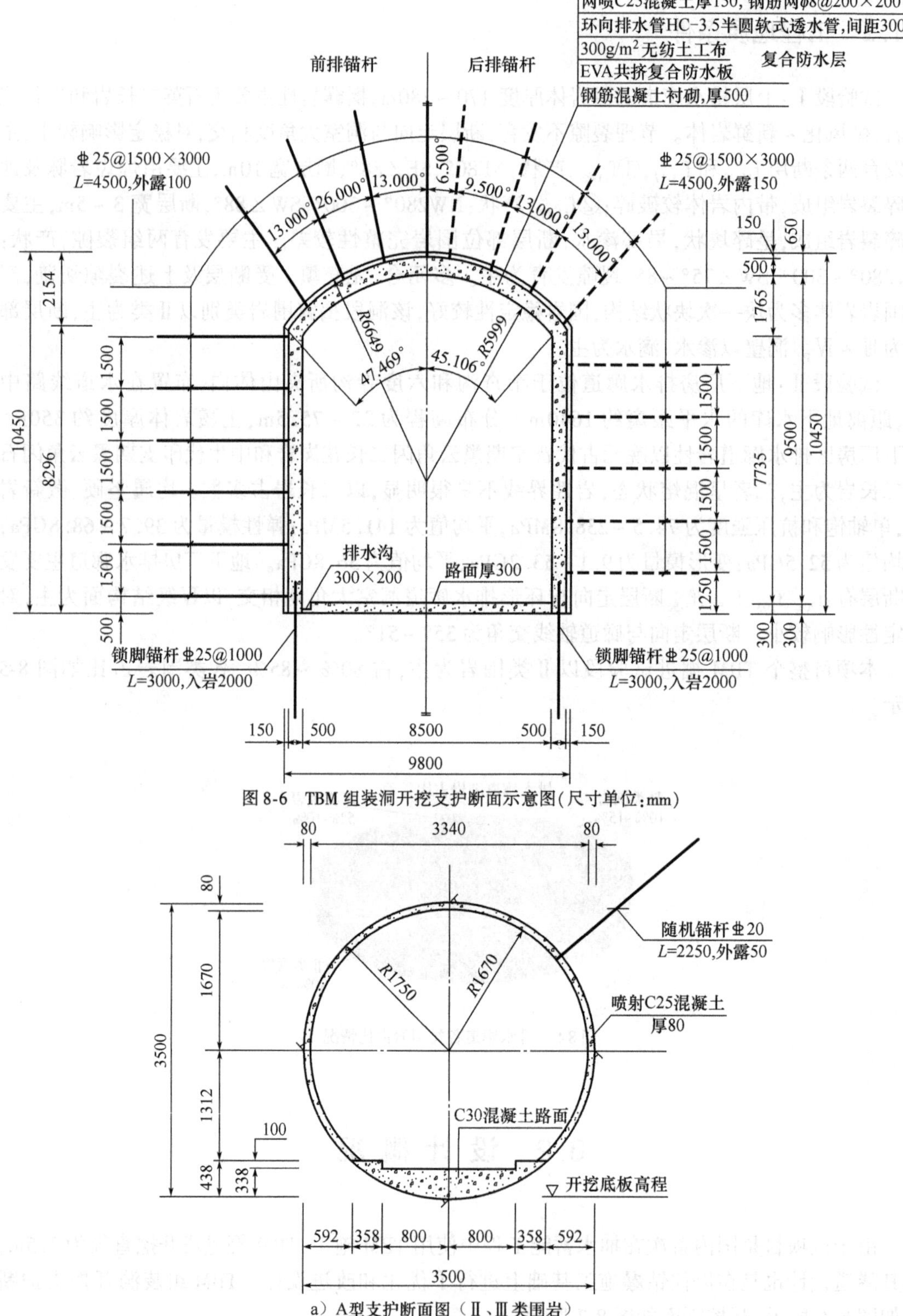

图 8-6 TBM 组装洞开挖支护断面示意图（尺寸单位：mm）

a）A型支护断面图（Ⅱ、Ⅲ类围岩）

图 8-7

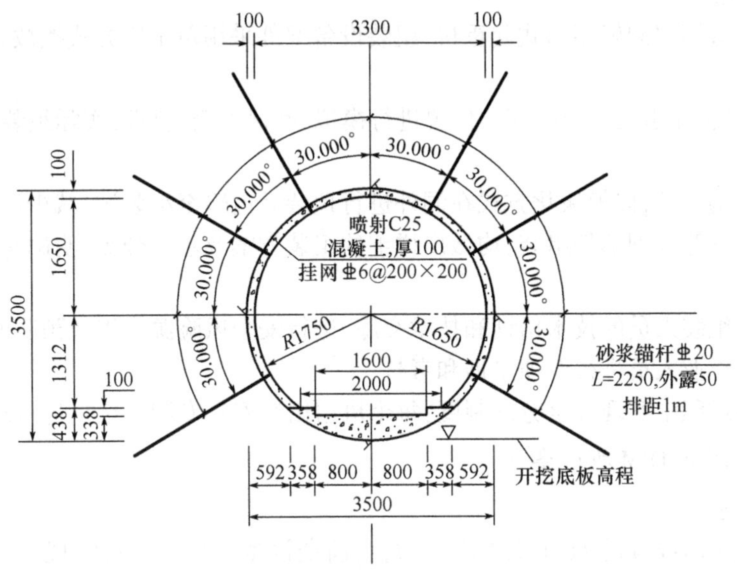

b）B型支护断面图（Ⅳ、Ⅴ类围岩）

图 8-7 TBM 开挖支护断面示意图(尺寸单位:mm)

8.3 施工难点

作为国内首个 R30m 超小曲线隧道 TBM 试验项目,其施工过程遇到的难点问题是超小曲线隧道 TBM 施工难点的具体体现,可为同类型工程提供实例参考。

1)小空间组装

(1)难点描述

由于 ϕ3.5mTBM 施工开挖量小,为控制施工成本,组装洞不宜过大,仅在原隧道基础上进行扩挖用于 TBM 组装,为组装带来一定困难。TBM 组装洞如图 8-8 所示。

图 8-8 TBM 组装洞

(2)解决措施

①组装吊装选用定制轻型门式起重机,组装设备部件采用单工序方式摆放,并采用汽车起重机配合。

②对 TBM 设备在组装洞内的摆放位置进行模拟,确保安全、合理,实际组装时严格按照模拟结果进行。

③拖车等结构部件,以模块化方式在洞外进行预装后运输至组装洞,减少洞内组装步骤。

④对主机区域等大型部件组装,均做出详细的组装方案及步骤分级,明确每一步的技术及安全要求。

⑤做好所有组装人员的技术培训和技术交底,进行安全风险源辨识及预防的交底,对特殊关键组装位置的作业人员进行专项培训和考核。

⑥整个组装过程中实现安全旁站制度,每个班组组装安排专职安全员进行现场监督。

2)超小曲线隧道 TBM 掘进姿态

(1)难点描述

作为首台超小曲线隧道 TBM 施工应用项目,前期设备设计时重在实现 TBM 的超小曲线段转弯功能,由此引发的一系列问题如下。

①TBM 需实现超小曲线段转弯功能,从而导致主机姿态过度灵活,掘进过程中错台台阶过大,尤其超小曲线段,工程质量保障性较差。如图 8-9 所示为上层廊道起始段首个超小曲线段掘进错台台阶。

图 8-9　超小曲线段掘进错台台阶

②TBM 掘进过程中主机机头过重栽头,主机盾体出现偏载、滚动问题,尤其在超小曲线段掘进时掘进姿态极难控制。图 8-10 为 TBM 向下栽头及向右侧的滚动。

③TBM 导向系统在超小曲线段掘进换步前后的水平及垂直姿态测量变化较大,极大地增加了 TBM 操作人员作业难度。

(2)解决措施

①通过对 TBM 主机液压控制系统调整,增加盾体与主驱动夹紧力,形成掘进受力整体,减缓主驱动及刀盘振动,提升主机结构掘进过程中的稳定性。改进后 TBM 掘进错台台阶现象大幅改进,效果良好,图 8-11 为改进后超小曲线段洞壁台阶效果。

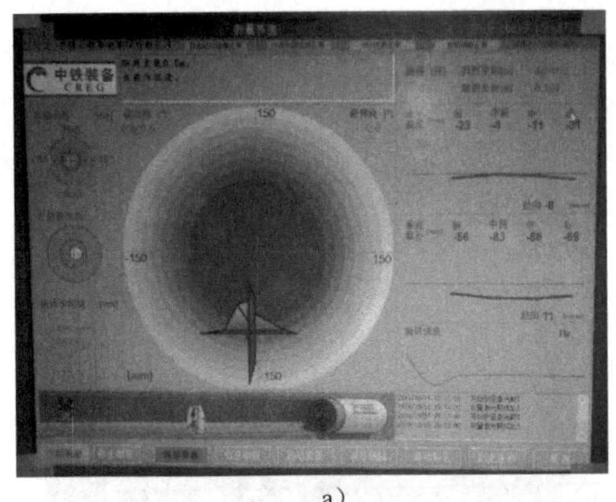

a)

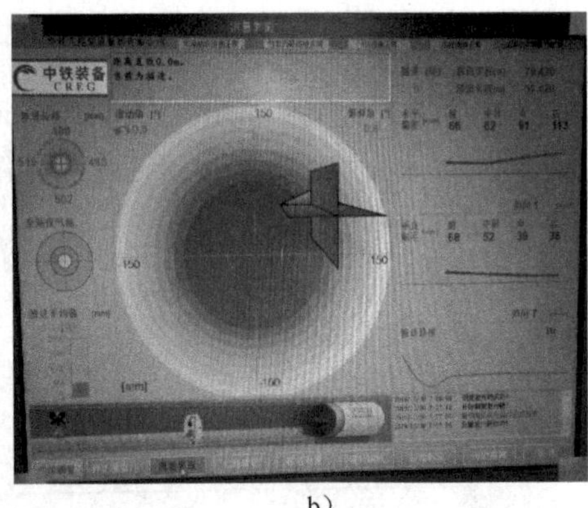

b)

图 8-10 TBM 向下栽头及向右滚动姿态

图 8-11 改进后超小曲线段洞壁台阶效果

②进行推进液压缸的液压系统改进,实现掘进过程中推进系统受力平衡,TBM 超小曲线段掘进推力降低,确保 TBM 掘进过程中姿态稳定。

③改进导向系统,提高超小曲线掘进段上的主机测量数据准确性。修改 PLC 操作界面功能,便于调整滚动控制幅度,同时通过培训提升操作手技能水平。

3)运输及通风

(1)难点描述

本项目工程第 2 段掘进以螺旋式向下掘进方向,共经过 7 处 $R30m$ 超小曲线转弯段且伴有纵坡为 4% 的下坡,导致隧道转弯段通风效果减弱,使洞内湿度增加,从而引发隧道轨线摩擦力减小,加剧机车跳道、溜车等风险出线。图 8-12 为机车跳道,图 8-13 为转弯段通风效果,图 8-14 为第 5 个 $R30m$ 转弯段通风效果。

(2)解决措施

①针对机车在 $R30m$ 超小曲线转弯段跳道问题,对牵引机车的轮对轴距进行改造,提升机车在超小曲线转弯段的适应性和稳定性。

②调整转弯段的轨道轨距,增加转弯段轨道间隙余量,确保机车以最大自然姿态适应 30m 的超小曲线半径。

③为弯道处轨道增加副轨,使机车在弯道处运行更加平稳。

④提高机车牵引力及刹车系统能力,提升 TBM 物流配套运输系统能力。

图 8-12　机车跳道

图 8-13　转弯段通风效果

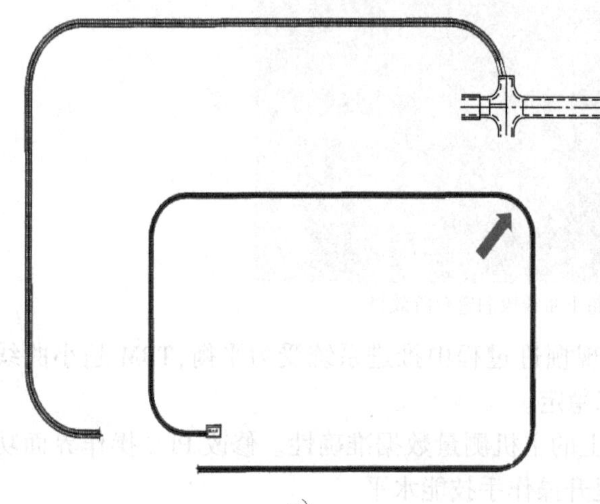

a）

b）

图 8-14　第 5 个转弯段后通风效果差

⑤预防机车脱轨跳道应采取以下措施：

a. 加强对轨道的日常维护保养，每日机车停运期间，安排专职人员及时处理隧道积水，清理轨道上的泥浆及油污确保轨道干净。

b. 轨枕间距应不大于 0.8m，采用标准轨距布置，上下面应平整稳固。

c. 线路铺设时，轨距允许误差为 ±5mm，轨面高差允许误差为 ±2.5mm，曲线地段应按需要加宽或升高轨面，加设轨距拉杆。

⑥预防机车溜车应采取以下措施：

a. 限制最大行车速度。

b. 机车牵引不得超载、超高、超宽、超限。

c. 车辆运行前，先对列车结构进行安全检查，确保刹车系统正常。

d. 严禁运输中摘挂作业，严禁利用惯性摘挂作业。

e. 工作时间机车司机不得擅离岗位，离开时须切断电源。

⑦针对弯道多导致通风效果差问题,提升洞口风机能力并增配隧道接力风机加强 TBM 送风风压,在转弯处设置向隧道洞口方向的射流风机。通过加速隧道通风循环,提升转弯段通风效果,使隧道湿度降低并保证轨道干燥,增加机车牵引摩擦,减少溜车事故。

4)转弯段后配套倾斜

(1)难点描述

工程中下层排水廊道共掘进 7 处 *R*30m 连续超小曲线转弯段,新型设备在超小曲线段掘进易卡机,后配套拖车发生倾斜,如图 8-15 所示。

图 8-15 超小曲线转弯段拖车倾斜

(2)解决措施

①对护盾设计进行优化,确保整机可实现 25m 的极限转弯能力。

②配备测量工程师指导操作人员进行掘进方向调整,减小掘进轴线偏差。

③组建既能施工掘进又能设备维修的综合专业团队,对掘进过程中发现的 TBM 缺陷可立即完善解决。

5)曲线段皮带跑偏

(1)难点描述

在 *R*30m 超小曲线转弯段施工时 TBM 皮带系统跑偏严重,经常出现输送带跑偏、断裂、破损情况。如图 8-16 所示为超小曲线转弯段输送带边缘异常磨损情况。

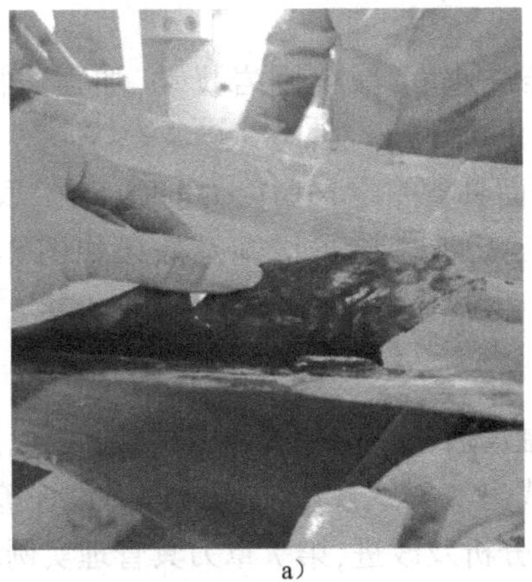

a)

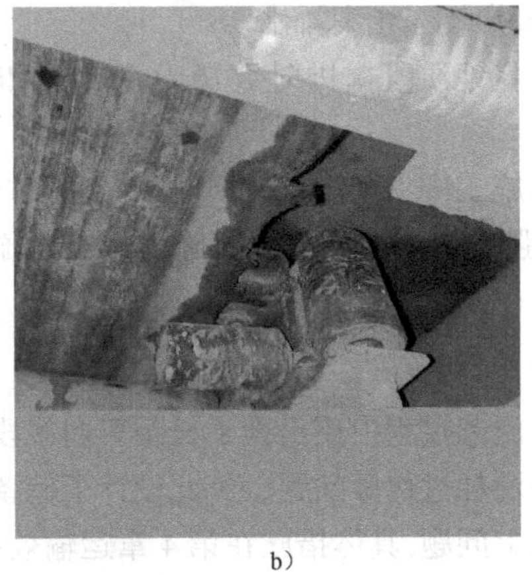

b)

图 8-16 超小曲线转弯段输送带异常磨损

(2)解决措施

①对TBM输送带采用上下、左右浮动设计,在曲线掘进过程中适应隧道转弯,减缓输送带跑偏。

②对主机皮带架增加垂直挡棍,避免下层输送带与皮带架钢结构的接触摩擦,增加在转弯段的使用寿命。

③其他措施见第2章皮带系统应用优化内容。

6)不良地质段施工

(1)难点描述

本项目TBM掘进过程中有多个断层,以Ⅳ级结构面为主,其支护作业在本工程小直径、小曲线中实施较为困难。图8-17所示为转弯段断层不良地质。

a)

b)

图8-17 转弯段断层不良地质

(2)解决措施

①全面做好本项目可能发生的不良地质应对措施及应急预案,在断层带施工中出现局部涌水时,立即启动了预案排水。

②在不良地质段掘进时放慢刀盘转速和推进速度,减少围岩扰动,加强主机区域围岩观察。

③掘进施工中出现不良地质时,在判断掌子面具备一定自稳能力前提下,采取了"先掘进通过,后加强支护"的原则组织施工。TBM施工后人工支护措施及效果如图8-18、图8-19所示。

7)其他难点

本项目施工过程中还出现了长距离曲线段掘进后TBM渣土运输效率过低,以及超小曲线段刀具磨损消耗过快等问题。由此设计了储备式出渣方式及应用偏刃滚刀设计等措施,很好地解决了以上问题,具体措施在第4章运输效率分析及改进,第7章刀具管理实例章节进行了介绍,此处不再重复。

a）

b）

图 8-18 TBM 施工后人工支护措施

图 8-19 不良地质段人工支护后效果

8.4 施工效果

8.4.1 施工接口

TBM 掘进施工洞内管线布置如图 8-20 所示，管线延伸标准为高压电缆每 150m 延伸一次，水管每 40m 延伸一次，风带每 50m 延伸一次。

（1）施工用电

TBM 采用 10kV 高压供电电源，施工用电总容量需求为 1600kVA，采用 ZR YJLV22 8.7/15kV 3 × 185 电缆引至洞口高压开关柜，再由高压开关柜接入 TBM。

隧道照明系统利用隧道内既有三级配电电源，隧道内采用发光二极管（LED）灯带照明，沿隧道两侧布置，每隔 20m 布置一盏 60W 节能灯。

（2）施工通风

原通风方案为：在施工支洞口安装 2 × 110kW 轴流风机，采用压入式通风方式，将新鲜空气送入廊道 TBM 组装洞及电站厂房工区，在 TBM 组装洞支洞通风管上分接一台 2 × 55kW 轴

流风机并通过 ϕ700mm 通风管将新鲜空气送至 TBM 上。

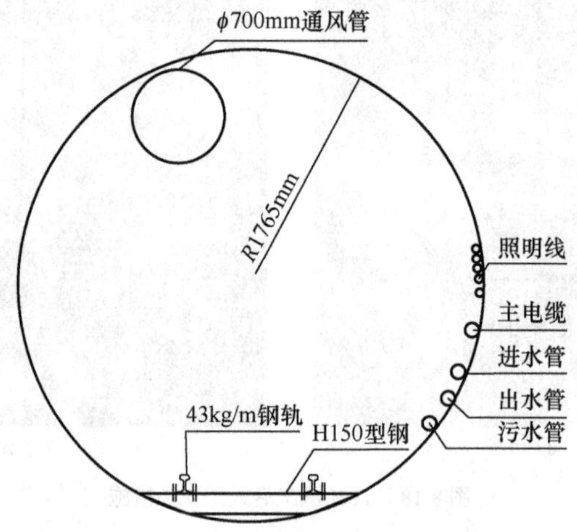

图 8-20　TBM 施工洞内管线布置示意图

为应对转弯段通风效果较差问题,分别在第 3 及第 5 转弯段加装 25kW 射流风机增加风压,加速隧道整体通风循环。

(3)施工用水

水量要求:TBM 掘进用水量为 $20m^3/h$,其中掘进损耗为 $12m^3$。

水温要求:水温 30℃左右设备正常运转,达到 40℃设备报警,达到 45℃设备停止运转。在上层排水廊道施工期间洞内温度 5～15℃,平均温度 10℃;中下层排水廊道施工期间洞内温度 10～22℃,平均温度 16℃,并采取了加快循环水流频次的降温处理措施。

隧洞内共铺设 3 根 ϕ100mm 水管,一根进水管,一根排水管(循环水管),从 TBM 组装洞口布置 4 个 $10m^3$ 水箱作为循环水塔。

污水管直径为 100mm,由 TBM 后支撑处安装隔膜泵将污水抽排入拖车污水箱内,再由污水箱经污水管排入支洞洞口污水沉淀池进行集中处理。

8.4.2　施工效果

文登排水廊道 TBM 试验项目取得了较为优异的工程应用效果,其施工效率及其他应用成果见以下介绍。

(1)掘进效率分析

整个项目上层、中下层排水廊道掘进里程为 2304m,其他综合进尺指标见表 8-1。

超小曲线 TBM 试验项目掘进指标　　表 8-1

掘进里程(m)	2304	平均每分钟掘进(mm)	17.27
掘进天数(d)	263	设备完好率(%)	93.5
掘进时间(min)	134247	设备利用率(%)	43.41
平均月进尺(m)	270	平均日掘进时间(h)	8.7
最高日进尺(m)	20.7	最高月进尺(m)	371

以上掘进效率分析数据中，从隧道线形分析，直线段隧道的掘进效率要高于曲线段隧道。直线段与曲线段综合掘进效率比较如图 8-21 所示。

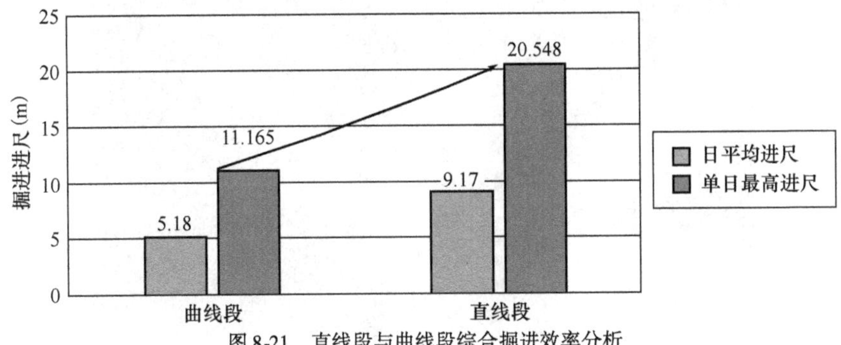

图 8-21 直线段与曲线段综合掘进效率分析

直线段中单日最高进尺 20.548m，日平均进尺 9.17m；

曲线段中单日最高进尺 11.165m，日平均进尺 5.18m。

从围岩类别分析，随围岩类别降低，掘进效率逐步提高，不同围岩环境下掘进效率分析如图 8-22 所示。

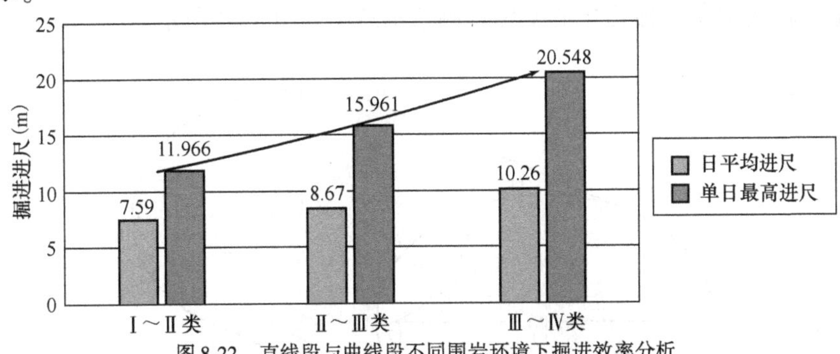

图 8-22 直线段与曲线段不同围岩环境下掘进效率分析

在Ⅰ～Ⅱ类围岩中掘进日最高进尺 11.966m，日平均进尺 7.59m；

在Ⅱ～Ⅲ类围岩中掘进日最高进尺 15.961m，日平均进尺 8.67m；

在Ⅲ～Ⅳ类围岩中掘进日最高进尺 20.548m，日平均进尺 10.26（仅本项目），Ⅳ类围岩稳定性较好，其支护作业均在 TBM 掘进过后进行，不影响总体掘进效率。

（2）TBM 法与钻爆法比较

在同等地质条件下的超小曲线廊道隧洞（施工难度大）采用 TBM 法与直线廊道隧洞（施工简单但分多层施工）钻爆法的进尺比较见表 8-2。

钻爆法与 TBM 法廊道进尺比较（单位：m） 表 8-2

廊道项目	Ⅰ～Ⅱ类日进尺	Ⅱ～Ⅲ类日进尺	Ⅲ～Ⅳ类日进尺	平均日进尺	平均月进尺	备注
钻爆法（3.3m 洞径）	2.5	2	1.5	2.3	70	Ⅳ类围岩及不良地质处理需停工，影响较大
TBM 法（3.5m 洞径）	7.5	9	12	9.5	270	TBM 扰动小，Ⅳ类围岩及不良地质处理无须停工

图 8-23 所示为洞口始发段钻爆法与 TBM 法开挖效果比较。

图 8-23　始发段钻爆法与 TBM 法开挖效果比较

(3)超小曲线 TBM 掘进效果

文登超小曲线 TBM 试验项目的设计转弯半径为 30m,实际掘进过程实现了 27m 转弯半径的优异成果。其检验方法为使经过按桩号间隔 3m 对曲线段成型隧道横断面圆周点位进行坐标数据测量采集,并计算出隧道中心坐标。测量示意图如图 8-24 所示。

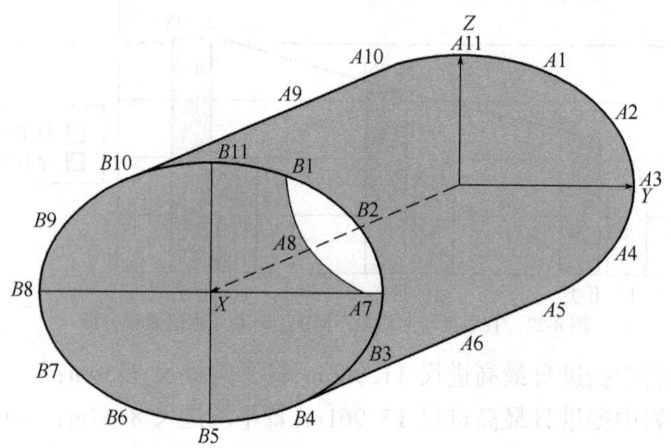

图 8-24　测量示意图

对本项目掘进里程 K0 + 262.000 ~ K0 + 286.000 隧道中心坐标测量计算结果见表 8-3。

隧道中心测量结果　　表 8-3

桩　　号	X 坐标(m)	Y 坐标(m)	Z 坐标(m)
K0 + 262.000	4123118.4995	41392144.0798	51.4938
K0 + 265.000	4123116.9943	41392141.3137	51.5118
K0 + 268.000	4123115.1747	41392138.7161	51.5532
K0 + 271.000	4123113.2803	41392136.6782	51.5274
K0 + 274.000	4123110.9944	41392134.7030	51.528
K0 + 277.000	4123108.6853	41392132.9894	51.5935

续上表

桩　号	X 坐标(m)	Y 坐标(m)	Z 坐标(m)
K0 +280.000	4123106.0962	41392131.5344	51.6281
K0 +283.000	4123103.2598	41392130.2734	51.6716
K0 +286.000	4123100.4810	41392129.3628	51.6868

然后将测量的成型隧道中心线平面坐标展点至计算机辅助设计(CAD)中,并绘制出拟合的实际 TBM 掘进平面线型如图 8-25 所示(图示数据为相对拟合线型的平面偏差值,相对掘进方向 - 左、+ 右,单位以 mm 计)。

由上图对实际掘进效果的测量模拟出的掘进曲线半径为 27.1m,验证了文登超小曲线 TBM 设备达到了预期的功能设计目标。

掘进施工取得了较好的效果,其中"S"形曲线段隧道掘进效果如图 8-26 所示,上层排水廊道首次贯通如图 8-27 所示,上层排水廊道二次贯通如图 8-28 所示,中下层排水廊道始发如图 8-29 所示。

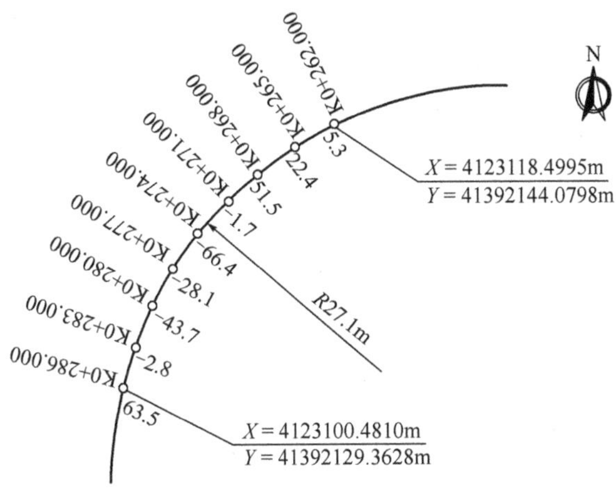

图 8-25　文登超小曲线 TBM 掘进拟合示意图

图 8-26　S 形曲线段掘进效果

图 8-27　上层廊道首次贯通

图 8-28　上层廊道二次贯通

a）

b）

图 8-29　中下层廊道始发

第9章 总结与思考

超小曲线隧道 TBM 设备研发与应用对地下空间领域开发起到了积极的推动作用,增加了行业技术拓展的多样性。本章结合现有施工案例对超小曲线隧道 TBM 施工技术进行了总结和思考。

9.1 工程设计创新思考

目前国内采用 TBM 施工的地下空间隧道基本为固定的常规设计方式,其主要受限于掘进设备功能及工法创新,下文就文登超小曲线 TBM 试验项目抽水蓄能电站排水廊道工程的设计创新进行总结和思考。

9.1.1 抽水蓄能 TBM 应用难点

对文登超小曲线 TBM 试验项目应用研究时,发现在抽水蓄能隧道建设中采用 TBM 施工存在以下几个难点。

(1)抽水蓄能电站的各类型隧道因功能需求不同及建设成本等因素,其洞径尺寸设计不统一,无法实现 TBM 设备的广泛应用,造成设备通用性差。

(2)隧道普遍较短,采用钻爆法施工超欠挖严重导致工程质量不可控,尤其小洞径隧道,安全风险大;采用 TBM 法施工成本高,总体工程效率提升不明显,需频繁进行拆装机及转场。

(3)工程设计基本以直线型设计,如有稍大曲线设计,现有 TBM 设备性能无法实现功能。

9.1.2 设计优化

以抽蓄电站排水廊道设计为例,考虑其隧道功能需求、施工要求及合理建设成本,对排水廊道洞室进行优化设计,将隧道类型由拱门形优化设计为全断面圆形,从而采用 TBM 施工。其设计优化效果如图 9-1 所示。

由于超小曲线隧道 TBM 设备的成功研发,可实现 R30m 超小曲线转弯半径隧道的开挖,因此将原来分两层水平设计的中、下层廊道串联为螺旋式分层设计,由此也增加了 TBM 掘进距离。原设计与优化调整后设计比较如图 9-2 所示。

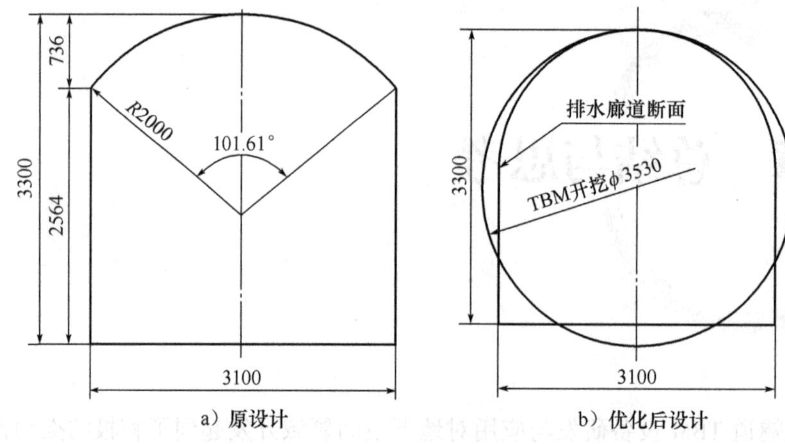

图 9-1　排水廊道优化前后断面示意图(尺寸单位：mm)

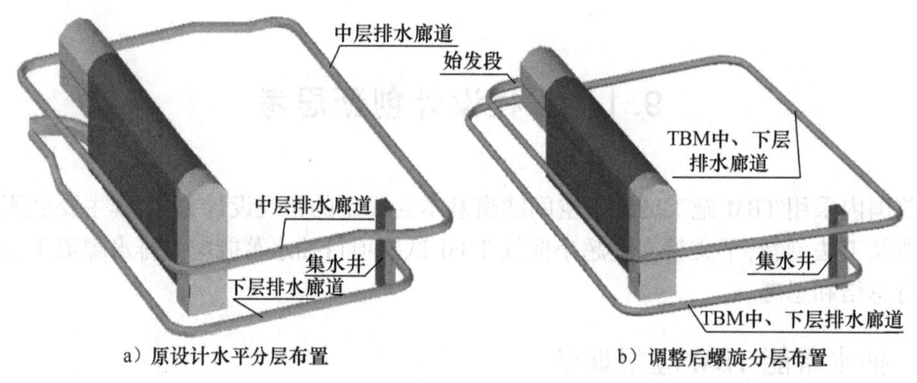

图 9-2　排水廊道优化前后设计效果图

通过对隧道线型、交通洞室、集水井位置、隧道坡度等反复研究和论证，改变了排水廊道原多层设计及多作业面钻爆施工的方式，实现了螺旋式一次 TBM 开挖工程设计创新，也从本质安全层面规避了钻爆作业，提升了工程建设的安全性。

将文登试验项目超小曲线 TBM 施工与国内外同类型项目的隧道设计、施工管理进行对比，具有较多优势。对比结果见表 9-1。

文登试验项目与国内外同类工程设计、管理比较　　表 9-1

技术内容	对比指标	文登试验项目	国内外类似项目
隧道设计	开挖断面尺寸设计	全断面圆形隧道，形成了统一标准	排水廊道断面均为门洞形，需求不同洞径尺寸无统一标准
	隧道洞室设计方式	短洞曲线连接，增加施工长度，提高设备使用率，开创全新的施工方式	短距离、直线性、直角连接、多层多点式设计，施工效率低下，整体工序烦琐
	施工方式	TBM 法施工	钻爆法施工

续上表

技术内容	对比指标	文登试验项目	国内外类似项目
施工管理	技术管理标准	TBM 曲线施工组织管理、安全及质量等技术标准	常规钻爆法施工标准
	150～200MPa 围岩施工进尺	平均月进尺 240～300m	平均月进尺 60～80m

9.1.3　设计创新思考

通过超小曲线隧道 TBM 设备及施工技术在抽水蓄能排水廊道设计中的成功尝试，对未来相关工程应用的设计创新具有积极影响，可在以下条件中推广应用。

(1)可实现地质结构较好条件下超小曲线隧道 TBM 法建设。

①工程支洞隧道与正洞具有超小转弯半径设计的硬岩隧道。

②需具备较小转弯功能的通风巷道隧道建设中。

③煤矿或其他矿山的矿区开采巷道。

④其他需要小转弯特殊设计的工程。

(2)可实现将多层水平隧道利用曲线设计串联为纵向螺旋结构，或螺旋式隧道设计。

①抽蓄电站厂房的排水廊道可为地下厂房空间围绕进行排水设计隧道或其他功能的巷道，如图 9-3 所示。

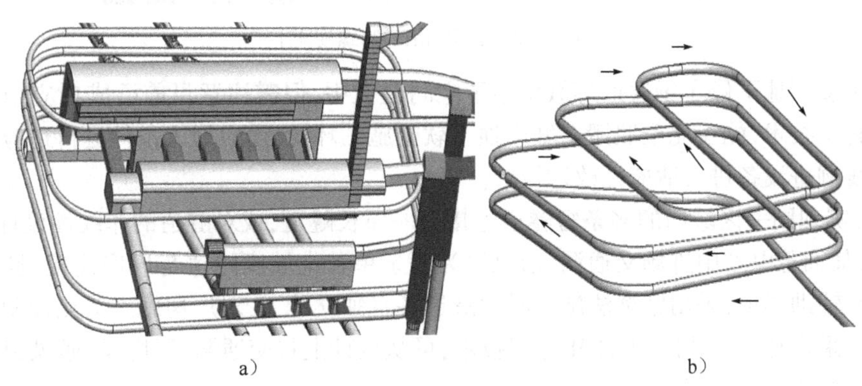

a)　　b)

图 9-3　抽蓄电站排水廊道螺旋设计效果图

将电站厂房周围排水廊道原先多层设计、多头施工、单层短隧、仅能钻爆的隧道施工特性，进行螺旋式设计，通过 TBM 实现短隧连接长隧的效果，提升了工程建设的本质安全和工期进度指标。

②为实现环保目标减少生态破坏，将修建在山体表面的施工便道或交通公路，用山体内部具有高差的螺旋式隧道代替，可减少对山表植被造成的破坏及道路土地征迁相关成本。

例如借鉴川崎 Nanadaru 双螺旋环形公路设计(图 9-4)或 207 国道(山西段)的螺旋式设计效果(图 9-5)，以螺旋式隧道形式通过超小曲线 TBM 施工技术在山体内完成施工。

图 9-4 川崎 Nanadaru 双螺旋环形公路

图 9-5 207 国道(山西段)螺旋设计

③用于多层地下停车场通道等城市地下空间建设中,但需注意目前已成功应用的为硬岩超小曲线施工技术,能否完全照搬至城市地下软土施工环境,需对施工条件进行适应性分析或对超小曲线掘进设备进行适应性改进设计。

(3)可实现同一区域内的多条短隧道连接为一条长隧道,或对隧道的非线性设计需求。

例如,某抽蓄电站中进场交通洞、通风洞为两条单独大坡度隧道与厂房连接,且均为厂房施工的主要辅助隧道,采用钻爆法施工时两隧道各自独立施工,对厂房施工节点控制具有较大不确定性。采用超小曲线隧道 TBM 施工技术,可从设计上将交通洞、厂房段、通风洞三段连接为一条完整隧道。

首先,实现了交通洞等辅助隧道快速完成开始厂房主体工程施工,压缩了厂房主体工程前期准备时间。

其次,采用 TBM 施工后安全性提升,提高工程本质安全,使工程进度、质量可控。

最后,将三段短隧道连接为一段长隧道,增加了 TBM 施工长度,提升了设备摊销比例,降低了施工设备成本。交通洞及通风洞 TBM 施工设计如图 9-6 所示。

因此可借鉴抽蓄电站交通洞及通风洞的整体施工设计思路,考虑对在某一区域较集中的洞室、洞段进行非线性连接的设计,实现复杂隧道设计机械化代替人力施工的产业进步和技术革新。

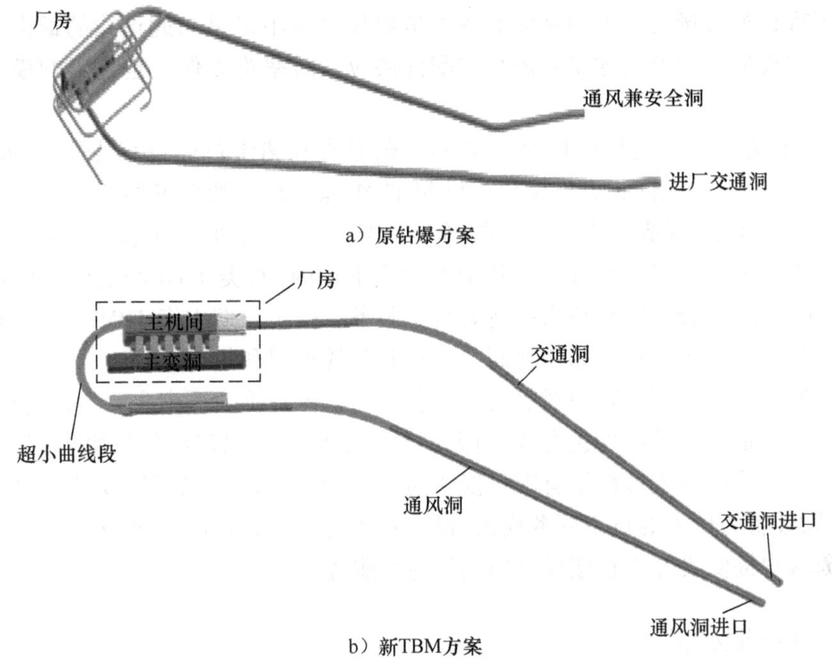

a）原钻爆方案

b）新TBM方案

图 9-6 交通洞及通风洞 TBM 施工设计

9.2 工程管理创新思考

通过首个超小曲线隧道 TBM 试验项目的成功，发现其工程管理中的重要环节为一种新工程服务模式的成功推广，工程服务模式也是大多工程应用中较容易忽略的地方。从单一工程到具有产业聚集优势领域隧道群中对此模式的应用推广，加速工程建设效率，是对工程管理创新的提升，也有助于超小曲线隧道 TBM 施工技术的广泛应用。本节将从抽水蓄能领域中单一电站工程到整个行业电站群 TBM 应用服务模式分析，带来对工程管理创新的思考，希望能为读者带来启发。

9.2.1 工程项目服务模式分析

服务模式包含经营模式和管理模式两种，其中服务经营模式有：外包、特许、自主等几种，而服务管理模式则是企业根据自身管理方式形成各自特点的管理模式。对于建筑行业，由于其种类繁多，建设工程管理复杂，建筑工程领域激烈竞争且利润低等，尚未形成较为统一和标准的建筑业服务模式。

相较于建筑行业，工程机械行业目前主要以特许经营模式为主，工程机械设备的售后服务由各地分销商或技术服务商组织实施，例如目前推行的“家庭医生式服务”。此模式服务质量好，客户售后体验感受度较高，大大提升品牌信誉，增加了客户忠诚度。但不足是无法大规模复制，我国工程机械市场的庞大与从业服务人员数量严重不足是与此模式的最大矛盾。另一方面，此模式需要的复合型人才培养困难与配件供应及时率难以保证也是影响模式推广的重要原因。

TBM 施工行业属于工程机械行业的细分市场，且存在诸多行业自有特性，因此 TBM 施工服务相较于通用工程机械行业更为繁杂。目前 TBM 施工行业的服务经营模式分为自主和外包两种方式，由于 TBM 制造行业门槛较高，全球市场基本由欧洲、美国、日本、中国等数十家制造商组成，其中知名厂商仅寥寥数家。基于人力成本原因，欧美 TBM 制造商提供售后服务主要以服务外包为主，部分重要客户由制造商自主服务。由于长期以来 TBM 市场一直以卖方市场为主，欧美等制造商较注重产品销售而忽略对服务的重视和投入，服务人员少、态度差、客户服务感知体验差等，是大部分客户对欧美厂商服务的总体评价。国内主要 TBM 制造商基本以自主模式为主，少量厂商采用外包方式，但大部分自主模式均以传统售后服务部模式开展，难以形成规模，此模式服务人员数量有限且仅作为工厂的配合部门以具体设备交付为导向提供服务。以中铁装备为代表的自主服务模式，设立专职的服务分公司，按照区域划分、专业引领、系统服务，为客户提供贯穿工程建设全周期的专业服务。

9.2.2 中铁盾服模式

中铁盾服模式是基于国内外 TBM/盾构客户需求痛点和研究掘进机行业特点基础上的全新掘进机服务模式，目前已形成了“中铁盾服”服务品牌，其服务模式组成分为两部分。

一是以中国品牌发展指导的三个转变思想为核心，并结合企业自有的同心圆、家和文化、蜂巢党建等文化形成稳定的三角理论模型，如图 9-7 所示。

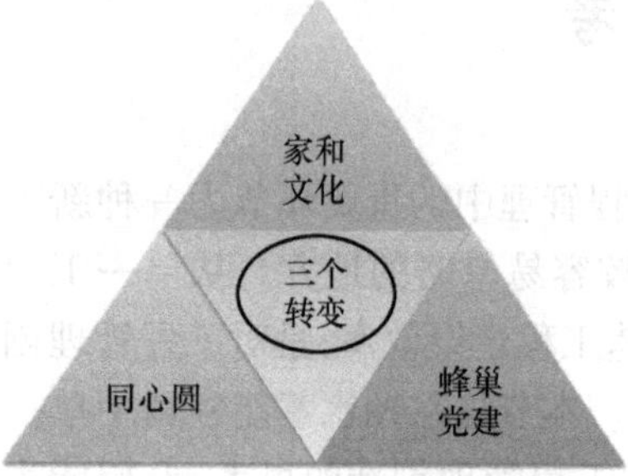

图 9-7 中铁盾服理论模型

二是以服务产品化思想对掘进机服务业务进行专业细分，包含盾构/TBM 施工的工程服务、租赁及设备管理、售后服务、技术支持的 4 类一级项目 30 余类二级项目及百余类三级项目。通过业务全覆盖，服务标准化、专业化、职业化的进阶发展实现使隧道施工更好、更快、更安全的目标。

9.2.3 工程服务实例

在我国首台超小曲线隧道 TBM 试验项目施工中，需解决工程中新型 TBM 设备的稳定性、可靠性、功效性等设备问题，超小曲线大坡度 TBM 开挖的施工组织、作业安全、工程质量等管理问题，需要工程建设各方的高效配合。

自 2019 年 2 月中铁盾服团队参与项目开始，便与 TBM 设计团队、制造工厂、工程设计单位、施工单位、业主单位等多方联动，全面跟进 TBM 设计、廊道工程设计优化，监督评估 TBM 工厂制造质量，策划实施 TBM 进场准备，参与实施 TBM 施工组织等工作。项目进程及服务内容如图 9-8、图 9-9 所示。

- 2019年2月中铁装备与文登公司启动设备研发；
- 2019年3月工程服务团队跟进TBM设计；
- 2019年5月工程服务团队跟进TBM工厂制造；
- 2019年9月10日设备在洛阳下线；
- 2019年9月24日设备进场组装；
- 2019年10月13日设备始发；
- 2020年4月14日上层廊道贯通；
- 2020年4月15日从中层向中下层转场；
- 2020年5月4日中层排水廊道始发掘进；
- 2020年9月30日全线贯通；
- 2020年11月完成拆机、整修、退场。

图 9-8　TBM 施工进度节点

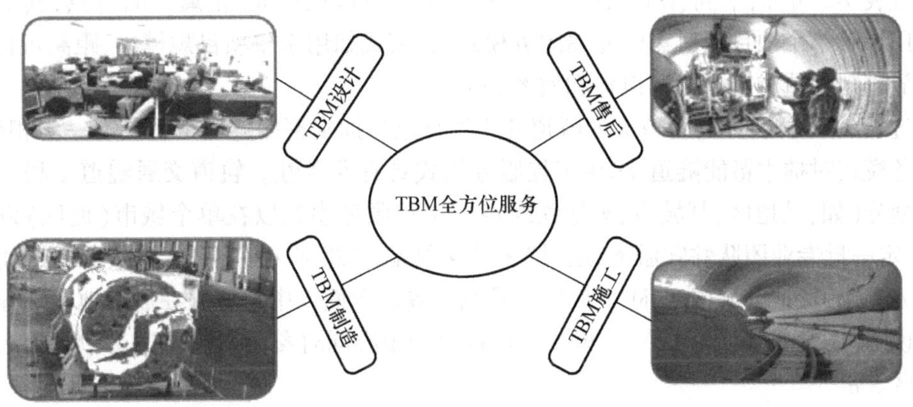

图 9-9　TBM 项目服务内容

项目过程中服务团队组织 TBM 设计方案专题会 17 次，TBM 工厂监造会议 40 余次，工程方案设计及施工组织专题会 14 次，现场管理及技术交流会议数十次。组织技术服务人员及专家 80 余人次，邀请行业专家 10 余人次到施工现场进行技术支持，服务内容涵盖 TBM 刀盘刀具、结构设计、液压、控制等设备方面，以及 TBM 操作、工程测量、施工安全等工程方面的各类专业人员参与服务全过程当中。解决了超小曲线掘进、设备曲线姿态控制、超小曲线运输、超小曲线出渣、曲线刀具磨损等一系列复杂的专业性问题。

9.2.4　TBM 工程服务模式思考

与水利、铁路、轨道交通等隧道比，抽水蓄能电站隧道基本较分散，相较于常规 TBM 工程“长”“平”“缓”的特点，抽水蓄能 TBM 施工项目具有“短”“陡”“急”的特点。具体区别见表 9-2。

水利、铁路、轨道交通与抽水蓄能隧道区别　　表9-2

工程类型	工程密度	隧道长度	TBM通用性	隧道特点	TBM设备摊销	进度特点
水利及铁路隧道	单一、分散	长、特长	非通用、需定制	平、缓、直	一次摊销，易管理	总工期节点控制
轨道交通隧道	较集中	短或中等	通用性较强	平、缓、直或大转弯	摊销标准固定，通用性强	总线路工期控制
抽水蓄能隧道	较分散	短	通用性一般	陡、急、超小转弯	长周期、多项目、难管理	关键隧道节点控制

通过表9-2可知，水利、铁路TBM项目具有单个项目规模大、距离长的特点，其工程服务一般采用针对单个项目点对点的专属服务模式，此模式如用于单项目规模小、距离短特点的抽水蓄能隧道则会造成服务资源浪费和效率低下。

通过表9-2对比可知，轨道交通隧道的工程特点与抽水蓄能隧道工程具有一定相似性，其工程服务模式对抽水蓄能隧道TBM工程服务模式具有参考性。轨道交通隧道工程一般以地理区域划分(如:某地区、某城市、某地铁线路)，工程服务模式以在单个城市(地区)设立服务中心，固定一批专业团队驻守服务，通过"云端+终端""总部+片区"方式获取制造商总部对片区服务支持，保证区域内TBM工程服务顺利开展。下面以中铁盾服在成都地铁工程服务模式为例说明(图9-10~图9-12)，该模式以成都市为中心同时覆盖周边重庆、贵州、云南等整个西南地区。

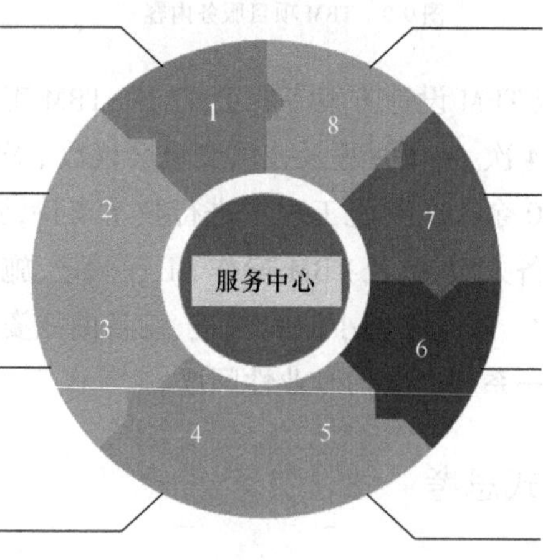

图9-10　成都地铁工程服务模式

图 9-11 服务标准化

图 9-12 云端 + 终端服务

2012 年,成都服务中心成立,组建以机、电、液、盾构评估、盾构施工等 9 人专业团队常驻服务中心处理突发故障和参与工程策划,与各项目现场服务团队形成联动模式保证地铁建设正常运行。累计保障通车和在建共 12 条地铁线路建设的工程服务,完成中铁及其他品牌盾构配套服务 200 余台次(单台盾构在某土建标段施工期间记为 1 台次),为成都地铁建设做出了卓越的贡献。同时还在重庆、贵州轨道交通和川藏铁路等工程中对成都模式进行复制,形成以成都为中心的西南区域大联动。

抽水蓄能电站是一种新能源储备发电工程,其建设管理是一项长期性、科学性、且庞大的系统工程,其项目特点具有区域独立覆盖性,隧道断面多,隧道多且短(多为 2 ~ 3km)等特点。因此抽水蓄能隧道的 TBM 工程服务模式,不适宜以成都这种区域覆盖的服务模式,可考虑以行业覆盖的模式,将众多电站中的隧道以隧道群为单位的产业集群方式进行考虑。以某公司为例,负责国内多个抽水蓄能电站建设及运营工作,而其众多电站中需用 TBM 施工的隧道则可理解为一个隧道集群。将中铁盾服在成都地铁中的服务模式稍做调整便可为其提供 TBM

工程技术服务,图9-13为基于中铁盾服模式对抽水蓄能电站隧道TBM工程服务的组织架构设想。

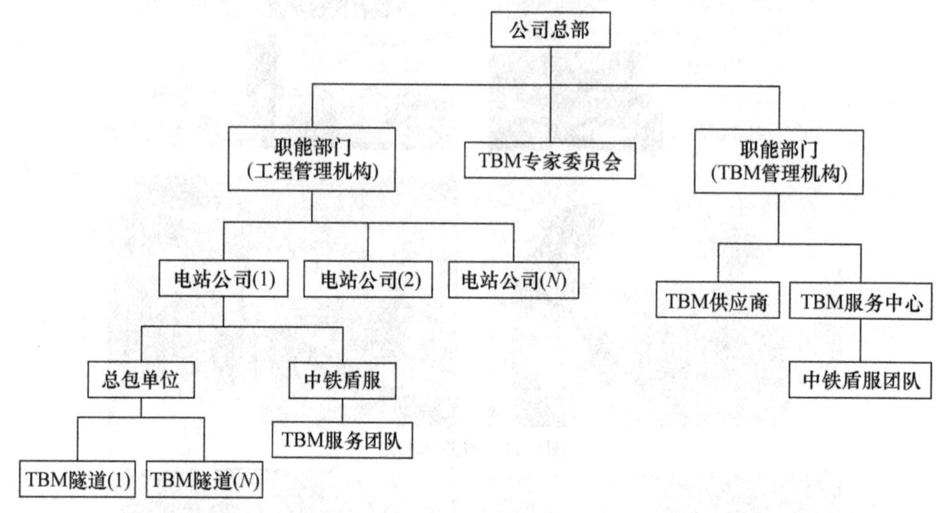

图9-13　基于中铁盾服(成都地铁模式)的抽蓄工程服务架构设想

公司总部负责总体协调和管理,下属由多个电站公司、TBM专家委员会、职能部门(TBM管理机构)三部分组成。

电站公司是隧道群TBM施工建设主体,以图中电站公司(1)为例,需TBM施工的多个隧道由总包单位下的项目部具体施工,现场服务团队在电站公司管理下进行TBM设备维护及工程技术保障。

TBM专家委员会是公司总部对整个电站群TBM施工的工艺、设备管理、资产投资、成本控制等方面提供决策参考和评估。

职能部门(TBM管理机构)代表公司总部对电站群建设中的TBM设备管理、工程衔接、设备及工程技术等方面进行归口管理协调。

从整个抽水蓄能电站群TBM工程服务角度,既有从专家委员会做后盾,职能部门统筹管理,服务团队保现场的纵向布置,也有职能部门领导TBM服务中心对各电站现场服务团队的横向管理,如此纵横管理可全面覆盖其整个系统内所属电站群的TBM工程服务,确保整体工程管控高效。

综上分析,其他类似的具有产业聚集优势的行业,在采用超小曲线隧道TBM施工时均可借鉴其工程服务模式。

9.3　工程应用思考

现代营销创始人西奥多·莱维特(Theodore Levitt)说过一句很经典的话"客户需要的不是一台钻孔机,而是墙上的那个洞"。所以在超小曲线隧道TBM设备及施工技术应用推广时,其仅是实现客户开挖曲线隧道需求的一种工具和方法,不可本末倒置。关于采用哪种“工具”的动机,首先看其功能是否能达到使用要求,本书已系统阐述了此问题。另一方面则是使用该“工具”的成本因素。本节将对超小曲线隧道 TBM 设备及施工技术推广应用的成本因素进行简单思考,望为读者带来启发。

9.3.1 成本因素分析

超小曲线隧道 TBM 施工技术应用的成本因素主要从人、机、料三方面分析,其中机械成本主要以 TBM 设备费为主。

(1)人工成本因素

谈及人工成本先要区别超小曲线隧道 TBM 施工不同于常规 TBM 施工,其技术性要求更高且施工的效率要远低于常规 TBM 效率,由此也造成了其人工成本高于同直径常规 TBM。

承包商在人工成本控制的主要策略多为劳务分包,且超小曲线隧道 TBM 施工对技术人员的需求比例增多,加之目前社会整体人工成本增加均导致了分包商将增高成本转移至分包成本之中。对多个钻爆施工项目调研发现,目前钻爆开挖作业人员中各年龄段比例为:31~40岁,约占25%;41~50岁,占35%~40%;51~60岁,约占20%。由此可看出钻爆法作业人员队伍趋向高龄化,年轻劳动力比例偏小,这导致了钻爆法人工成本的提升。随着消费互联网经济的快速发展,年轻人进入隧道施工行业的比例大大降低,对于超小曲线隧道 TBM 这种高技术要求掘进设备的熟练工种培养来源也在减少,从侧面也导致了其熟练技术人员的人工费增长环境。

人工成本因素除与固定人工单价成本相关外,还与施工效率密切相关,而超小曲线隧道 TBM 施工效率除了自身的技术难度外最直接的影响因素就是隧道直径的大小。隧道直径越小,其施工难度因素增大,导致效率降低。隧道直径越大,其施工难度因素不变,但开挖方量增加,从而降低固定成本投入。以下为笔者根据以往施工经验并结合相关数据估算的每立方人工成本,仅供参考。

隧道洞径为3.5~4.5m(含4.5m),人工费为330~400元/m^3;

隧道洞径为4.5~7.5m(含7.5m),人工费为240~330元/m^3;

隧道洞径大于7.5m以上,人工费为150~240元/m^3。

除以上参考数据外,人工成本因素还与所施工项目的设计难度对 TBM 作业人员的技术素养、安全素养的要求程度相关,需进行综合考虑。

(2)机械成本因素

超小曲线隧道 TBM 施工应用中机械成本是影响成本的关键因素,其主要重点是 TBM 费用,TBM 费用则包含设备折旧费、设备修理费两部分。

①设备折旧费。

设备折旧费是施工机械在规定的使用期限内,陆续收回其原值及相应资金时间价值所分摊的费用。施工设备折旧费在施工机械使用费中所占比例较大,特别是大型施工设备的折旧费所占比例更加突出。针对不同的施工设备特征及购置资金来源,采取的摊销方法主要是平均年限法、工作量法、双倍余额递减法、年数总和法。TBM 工程中一般采用的是平均年限法或工作量法,工作量法是平均年限法的一种演变。

确定TBM设备摊销里程，需结合设备购买单位的成本回收期望时长和首个隧道施工长度综合考虑。以往众多TBM工程中，如传统铁路、水工隧道中单个隧道长度为10～20km，通常TBM摊销里程为10～12km，或是仅留残值率(5%)其余均在单项目中摊销完毕，此方式对设备采购单位也最为有利。

另一种则是长大隧道招标时，建设单位与施工方约定由业主负责TBM设备采购，由施工方具体实施，在工程发包总价中相应承担80%～95% TBM摊销比例，此方式对工程双方也较有利，只是对建业业主增加了固定资产管理及处理的烦琐程序。

若施工距离较短，需新购设备又无法在首个工程中多摊销成本，施工方需进行谨慎评估后决策是否购买新设备，考虑剩余产值摊销里程，后续是否有相同工程进行流转摊销、存放养护成本等。

由于超小曲线隧道TBM施工技术要远复杂于常规TBM技术，因此其施工效率也远低于常规TBM，所以其摊销相同里程所耗时间也远长于同直径常规TBM。另外，由于超小曲线隧道设计的复杂性，其单段隧道距离较短，往往摊销完毕需施工多个项目，进行多次拆解安装转场。

综上所述，结合相关经验，若由施工方自行采购，建议超小曲线隧道TBM的摊销里程在8km内较为合适。若业主单位承担TBM摊销成本，且有足够的一段或多段隧道工程量前提下，建议合理的摊销里程可考虑在10km左右较为合适。

TBM摊销折旧公式为：每公里折旧费=施工机械预算价格×(1－残值率)/耐用总里程。

其中残值率参考《建设工程施工机械台班费用编制规则(增值税版)》(建标〔2015〕34号)中掘进机械的残值率为5%。

②设备修理费。

设备修理费包括整个TBM摊销周期的大修费用，以及摊销周期内TBM设备正常工作时的经常性修理及维护费用，即：设备修理费费=大修费用+经常性修理费。

根据经验设备修理费为设备原值的30%内较为合理，另考虑原值10%的资金占用费。

(3)材料成本因素

材料成本主要包含TBM施工的常规材料消耗、TBM配件消耗、周转材料几部分，常规施工材料成本根据工程的实际消耗量或相关定额参考可基本核准，偏差不会太大，周转材料成本也是基本固定的。TBM配件消耗主要包括超小曲线隧道TBM施工时配件及刀具消耗，其成本高低与施工单位的设备管理维护水平及地质围岩强度有直接关系，其中刀具消耗是成本控制重点。

根据以往经验并结合超小曲线隧道TBM施工特性，围岩强度在100～150MPa之间，刀具消耗为85～120元/m^3，围岩强度>150MPa时刀具消耗约为125元/m^3。

9.3.2 应用策略分析

以营销学角度，从客户对曲线隧道需求和TBM设备采购、成本摊销等几方面，关于超小曲线隧道TBM施工应用策略可从以下几方面考虑。

(1)对单条隧道距离够长，具备一次性TBM摊销条件的超小曲线隧道，可采取施工方直接采购TBM施工的方式。

但此类型中隧道过长,施工管理难度大,需加强施工技术及设备维保力量的配置,同时长距离超小曲线隧道施工中安全管理风险也成倍数级增大,需特别注意控制,尤其隧道水平交通运输的安全管理。

(2)对单条隧道距离短,但具有产业集群优势的建设单位,可采取由业主单位直接采购TBM设备,由施工单位使用设备施工的方式,此方式的开展最为容易实施,业主单位建设成本可控。

此方式中对TBM设备的监控、调转、维护修理等工作较为烦琐,需由业主单位的专职部门进行统一管理,并配备专业的技术管理保障团队。

(3)对单个隧道距离较短,且曲线施工复杂的情况,可采取TBM租赁施工的方式,或由设备供应商自带TBM进行工程服务。

此方式的难点在于市场是否有能够满足具体工程需要直径的超小曲线隧道TBM设备,当市场存量较少时采取租赁TBM的方式显然不够现实。借助TBM厂家的平台优势,由设备供应商自带TBM进行工程服务,显然优于租赁TBM的方式,但若整个市场对某直径超小曲线隧道的需求不足以收回其TBM制造成本时也很难实施。

以上几种应用策略可供读者在工程设计和应用决策时进行参考。

参考文献

[1] 朱颖,周惟俊.铁路最小曲线半径的动力性能分析[J].铁道标准设计,2005(001):25-28.

[2] 中华人民共和国水利部.水工隧洞设计规范:SL 279—2016[S].北京:中国水利水电出版社,2016.

[3] 中华人民共和国交通运输部.隧道设计规范 第一册 土建工程:JTG 3307.1—2018[S].北京:人民交通出版社股份有限公司,2018.

[4] 中华人民共和国住房和城乡建设部.盾构法隧道施工及验收规范:GB 50446—2008[S].北京:中国建筑工业出版社,2008.

[5] 中华人民共和国住房和城乡建设部.盾构法隧道施工及验收规范:GB 50446—2017[S].北京:中国建筑工业出版社,2017.

[6] 李建斌.TBM构造与应用[M].北京:人民交通出版社股份有限公司,2019.

[7] 付金海,冯欢欢.大连地铁小半径曲线掘进盾构选型设计[J].建筑机械化,2013,34(4):56-59.

[8] 施云龙,徐艳群,陶仁太.超小曲线TBM皮带关键技术研究[J].建筑机械,2021(98):49-52.

[9] 徐艳群,施云龙,游青松.TBM超小曲线半径始发技术研究[J].建筑机械,2021(98):45-48.

[10] 刘恒杰,施云龙,周小利.超小曲线TBM施工技术研究[J].建筑机械,2021(98):71-74.

[11] 施云龙,陶仁太.R30超小曲线TBM物流配套系统研究[J].建筑机械,2021(98):75-78.

[12] 李建斌.TBM应对不良地质处置作业指南[M].北京:人民交通出版社股份有限公司,2019.

[13] 李富春,徐艳群,施云龙.我国抽水蓄能领域TBM应用探讨[J].建筑机械,2021(98):6-8.

[14] 徐艳群,尚海龙,刘传军.文登抽蓄电站廊道TBM应用的工程设计优化[J].建筑机械,2021(98):93-95.